失去的喜悅

THE BEAUTY OF DUSK

朦朧黑暗中所見的人生美好

法蘭克・布魯尼 FRANK BRUNI ——著
謝佳真——譯

推薦序

心是黑暗的靈犀之眼

文／宋怡慧

暢銷作家愛瑞克曾提及：人生沒有壞事，我們要找出壞事背後隱藏的好事；故事超人黃瑞仁也提及：在生命的低谷，就是把自己活成好故事的契機。挫折與黑暗看似吞噬我們自信與光明的惡魔，但我們該如何從絕望的幽谷仰光而前進呢？又該如何堆疊生活的善意而逆風飛翔呢？作者法蘭克．布魯尼在《失去的喜悅：朦朧黑暗中所見的人生美好》真誠地透過文墨傳遞給我們真正的生命答案。

作者在知天命的年歲，歷經單眼失明、感情驟變、家人生病等一連串的人生重拳。當時的他沒有選擇垂頭喪志，放棄希望，毅然地選擇在「失去」的漩渦裡，奮力游出自己生命的勇敢姿態。同時，我也看見世間有愛，有情之人願意拉別人一把的慷慨與善行。「失去」曾是我們烙在內心難以磨滅的傷痕，被命運鞭笞、輾壓的疼痛，的確讓人痛苦難抑。但作者把內在的愛與光明當作失去的療方，讓積極與努力成為人生的隱形翅膀，憑藉眼前的一抹燦陽，將失去轉成生命獲得的禮物，昂然抵達愛的跨域，重新尋回真正的人生意義。

布魯尼把一個看似悲慘的親身經歷寫成熠熠閃亮的勵志哲思，鼓勵讀者們即便在暗黑的長廊中獨行，也不用忘記心底善意的微光，它會帶領我們走出無光的世界，一如《小王子》說的：「真正重要的東西，只用眼睛是看不到的。」或許，人真的要在走了很遠很遠的旅程之後，才會猛然發現：真正重要的東西是需要花時間去釐清、去整理，才能窺見內心珍視的是——平凡中樸實無華的永恆。

心是黑暗的靈犀之眼，它讓崎嶇窒礙的路有了正確的目標，因而讓我們一步步接近幸福的彼岸。我記得有句話是這麼說的：「只要你自己不倒下，就沒人能讓你倒下。只要你自己不認輸，就沒人能打敗你。」布魯尼不向命運低頭，才有機會躍出生命的黑暗，為我們寫下滿溢光彩的行走步履，讓「失去」的瘡痕化成祝福的印記。當然，這些珍貴的文字也能期勉讀者勇往直行，鼓舞我們永不放棄。一如哲學家弗里德里希．尼采說過的：「凡殺不死我的，必使我更強大。」

慈悲讓我們身邊沒有了敵人，智慧是從失敗中淬鍊而出的。闔上書扉，我亦覺察到：慈悲和智慧也是這本書的文風基調。讀完之後，樂觀的光照拂著讀者，讓我們在困挫中望見機會，因有挺然奮起而為的可能。作者說：「一眼閉上了，另一眼便睜開了。」布魯尼憑藉「獨有」的眼和澈悟的心，不只把自己活成一個好故事，也引領讀者以心的光芒抵抗黑暗，洞悉世間的美善，找到闃暗生活的真實喜悅，讓「失去」變成此生最美麗的註腳，並為我們巧然畫上「得到」的圓滿句點。

（本文作者爲作家、丹鳳高中圖書館主任）

推薦序

人生不會只有失去，再黑的地方總有光

文／吳姮翎

面對生命的苦難，疾病的挑戰，我們第一個念頭總是會問：「為什麼是我？」總感覺時間在那一刻凍結，彷彿所有人的生活都如常，只有「我」的生活驟變。然而真的是這樣的嗎？在時間的分秒流逝中，發生了很多事，有人在路上傷亡，也有人在這一刻誕下新生兒，每個人都有此時此刻要面對的事物，只是面對突然而來的疾病，我們總是特別錯愕，也特別受傷。

《失去的喜悅：朦朧黑暗中所見的人生美好》作者法蘭克．布魯尼是《紐約時報》專欄作家與資深記者，三十年的職場歷練，在五十歲的中年時刻，應當是迎接人生的高峰，享受前半生努力的豐收。然而迎來的卻是腦中風帶來的視力受損，遭逢失明的恐懼與結果，情感上又面臨愛人移情別戀、父親罹患阿茲海默症，彷彿在最倒霉的時刻，生命又重重踩了他幾腳。在這樣的狀態下，他並沒有被打倒，他重新省視自己、檢視生活，重新拿回對生命的主導權。

他是這麼形容眼睛，他說：「眼睛是展示權力的部位，卻更是流露脆弱的所在。」很多人以為失明是天生就看不見，其實不然，作者描述，絕大部分的盲人與視障者，從出生到孩提時代的視力都足以應付生活，在視覺被遮蔽前曾見過這個世界的燦爛，盲人在失明之前多半已經心裡有數，會經歷一段視覺日漸喪失的時期，在恐懼中等待失明降臨的那一天。

這讓我想到，曾有一位視障同學A對我說，她曾經看見過世界的光，可以自己靠著微弱的光感走上馬路。而在大學後，她就漸漸看不見了，得仰賴手杖，於是變得不愛出門，喜歡發脾氣，還常掉眼淚。她感覺到世界的善意，也感覺到世界的惡意，在接受世界變暗的時刻，她還有好長一段路要走，而她仍在黑暗中摸索。

在這樣的摸索過程，作者法蘭克·布魯尼認為，失明就像是宇宙之手拔掉整個宇宙的插頭，他試著去問同樣困境的前輩，嘗試去了解面對疾病的過程，藉以調整自己的心態，甚至比生病前的他更投入生命。他努力地閱讀，他熱愛閱讀、需要閱讀，藉由大量閱讀來確保閱讀不會從生活中消失，或是說，他趁著閱讀還沒從人生消失前，放縱自己盡情閱讀。

在這段世界變得模糊，逐漸暗下來的摸索過程，他發現生命的脆弱與強韌，他比別人更珍惜此時此刻，接受自己的樣子，並且試著與之共處。他為自己的黑暗點了一盞燈，讓自己的心有所棲，不再迷茫。

（本文作者爲心靈美學作家）

推薦序 心是黑暗的靈犀之眼 宋怡慧 002
推薦序 人生不會只有失去，再黑的地方總有光 吳馆翎 005
第一章 「病情不樂觀。」 013
第二章 一眼閉上了，另一眼便睜開了 031
第三章 驢子踢 053
第四章 單飛 069
第五章 希望是一棵枝條彎曲的長青樹 093
第六章 人生的廣告看板理論 115
第七章 揮別馬諦斯陰霾 145
第八章 海星與崔姬 165

第九章　無關李爾王　197
第十章　當蛋殼如雨下　223
第十一章　終極祕訣　247
第十二章　砸開一顆心　267
第十三章　藝文表演船與拖船　287
第十四章　升空　311
謝詞　323

獻給

萊絲麗．珍．芙萊爾．布魯尼（Leslie Jane Frier Bruni）

一九三五年生，一九九六年卒

您常在我左右，離我很近、很近

作者的話

本書有一部分內容及文字，曾經刊登在我為《紐約時報》撰寫的專欄與電子報中。有些引述的言論不是從正式的採訪本身摘錄出來的，而是我根據記憶，盡力還原的相關對話。

第一章

「病情不樂觀。」

聽說死亡如宵小，會在夜裡降臨。不像死亡那麼破壞秩序的事也是。這場病便是趁著我呼呼大睡之際，前來竊取我的視覺，起碼偷走了一大部分。我鑽進被窩時看見的世界是一個樣子，一覺醒來，卻成了另一個樣子。

上床時，我相信自己掌握了大部分的人生——未竟之事、未圓之夢及其餘的遺憾，基本上都是不思進取、缺乏想像力造成的，如果肯拚上一拚，大概都還有反轉的餘地。現在的我總算覺悟了，那樣的想法其實很荒謬。

我帶著無數抱怨委屈的念頭入睡，夢醒後心中卻有著數不盡的感恩。這是我的故事，故事的主題是失去，也是獲得。

故事開始時，身為主角的我還懵懵懂懂狀況外。生病的第一天剛好是個週六，早晨剛起床的我還摸不清到底怎麼回事，不確定自己是否出了什麼大問題。要到了好幾個鐘頭以後，幽微的擔憂才逐漸浮上心頭，好奇心漸漸成形為隱約的掛念。

我懶洋洋地下床，腦袋灌滿了鉛。都怪我不乖，是我不檢點、沒原則。星期五晚上，我暢飲了四杯分量十足的葡萄酒來佐餐，明明兩杯就夠了。因此，在曼哈頓上西區公寓裡醒來的我有一點宿醉，整個人都慢了下來：我的思緒變鈍，從臥房走到廚房的步伐變慢，沖咖啡的動作變遲滯。咖啡。對，咖啡正是我需要的解藥。在咖啡因的刺激下，想必一切都會恢復如常，重回正軌。

我拎起茶壺，要將燒開的水注入法式濾壓壺卻倒歪了，我看著開水在檯面上擴散成一灘。咦。怎麼沒對準？我沒想過那是視覺的誤判，以為是自己粗心。我注意到身邊的空間有一點模糊，似乎在微微晃動，我歸咎於昨晚的那幾杯酒，何況我一定整晚都沒睡好，那一週比平常忙亂，精神跟專注力都起伏不定。我就這麼磨磨蹭蹭的。有些日子裡，我必須拿著馬克杯灌上三杯甚至四杯咖啡，來一場快步跑，再沖個冷水澡才能清醒，這八成就是那樣的日子。我總會在某一刻恢復正常的。

我手頭上有工作要做。小布希有一對雙胞胎女兒，芭芭拉跟珍娜，她們一起寫的回憶錄《姊妹第一》（Sisters First）即將上市，我在幾天前採訪她們，有超過九十分鐘的錄音要謄打成逐字稿。我是第一批採訪到她們的人，她們把我的訪談排在這麼前面的其中一個原因，是我曾在《紐約時報》的專欄暢談手足的重要性，感動了她們。芭芭拉在一封電子郵件中告訴我，那篇文章是刺激她們寫書的一小部分原因。謄打訪談的逐字稿不需要敏銳的腦力，就是機械化的敲敲打打，單調而耗時，因此我判斷正是適合目前這種呆滯狀態的瑣事。我在電腦前面坐好，開了新檔案工作。然而僅僅一、兩分鐘後，我停止了動作。

怎麼我得看得那麼用力，才能認出螢幕上的文字呢？怎麼有些字彷彿籠罩著一片霧氣？我摘下眼鏡，伸手拿紙巾將鏡片擦拭乾淨。我一向擦得不夠勤快，這八成就是問題所在，鏡片上一定有偶然沾上的油漬或流浪至此的塵垢。

我繼續聽錄音，繼續打字。但那一片霧氣沒有消失，這時我發現右側的霧氣比左側的濃重。還有，字跡有時會閃爍，還是該說跳動？連我自己都說不上來：那字跡一下子清晰，一下子淡出，太詭異了。我懷疑自己看見了什麼，或者該說，沒有看見什麼。

我又擦了一遍眼鏡，這一回用軟布。再拿另一塊軟布擦拭電腦螢幕，但問題依然存在。顯然，汙垢（這一坨爛糊糊的玩意兒）在我的眼睛裡，至少右眼有，這是我一次閉一眼睜一眼，雙眼獨立測試出來的結論。汙垢八成只是晚上累積的某種眼垢，用清水潑一潑、沖一沖就可以清理乾淨。我湊合著又打了一小時逐字稿，讚嘆一行行文字看起來都是斜的而不是水平後便躍進浴室，仰起臉龐，用蓮蓬頭沖水。

沖水也不管用。隨後，我去河濱公園跑了四英里依舊不行，隨後的淋浴也是，我知道說出來沒人會信，但我做的下一件事不是驚慌，不是打電話給醫生，甚至不是跟我相戀已久的戀人湯姆提起視覺的異狀，湯姆可是我的同居人，職業恰巧是醫生。

我做的下一件事是以左眼視物，盡量不去想視覺的異狀。就這樣，我作好去朋友家吃晚飯的準備，跟湯姆搭計程車赴這場飯局，在公園大道高樓公寓跟大夥兒吃吃喝喝，嘻嘻哈哈，曼哈頓的燈火在我們身邊一閃一閃。那燈火閃爍的模樣，跟我電腦螢幕上的字跡如出一轍，輕輕盪漾著，看起來其實空前漂亮。我選擇被蠱惑，擊退任何一絲憂慮。

我說過，這是一個關於得與失的故事，也是一個關於信念的故事，或者說是一個接著一個不同的信念。第一個信念是我的傲慢，毫無根據地認定問題終究可以解決，與我站在相同地位、相同時代的人類已經發明了各種辦法，可以凌駕病痛與微不足道的不體面——從高漲的血壓到鬆垮的下顎都不是問題——生在不幸年代的人就不像我們這個年代所向無敵，這是我因為生病而消弭的一廂情願想法。我屬於嬰兒潮世代，生在那個世代（一九四六年至一九六四年）的最後一年，繼承了一種過度自負、不屑的態度，對於老化的耗損與免不了的病痛沒有適度的寬容。

我們嬰兒潮世代是在週末奮發圖強的人，投入一個又一個的健身熱潮，矢志不移地打造精瘦的身材，試過一個又一個美容手段，尋求恆久的緊緻。對了，還有供我們自由取用的醫藥庫：對付膽固醇紊亂的史他汀（statins），治療憂鬱症的選擇性血清素再回收抑制劑（selective serotonin reuptake inhibitors），擊退禿頂的非那雄胺（finasteride），勃起功能有障礙的話，可以吃威而剛（Viagra）跟犀利士（Cialis），痛風則有安樂普利諾（allopurinol）。

)•(

)•(

)•(

我右眼的視覺衰退時，正在服用的藥品有史他汀、非那雄胺、安樂普利諾，提這個不是因為這些藥品傷害了我的視覺（眾所周知，兩者毫不相干），而是我毫無根據的傲慢態度有一部分是這麼來的。我相信醫學，我相信藥物。

當時我五十二歲。十年前我的背部動過一次相對無害的癌症切除手術，也用過化療藥膏清除了鼻部癌症。由於肩膀發炎疼痛，不得不以更痛的類固醇注射來治療，要不是注射奏效，我可就慘了。右腿的坐骨神經作亂了幾個月，但我服用處方劑量的布洛芬（ibuprofen）類似物，還將跳繩加進我的健身運動中，解決了問題。

這些毛病全都代表我的身體正在承受老化之苦，卻沒有打亂我的生活步調。我得到適當的醫療，我扭轉或拉伸軀體，進行正確的伸展。我調整運動的模式，少一點這個、多一點那個。我積極進取，牢牢掌握著敏銳的腦力與精力，足以應付一週五、六十個小時的工時，每週安排四、五個晚上的社交活動，夏季跟湯姆到希臘度假，有時我跟湯姆還會趁著度假，兩人從偏僻的沙灘出發，爬上陡峭的山徑健行個三英里再返回沙灘。我攀越海濱的岩石、我游泳、我健壯有力。

因此我對右眼的態度是，視覺出問題絕對有合理的解釋，假如需要醫治，也會有現成的治療方案。有多少次腳踝拉傷、頸部痙攣、頭痛、痛楚莫名其妙忽然出現，又莫名其妙地忽然消失？我一覺醒來，視覺就莫名其妙地變模糊，那麼我也會在一覺醒來之後，視覺莫名其妙地變清晰。那個週六夜晚，結束跟朋友們的晚餐之後，我沒有設定鬧鐘，還請湯姆隔天起床的時候要安靜。只要多睡幾個鐘頭，一定就沒事了。

但我的視覺沒有在週日改善。其實，反而更糟。問題依然局限在右眼，我試過閉上左眼、單獨以右眼視物，這樣看得見物體的形狀，但沒有細節。電腦螢幕是一片白光。報章雜誌、書籍的印刷字是無法辨識的，字母會糊成一灘爛泥，字塊則是這邊缺一塊、那邊缺一塊，坑坑巴巴的。雙眼並用的話倒是還能湊合著看，但病眼會干擾正常的那一半視覺，將一片霧濛濛投入我的視野，那片迷濛有時還會搖晃，晃得我頭暈目眩。

我終於告訴了湯姆。我聯絡了眼科醫師，也是因為湯姆的強力勸告。我的眼科醫師個性很隨和，之前給過我手機號碼。我發了簡訊給他，稍微描述了眼睛的狀況，詢問我能不能等到他星期二的門診時段去找他，還是我應該掛急診。他的回音立刻就來了，說他剛好在診所附近幾條街的地方，跟我敲定一小時後門診見。

診所只有我們兩人：沒有其他病患、沒有櫃檯人員。他比我早到一步，很多燈還沒開。黑暗與寂靜突顯了這不是一次尋常的求診，帶著不祥的氛圍。

我們在診間待了至少九十分鐘，將我熟悉的眼睛檢查步驟都做了一遍，也做了一些我不熟悉的其他檢查。我將下巴擱在一個塑膠硬槽上，額頭抵著塑膠硬條，定住不動、不動、不動，手心漸漸溼滑，心臟跳得有點像在打嗝，而他將某種望遠鏡放在我右眼前方，一支換過一支，彷彿天文學家難以置信地研究著某個陌生的新銀河。「難以置信」是我的猜測，因為我想不通為什麼要檢查那麼久，便無憑無據地推斷醫生被難倒了。當你一動不動地坐上大半天，便會胡思亂想來打發時間。你會作出推論，會想出各種譬喻，於是我成了一個高深莫測的宇宙，成了一個黑洞。

好不容易捱到他向後退開，說我可以移開頭部、放鬆一下，可見檢查結束了，我便用各種問題轟炸他：我生了什麼病？如果他不知道的話，那他的猜測是什麼？我跟他說，不必只猜一個答案，可以給我三個可能性最大的猜測，甚至五個。我從出社會以來就是記者，為了挖出資訊時而軟言懇求，時而咄咄逼人，時而交換條件都是我的看家本領，於是我進入記者模式：這是什麼病？病是怎麼來的？為什麼會生病？幾時發病的？他沉吟再三，不想配合，但終究還是妥協了。

他說，或許我得了多發性硬化症。有時，這種病最早的症狀是視覺問題。或許是某種其他類型的自體免疫疾病或全身性的失調開始作亂，而這是亂象的開端。或許問題出在腦部，是大腦沒有精確地處理眼睛傳遞的資訊。他的推論總是帶著一個詞。「或許」、「或許」、「或許」、「或許」。

我「絕對」應該尋求專家協助，去看我聞所未聞的「神經眼科醫生」。根據我做完的初步眼科檢查，我的眼科醫生幾乎可以斷定，我的角膜和視網膜都沒有受損。所以我的視覺問題可能出在右眼的視神經，而視神經，則是精通眼科學以及神經學的專科醫生的領域。

他給了我一位這種專科醫師的名字。他一手搭在我肩膀上，祝我幸運。

)•(　)•(　)•(

三天後。在曼哈頓的另一個地點，另一位醫生為我出動了各種琳琅滿目的檢驗儀器，但這位醫生不是我的醫生推薦的那一位。當你碰上複雜難解的疾病，急著找出答案的殷切，別人未必會感同身受；你十萬火急，不代表別人會跟著你一起急；你的困境是你心中的第一要務，然而在你的白袍救世主心中卻非如此，他們忙著應付許許多多病情跟你一樣緊迫、一樣在乞求救治的無助病患。這不能拿來替他們的冷漠辯解，卻是他們冷漠的理由。至於我的眼科醫生推薦的那位專科醫生？他的門診還有空位——在一個月後。

湯姆出面了。他在一家本地的醫院服務，認識院內的神經眼科醫師，約好了星期三上午去讓她看看。她的候診室裡人很多，我屬於年紀最輕的那一群，外觀最健康、手腳最靈活。我對面有一個人戴著眼罩，左側有個人的一隻眼睛蒙著厚厚的紗布，固定紗布的膠帶從額頭的一側橫跨到另一側的臉頰。我看看這位病患、看看那位病患，視線在他們兩人之間移動，想試試能不能跟視覺受損的他們對上視線，那我就可以回以微笑、點個頭，或許我只是想知道會不會有人對我笑一笑、點個頭。我向幾位朋友透露了就醫的事，他們想陪我來，但我拒絕了。這時，我懷疑自己作錯了決定。我感到非常孤單。

「布魯尼先生？」

一位護士或醫師助理或技術人員（我搞不清楚她的確切職位）叫了我的名字，招呼我到一條走道去，帶我走向破解我視覺之謎的門戶。我輕快而愉悅地起身，這是我看醫生的習慣。這習慣很傻氣，卻是我說明、表示、證明自己不害怕的方式，證明的對象不是其他病患或醫護人員，而是我自己。

我確實不怕，當時不怕。詭異的是，我很興奮。興奮不是恰當的字眼，卻沒有偏離事實太遠，我不是對接下來的一切迫不及待、感到高興。根本不是。我的意思是我本來陷入疑雲中，這時這一團疑雲劈劈啪啪地躥出電流。而憑著人類與生俱來的神奇調適機制，我可以稍微超脫於自身之外，切割了病情的風險，讚嘆起自己主演的狗血劇。我可以駕馭這場戲。

神經眼科醫師戈娜姿．莫札米重做了一遍我之前做過的大部分檢查，許多機具、儀器跟我平時去看的那一位眼科醫生是一樣的，但多了一項「視野」測驗，就是以僵硬不適的姿勢坐著不動，死命盯著一個深邃箱子的內側，箱內的不同區塊會不定時出現小小的光點。當你看見光點就按下按鈕，儀器會測試你有沒有盲點及其位置，也測試你的周邊視覺是否受損及受損程度。往後兩年，這成了我生命裡的磨難，某種精神虐待的囚籠，每次被縛在這個囚籠裡我都瀕臨發狂。受縛的時間可能長達三十分鐘，但這是第一次，檢查的時長只有一半，甚至是三分之一。

莫札米醫生看了視野測驗的結果，回顧她給我做的檢查，在我抵達紐約長老會醫院的門診差不多兩小時後，說出她的診斷。她告誡我，她不是百分之百確定：要做完許多血液檢驗跟一次磁振造影，才能排除她現場檢查看不出來的情況。但根據她的現場檢查，以及我描述症狀首次出現的時間跟情況，她確信自己清楚我出了什麼事。

我中風了。

那可以視為一種中風或類似中風的情況，就是流向大腦的血流忽然堵塞或中斷。莫札米醫生解釋，以我的情況來說，是血壓遽然下降，導致一條視神經（將眼睛連結到大腦的神經，其實是眼睛的一部分）沒有得到所需的血液，因而毀壞。

為什麼會這樣？我問。

她說，有時跟睡眠呼吸中止症有關。我說我沒這毛病。她說，醫界懷疑服用威而剛或同類型的藥物，也可能是禍首。我只用過兩次威而剛，還是十幾年前的好奇之舉，後來便沒碰過。她說罹患糖尿病或高血壓的人，這方面的風險比較高。我沒有糖尿病，也沒有高血壓。

她說，在極罕見的病例中，中風就是無緣無故發生了。顯然我就是一例。

關於我生了什麼病，一大線索是起床時眼前的朦朧。血壓會在睡眠時下降，要是降得太低便可能出現這種中風，因此與我同病相憐的人，有高達一半跟我一樣是在夜晚中風的。

這些資訊我聽得津津有味，卻跟我最想知道的事沒有明顯的直接關連：如何治療？

「沒有治療方法。」她說。一開始吸走我大半注意力的不是她說的話，而是口吻。那語氣巧妙地融合了憐憫與鎮靜，過濾了驚慌，將問題歸咎在我惡劣的運氣，相當於之前那位眼科醫生擱在我肩膀上的那隻手。那語氣在說我可以替自己難過，但鼓勵我不要太傷心，不要慌。那語氣真是細膩周到，我差點就跟她這麼說了。

她停頓一下，還有話要說（感覺上是她必須交代的事）我趕緊打起精神，盡可能振作起來。而她隨後的說明解釋了她為什麼流露出一副不忍的表情、為什麼我當時的視覺明明還算堪用，她卻顯出憂慮的神色。

「你得知道，」她說，「你的另一隻眼睛可能也會這樣。」

我心跳加速。「是可能會？」我問道。「還是以後會？」

「是可能會。」她答道。「醫學文獻指出，一隻眼睛有這種情況的病人，另一隻眼睛步上後塵的危險比一般人高很多。」

「有多高？」一個個問題隨即冒出來，因為無需多想，這些都是顯而易見的問題。

「大約百分之四十的可能。」她說。又補充說如果我的左眼在往後兩年都保持健康，可能性便會大幅下降。

這時她的態度轉為專業、淡漠、學術。她是在報告研究結果的學子，是傳遞學問的教授。她就這樣從悲憫的涼亭，轉移陣地到整潔呆板、照明欠佳的科學長廊。因此，我絕對有可能沒有聽出、沒能完全理解她的話。而她在跟我說的是，我絕對有可能失明。

)•(

)•(

)•(

關於失明的可能性，有一些心得可以分享。有些跟我同病相憐的病患，患部的視覺會在中風後的幾個星期、幾個月內，隨著視神經的損傷消退而稍微改善。中風造成的傷害因人而異，一般人的損傷比我的輕微得多。因此，要是我的左眼以後出事，傷害只會跟右眼不相上下。

我該怎麼做，患部才比較有機會恢復？多做運動？改善飲食？服用藥物？

「沒有。」她說。

那我該怎麼做，才能降低另一隻眼睛出事的風險？多做運動？改善飲食？服用藥物？點眼藥水？做眼睛運動？倒吊？有任何方法嗎？

「其實不太有。」她說。

她建議了幾件小事，又趕緊補充說那些都沒什麼防護力。我就寢的時候應該小心避免脫水（意思是晚上少喝酒，不然就要大量飲水來抵消酒精），因為脫水會降低血壓。血壓可能很要緊，但也可能不是。我應該監測血壓和膽固醇，但那是無論如何都該盡的本分（我本來就有在做）。避免高海拔和長程的航班？有些人認為這兩者會降低血氧濃度，所以有的病友便謝絕這兩者。然而這是假設，我們對這種病的認識並不充分，知識還比不上推測，甚至輸給了迷信。

這資訊量太大，多到我幾乎消化不了，我懷疑自己會不會漏聽或誤解什麼。我覺得應該沒有，但總該確認一下吧？

「病情不樂觀，對嗎？」我問莫札米醫生。

她點點頭。「不樂觀。」她沉默了幾秒，又打破寂靜：「抱歉。我不能給你任何幫助。」

給你。我差點笑出來，這話太溫文有禮、太純良無害，彷彿她是餐廳的侍者，或是發完了汽水跟堅果的飛機空服員。

她又說，有個不算選項的選項應該讓我知道，她對這個選項沒有強烈的意見。有一項正在進行的藥物臨床試驗，目標便是修復我這種中風的視神經損傷，試驗地點遍布全美，包括紐約市。美國食品藥物管理局核准了這項試驗，可見試驗的安全性通過了考驗，而藥物試驗之前的實驗則至少顯示出藥物可能有效。

「我要參加！」我說了才意識到，假如要不要參加有那麼簡單、想去就去，她便會更早也更積極地勸我走這條路。「我怎麼可能會不想參加？」

她沒有積極建議的原因有幾個。一：跟所有的試驗一樣，我可能會被分配到安慰劑那一組，花了時間參與試驗卻不可能得到個人效益，至少是沒有立即的效益。我的付出將會造福人類，要是藥物有效，以後便可能提供給跟我同病相憐的人，包括我。但那可能是幾年以後的事，時間久到中風的傷害不能逆轉。

二：參與試驗的條件包括要確診，而且要在中風的十四天內接受第一劑藥物。我中風已經五天，因此在未來一週內，我必須能夠且願意付出大部分的時間，趕著做完磁振造影跟各種她吩咐過的血液檢驗，外加許多其他的醫療步驟，將一般不會這麼急著完成的一連串醫院門診，壓縮到在短時間之內完成。

三：用藥方式並不輕鬆。針劑是直接注射到眼睛。

也就是說，這項試驗不適合悲觀的人，而我有滿肚子的悲觀。我時常覺得在我最想要陽光的那一天必然會下雨；時常準備好被我心儀的對象在當下或未來拒絕；相信我垂涎的升職機會或任務會在關鍵時刻落到別人頭上，即使僥倖得到那些任務，也終將被除名。我的境遇其實沒這麼黑暗，我在人生中經歷過的優勢、劣勢、意外收穫、挫折裡不乏好事。其實，好事還是相當多的。但我的個性就是這麼奇怪又不討喜，老是預作最壞的打算。

這項試驗也不適合膽小鬼，而我是膽小鬼，鐵證如山：我有想跑的馬拉松，卻始終擠不出勇氣去練跑；我有想要交往的對象，卻害羞得不敢約人家出去；我有想要的升職機會與任務，卻沒有爭取過；我有一些難以啟齒的事需要跟朋友、同事、上司們說，卻絕口不提。

一個如此消極、如此沒有骨氣的人，肯定不會自找麻煩去參加藥物試驗。但我既不猶豫，也沒有模稜兩可，就決定要找自己麻煩。我匆匆完成篩檢、讓莫札米醫生開出確診的診斷，加入全美國幾百位病患的行列，成為受試者，消失在漫漫長征中。對，這是醫療的長征，更是病患心理與精神上的長征，更是大開眼界的過程。我發現我對自己的認識少得可憐，也不知道一個人的改變可以有多深刻——該調適就調適，該奮起就奮起，不斷前進、前進、前進。前進是唯一合理的行進方向。

我漸漸習慣了有時正常有時茫然失措的日子，習慣了閱讀跟打字的時候不時有片異常的視野，那片視野總是歪向右側，彷彿有人把一坨果凍放在右眼上。同時，我得應付更艱難的挑戰，也就是判斷自己該用什麼樣的情緒來面對病情，然後修正情緒。我問了自己那些每個人面臨意料之外的限制、突如其來的脆弱、未來免不了會澈底喪失一種身體機能時，遲早要問的問題：我對病情要抗拒到什麼程度？我對固定的例行公事要有多少的掌控？對於每日的事務、每週的行程、每月的目標，又要堅持保留多少以前的樣子？我對病情要接受到什麼程度？承認當我們漸漸老去，總有一天會做不到以前能做的事，只能告別某些抱負和壯舉？

要抗爭到底，還是放棄？依我看，兩者都是應該的，但兩者的比例一定要正確。兩者的整併（配方比例）要合理。希望與恐懼也是。我可以遊走在兩者之間，但不能陷入其中一個。

憑著少許的反叛心理與大量的希望，我參與了試驗，在中風的十二天後，從西七十二街跟百老匯大道的交叉口上了地鐵，搭到東十四街跟第三大道的交叉口，沿著冷颼颼的漫長街區走到紐約西奈山眼耳醫院，曲曲折折地穿過一群彎著腰拄著枴杖走動的老太太們、癱坐在輪椅上的老先生們、頭上纏著繃帶卻綻出令人心疼的笑靨的幼童們，徒勞無功地尋找報到櫃檯，咒罵這間大醫院宛如迷宮一般的格局，然後在一條後方的走廊看到電梯，孤注一擲地搭乘，僥倖抵達了五樓的診間，居然正是我該去的地方。於是我的神經不安起來（還是腎上腺素在奔流？）有人幫我按下玻璃門的開門鈕，我便進入顏色黯淡的報到區，左等右等，再左等右等，總算有人叫住我，帶我到一個同樣黯淡、更不討喜的檢驗室。新的醫生名叫雷諾．簡泰爾，我聽他說明即將進行的事，他保證那不致於讓人受不了，萬一真的受不了的話，好歹很快便會結束。我向後躺在躺椅上，那椅子的海綿實在可以再鋪厚一點的。他在我那隻不肯聽話、背叛我的眼睛上，塗了一大坨局部麻醉的冰涼凝膠。十分鐘後他回來，又塗了厚厚一層相同的凝膠。再隔十分鐘，我聽到他的腳步聲向我靠近，我明白麻醉完成了，即將進入打針的步驟。我緊緊抓住海綿鋪得不夠厚的躺椅扶手，想像自己置身在電影中，木管樂器的激昂樂音與小提琴的澎湃琴聲在向我的英勇致敬。我仰起頭，迎向簡泰爾醫生，暗自希望他趕緊打完針，更恨不得他說我們搞錯狀況了，我其實不必打這一針。但他用金屬夾具掰開我的右眼，杜絕我眨眼的任何可能，那夾具扯得我不太舒服，接著，打針的滋味就更不舒服了，非常、非常不舒服，當他將針頭刺入眼睛，簡直像是用重量級拳手的勁道，把酸性液體潑到我的眼睛裡。

第二章

一眼閉上了，另一眼便睜開了

諾拉・艾芙倫在人生的最後十年裡跟我結為朋友，她有一句名言：「事事皆素材。」她離開人世以後，兩個兒子的其中一位拍了一部關於她的紀錄片，便用這句話當作片名。「素材」（copy）是老派的報章用語，常常有人把諾拉的這句名言，當成了替作家辯解的免死金牌，認為他們過度詳細地分享自己及熟人的生活點滴是情有可原的。這也是句警語：凡涉足此地者，當捨棄一切隱私。也有沒那麼耍嘴皮的意義，諾拉只是在說，如果你是文字產業的一員，當你遇到逗趣、有意思、深刻的事情，不如便善加利用吧，那些事情就是你的素材。這是你的職業，說不定還是你的天命。

二〇一七年十月，我遇到這件很有意思的事，儘管事態沒有嚴重到精神受創的程度，許多人面對的困境都比這更艱難，卻也足以令我渾身顫抖。這個考驗大概需要足足二十個我才扛得住，我不得不以嶄新的方式看世界。在肉身層次上，這是事實。在精神層次上，更是事實。

這很耐人尋味，對吧？「看」這個動詞的可塑性居然那麼高，且無所不在。這個詞的各種衍生型態，可以輕而易舉地把觀看物體的視覺處理程序，切換為對現實的精神處理程序。「看」不只是用眼睛打量你周遭的環境跟人，也是在釐清這個環境跟人所代表的意義，辨識出需要正視的人事物，悟出你在靈光一閃、迸發「洞見」的那一刻之前渾然未覺的事，這個「見」字泄露了玄機。

我們問狀況外的人：「你看不出來嗎？」我們跟剛剛了解情況的人說：「你看出來了吧。」當我們要別人認可並理解我們的「觀點」，張嘴就是「看」，這個詞的彈性很大，既可以是觀看實際的空間，也可以是觀看精神上的空間。而「洞見」與它在詞源學、語言學上的同類「先見之明」及「後見之明」結伴同行，以涉及視覺、眼睛的詞語描述我們最敏銳的聰慧觀察。當然，「我聽懂你的意思了」、「我有同感」、「我可以體會你的痛苦」也有類似的雙重意義，但這些詞語的應用範圍不是那麼全面。要描述你不了解一個情況，你可以說自己「聽不懂」，但更常見的說法是你「看不懂」。我們有「盲點」，沒「聾點」。對事物有深刻而獨到的觀點是有「眼光」，因為最宏偉的計畫而振奮的人是有「遠見」的人。

這符合我們對眼睛的書面用語及形象的痴迷，將眼睛塑造為不折不扣的「靈魂之窗」。盲人作家、演員、教育家M．李歐娜．高汀（M. Leona Godin）在《那裡植入了眼睛：失明的個人史與文化史》（There Plant Eyes: A Personal and Cultural History of Blindness）一書寫道：「失明蘊含的文學寓意極具魅力，幾乎沒人可以抵擋。」這本在二〇二一年出版的書籍不僅替這句話背書，更大量列舉了失明作為寓言、譬喻、推動劇情的方便手法，散見於《聖經》、荷馬的作品、短篇故事，甚至是喬治．馬汀拆成好幾冊的長篇小說《冰與火之歌》，後來還改編成HBO的鉅作《權力遊戲》。「失明的先知角色更是成為常見的基本元素，想找出一本沒有盲人角色的科幻或奇幻小說，反而還不好找呢。」高汀提到。

眼睛是展示權力的部位，卻更是流露脆弱的所在。從古希臘劇作家索福克里斯不朽的伊底帕斯悲劇，到莎士比亞《李爾王》的葛羅斯特公爵，還有連續殺人犯小說及電影裡的無數受害者。失去雙眼是最淒慘的劣勢、終極的恐懼。首先，不能使用雙眼將會險象環生。奧黛麗．赫本在一九六七年主演的驚悚片《盲女驚魂記》失明，還有四分之一個世紀後的鄔瑪．舒曼在《盲女兇殺案》裡失明，這都不是隨機的劇情安排。她們的生理障礙（尤其是視覺障礙）讓冷酷的掠奪者或顫抖的觀眾將她們視為現成的獵物，跟看得見殺手逼近的人相比，愚弄或支配她們，理論上要容易得多。在信任感的博弈中，無論場景是科學領域、學生聯誼會或是在兩個合意性交的成年人的床上，被遮掩的不是耳朵，而是眼睛。

對於沒有失明經驗、沒有認真思考過失明是怎麼回事的人來說，失明是難以想像、無法承受的事，就像是某隻宇宙之手拔掉了整個宇宙的插頭。我不太算是那樣的人，但如果我聽到自己可能喪失聽覺、觸覺、味覺、嗅覺，反應一定跟得知自己可能失明的時候很不一樣。視覺是五感之中至高無上的王者，這概念深入心裡、骨子裡，甚至五臟六腑裡，我當然會瑟瑟發抖。

但我也說過，我不是只顧著發抖。我重整旗鼓，我問了之前沒問的問題，以前所未有的姿態穿越情緒的困境，重新評估朋友與熟人，聯繫喪失視覺的陌生人，他們有些人嘗過失明的滋味，也有距離衰老還很久的人發生了其他類型的身心障礙，未來八成會飽受折磨。他們比一般人更早接觸關於限制、前途茫茫、妥協的速成課，如今我也是這門課的學員。

這是知名的新聞工作者麥克．金斯利（Michael Kinsley）對帕金森氏症的看法，他確診的年紀是四十三歲，後來寫了一部相關的回憶錄，在二〇一六年出版，取名為《暮年》（Old Age）。在回憶錄剛過三分之一篇幅的地方，他提到了有時他會覺得自己是「我們這個世代的偵察兵，以我五十幾歲的年紀，奉命勘察了連最健康的嬰兒潮世代，都要等到六、七、八字頭的年紀才會經歷到的情況。多的是比帕金森氏症更可怕的病症，也有病情比我嚴重很多的帕金森氏症病友。然而以我的病情等級，我對我們未來的共同命運倒是有了有趣的預先體驗，就像對老年生活的新手指南。」

我的預先體驗比他的經歷更幽微，但可能更舉世共通，也因此更有啟發性。我在五十幾歲的時候便經歷了許多人六十幾歲的情況，而更多人要到七十幾歲才會有這些體驗。我褪去了以為身體不會敗壞的妄想，看著我金剛不壞的可能性範圍縮水。不，刪掉前一句，應該說我看著可能性的範圍改變。我學到了以寬容、溫和的言語解讀自身的遭遇很重要。那不但是合理的解讀，還是健康長樂的解讀。

說也奇怪，我開始更有活著的感覺，更能夠聚焦在眼前的事物中、更懂得感恩。這是不是有點老生常談？當然，請作好心理準備，後面還會有滿滿的老生常談，如果你覺得這些東西很煩人，那就別看了。你不該覺得煩的，因為我領悟到的一小部分道理，就是老生常談之所以變成老生常談——隨處可見、歷久不衰、不言而喻——可不是沒有原因的：老生常談是真理的近親、低配版的真知灼見。當人生給了你一顆檸檬，你大可拿來做一杯檸檬水，這是我接受的教養中的重要概念。此外還有籬笆另一邊的草永遠更青翠、烏雲都鑲著銀邊、黎明前的天空是最黑暗的……儘管我的故事主題不是黎明，而是黃昏。我是第一次真的模模糊糊地意識到白晝不長久、光明將一去不返，覺悟到這輩子的時間是借來的且時間有限，而這樣的意識後來上升到最高點。這故事是關於改變自己的溫度，切換自身綻放的氣質。

這故事也是關於黃昏如何出人意料的滋養人心與美麗。我的世界變得模糊，同時卻也清晰了起來。我屏住呼吸，我呼出空氣。我迎向新的擔憂，告別以往的煩擾。一位聰敏的朋友一針見血地總結了我的狀態：「一眼閉上了，另一眼就睜開了。」

我用健康的那隻眼睛觀看身邊的每件事物，看得更認真、更久，希望也看得更深情，就從我的熟人跟朋友開始。我察覺我們對自己生命裡的那些人認識得太少，因為我們只看他們的表相，詢問簡單、有禮的問題，將他們切割到只剩下最不複雜、能最快取悅我們的部分。他們內心有我們沒看清楚的痛苦，有我們沒有好好表揚的勝利。在中風之後的那天早晨，我在這方面也覺醒了。

我們先打好地基，交代基本資訊、醫學細節。我這種中風的正式名稱是非動脈炎性前部缺血性視神經病變（non-arteritic anterior ischemic optic neuropathy），看了這麼多晦澀難懂的詞彙串在一起，就知道為什麼我只講簡化的口語名稱。我很確定跟我打過交道的醫生們，沒人完整地跟我說過這些詞彙，他們用的是更常見的病名縮寫NAION。我是自己查閱、鑽研相關資料才知道縮寫背後的全名，得知有一個更罕見的AION（前部缺血性視神經病變），還有許許多多其他種類的視神經病變。神經病變是神經系統受損或生病，範圍遍及全身，所以病名包含了「視」，明確指出部位。「缺血性」是指神經受損的原因是供血不足。現在我要提供蕪雜的資訊了。

我會從中挑出一些數字給你看，但得先聲明，那全是專家認為可能性最高的猜測而已，這是專家們承認不諱的事。「請容我告訴你，我們對缺血性視神經病變的認識，所知不多！」馬克・庫伯史密斯（Mark Kupersmith）這麼說。據說他是紐約市領先群倫的神經眼科醫師，當時我們談到了這種病的治療方式一直沒有進展。

這個領域的一般看法，是造成視神經損傷的供血不足事件（中風）發生後的幾個月內，高達四〇％的患部神經會出現神秘的療癒現象，有一部分人受損的視覺會改善。庫伯史密斯醫生對此存疑，他認為他們八成是仰賴未受患部影響或影響最小的那一部分視野，把那一部分視野利用到極致。或許是因為這樣，他們三個月後的視力檢查表現，會超越中風三天後。無論如何，大部分的NAION患者視力不會改善。神經一旦受損就是一輩子。我便是如此。

至於NAION的患者人數，文獻上的數字通常是一萬人裡有一例，但庫伯史密斯醫生跟一些專家都認為這是被低估的數字，有許多輕微的病例沒有被診斷出來或遭到誤診，尤其是眾多生理機能都在衰退的高齡長輩。無論如何，NAION是罕見且非常倒楣的病症。在大幅削弱視覺或導致失明的病症清單中，它的位置在很下面，但整體來看，因為這些病症而有視覺障礙的人數比你想像中要多。據估計，美國的法定盲人有一百萬（大約三百二十人裡有一人），也就是他們矯正後的視力低於〇．一。有幾百萬人的視力障礙影響了生活，要是你把矯正後的視力不高於〇．五的「低視能」者算進去，人數還更多。

順帶一提，失明不是一片黑暗或空白或虛無，大部分人不是，這是常見的迷思。「看得見的人常常以為失明是一翻兩瞪眼的事：你要嘛看得見，要嘛看不見。」盲人作家史帝芬．庫希斯托（Stephen Kuusisto）在《盲人的星球》（Planet of the Blind）如此解釋。但他不是那樣：「我在窗戶裡面凝視世界，可是窗戶玻璃破了，還汙跡斑斑。」汙跡與破損便足以構成嚴重的視覺缺陷，形成巨大的挑戰。「汙跡斑斑」，當我看到這個詞，我發現自己下意識在點頭，這個詞完美描述了我右眼的困擾。我想，汙跡有等級之分，幸好跟他相比，我的汙跡比較淺淡，也比較不均勻，而且只局限在一部分的視野中。可是我的窗戶跟他的一樣有瑕疵，也跟他的一樣不能擦拭乾淨。

絕大部分的盲人與視障者，從出生到孩提時代的視力都足以應付生活。他們在視覺被遮蔽之前便見識過這個世界的燦爛，通常是到了人生下半場，因為白內障、青光眼、黃斑部退化、糖尿病視網膜病變，才有視覺障礙。盲人在失明之前多半已經心裡有數，會經歷一段視覺日漸喪失的時期，在恐懼中等待失明降臨的那一天。

NAION的發病時間比較晚，幾乎都在五十歲以後，而且通常是五十過了很久之後，我發病的時間算早。患者的病情、所受的影響都因人而有巨大的差異。就像這種病可能會拓展到另一隻眼睛，也可能局限在第一隻眼睛。它留下的損害可小可大，或界於兩者之間，而受損的通常是周邊視覺，以致NAION患者更難看見在他們上方、下方、旁邊的物體。但我是中央視覺受損，所以閱讀、書寫、看電腦螢幕都有困難，如果閉上左眼、只用右眼的話，電腦螢幕會是一片汙跡斑斑的白光，汙跡是我無法判讀的字句。只用右眼的話，書頁的外觀跟原來差不多。我可以辨識頁面上的段落，細看的話，甚至可以推測段落的起點和終點，只是完全不曉得文字內容。一團迷霧籠罩著文字。文字存在，黯淡不起眼，就在一片汙斑的另一端。

NAION缺乏有效療法的一大原因是罕見。製藥公司開發藥品，關心成品的潛在獲利性是理所當然的，而我們NAION病患是他們沒興趣的小市場。即便不是如此，我們的處境依然惡劣，問題就在於造成我們那團迷霧的生理因素。

「我認為視神經損傷是解決失明的終極課題。」尼爾．米勒這麼告訴我，他是約翰霍普金斯大學醫學院的眼科學、神經學、神經外科教授。「要是有人因為白內障而全盲，我們治得好。角膜損傷？我們治得好。有視網膜疾病的病人我們也多半能治。但因為視神經疾病而受損的視覺，我們真的愛莫能助。」

在我參加的第一個臨床試驗及後來的第二個試驗，魯拉妮．班尼克是監測我及其他NAION病患的神經眼科醫師之一，她告訴我，把神經及包覆神經的鞘想像成「在一根管子裡的電纜」。根據我雙眼做過的詳盡精密檢驗，我的管子是一般尺寸的四分之一左右，要是我的視神經腫脹起來（在神經缺氧時）就更容易跟管壁發生碰撞而受傷。「整條神經都很擁擠。」她說。「在解剖學上，我們會說病人的視神經盤有危險，但我討厭這種講法，因為會嚇到病人。」

我就嚇死了。現在我對左視神經多了一份了解，這是我的右視神經在嘶嘶嘶或吱吱吱（或隨便哪個恰當的字眼）地變成失序的視神經盤之前，我所不知道的事。我現在知道它跟別人的視神經不一樣，潛藏著嚴重的隱憂。它就像一顆隨時會爆炸的炸彈。滴答、滴答、滴答。

幸運的是（真的非常、非常幸運），當我戴上眼鏡，即使狀態不好，左眼視力仍然有〇．八，狀態好的話則有一．〇，但右眼會干擾視覺。我可以給失職的右眼戴上眼罩，我也考慮過那樣做，但大腦處理右眼干擾的能力遲早會改善，要是戴了眼罩，大腦學會處理的速度便可能減慢或無法學會。而我要刺激大腦、訓練它。過了四年多之後，我還在刺激大腦、訓練它（所以才說是「遲早」）。大腦一直在進步，但這也是很乏味的過程，進展慢得讓人發狂。

確診後的最初幾個月，我最擔心的並不是駑鈍又不識時務的大腦，能不能提升它協調雙眼的績效，而是碩果僅存的另一隻眼睛是否仍然健康。後來我將它視為自己身體的法貝熱彩蛋*。你看過視神經的照片嗎？中風後，我鑑賞過的視神經照片足以掛滿一整座羅浮宮。我忘不了視神經看起來有多麼脆弱，那條纖細的神經由差不多十幾條微細的血管供養，從眼球後方連結到大腦，而它全權決定你能不能看見日落或舒芙蕾。

人類的整具身體都是如此，有數以百萬計的線路和連結，精密到出人意料，又耐用到超乎想像，畢竟能夠出錯的地方實在太多了。但身體居然沒有鬧出更多亂子，實在令人驚奇，

* Fabergé egg，俄國知名的珠寶首飾大師法貝熱所製作的蛋型擺件。

根本奇蹟。這麼多人都平平安安走過漫長的人生，不被打斷地直線前進，簡直沒道理嘛。但人生路總有結束的時候，這條路充滿了缺口岔路。我們的身體是顆定時炸彈，只不過每一具身體的引爆方式不同。

有時我會察覺自己在不經意間揉了眼睛，這是每個人都會做的事，然後我便驚駭起來。我的動作會不會太粗魯？我左眼後方擁塞的神經線路仍然完好嗎？有一回在公園跑步時，強風將沙子吹進我的左眼，慌張失措的我心想：我不能容許左眼再受到任何傷害，我沒有備用的其他眼睛了。

晚上最煎熬。假如左眼要背棄我，那大概會是在夜晚。我會在鑽進被窩之前灌下二、三、四杯水。基於迷信，我會趁著灌水的時候服用每天例行的低劑量阿斯匹靈：這是班尼克醫生的建議，他說這樣可以促進血液流動，以防萬一。假如我糊里糊塗地忘記灌水或是吞阿斯匹靈，不管我距離夢鄉有多近，我都會十萬火急地下床補喝、補吃。

然後在三更半夜，當我的膀胱叫囂起來，我會在睜眼之前遲疑。萬一我又一次中風了呢？每天早晨，焦慮都像一把刀捅進我的心窩，等我確定左眼依然看得見才鬆了一口氣，吐出彷彿強風一般的嘆息。

我期待這是一個關於智慧日漸增長的故事，然而這也是一個大笨蛋的證詞，如何一步步走到視覺衰退的處境，還浪費了大把的心智能量及情感能量。我是指被我視為理所當然的一切美好事物（不，是非常美好的事物）。從實實在在的不幸來判斷，我覺得自己的過去很丟人，充斥著愚蠢的憎惡，滿是毫無意義的怨恨。我揮霍大好時光繪製我不能走的路線圖，沒有理會那些向我全面開放的道路，卻惦記著我任性地引以為忤的事：怎麼我隨便都能發胖，減重卻難如登天？怎麼我晒一下太陽就晒傷？怎麼我不像哥哥那樣合群，可以輕鬆自在地跟人交際，也不像弟弟可以開開心心、渾然忘我地鑽研複雜的事務與《星際爭霸戰》的謬誤，不像妹妹有古靈精怪的幽默機智？跟父親相處時，我怎麼那麼窘迫呢？而我跟母親的互動，又為什麼層層疊疊滿是焦慮？我有數不清的牢騷，但實際上根本沒有什麼好抱怨的。

父親呢？他跟人交際時總是慷慨與優雅的典範。他確保我絕不會缺少任何重要的事物，給我良好的教育，讓我念了三年的私立中學，後來我才能夠在北卡羅來納大學教堂山分校取得優等獎學金。

母親呢？跟她給我的鼓舞相比，她對我的要求相形見絀，而跟她的愛相比，她的情緒不算什麼，愛才是無與倫比的。她是卓越的化身，投入一切她追求的目標。而她對文字的崇敬則遺傳給了我，讓我擁有舞文弄墨的人生，任何病痛都奪不走。

我的童年確實經歷過一次關卡，一場艱難的協商：我確切知道自己是同性戀的年紀是十二歲，或許時間比那還要早得多，當時是一九七〇年代晚期，社會風氣對同性戀的接受度比現在要低很多。假如你是同性戀者，你肯定會有一段時間懷疑或斷定自己有缺陷。你畏懼別人會如何看待你，不確定自己是否應付得來。記得在高中最後一年，有一陣子我沉溺在自殺的思緒裡，因為我對一位同學有了不能言說、不會得到回應的愛慕。在我看來，那預示了我會永遠踽踽獨行，不能像異性戀的同儕一樣，親身經歷占了廣播歌曲四分之三以上的情歌，而那是他們嘗過的滋味。我不記得是什麼打破了那一份絕望，讓我活下來。

但我在十八歲「出櫃」的時候是一九八二年，家裡沒有人排斥我，朋友沒有唾棄我，我沒有經歷太多困難或波折，便摸索出如何結識其他同志、跟他們交往。我踏進成人世界的旅程，與美國踏上普遍接受並尊重同性戀者的旅程同步發生，社會進步的步調比我預料中更快。不看別的，只就這方面而言，我很慶幸自己的幸運，感恩是應該的。

到了中風時，我已經慢吞吞地跨越了分水嶺，內心的情感主要是感恩。我的人生很美滿，我自己清楚。湯姆跟我定下來已經差不多九年，最近的三年都一起住在我們的上西區公寓。我們幾乎從不口角，我們笑口常開。

我們每週的生活有固定的節奏：週五夜晚，我們幾乎都會單獨去吃館子，兩個人聊聊天、喝喝酒，褪去一週工作裡的煩悶與挫折。週六夜晚，我們會參加聚會，就像我視覺模糊的第一天晚上，我們便是在朋友家度過的。週日夜晚，我會做超大份的沙拉，裡面有充足的蛋白質（通常是去皮、切條的雞腿肉，跟大量的芝麻菜、番茄、小黃瓜、藍紋起司跟橄欖油拌在一起，看起來很有光澤）。晚餐後，湯姆會洗碗。我們的飯桌寬闊，圍著桌子擺放的幾張椅子是喜慶的殷紅，椅墊柔軟舒適。湯姆會坐在飯桌的另一端，我們在一起將近十年了，在我看來，他的臉龐仍然跟我們剛認識那幾週一樣帥。

在工作上，我相當成功，即便有一些遠大的抱負沒有實現，即便收入不像我的手足跟一些朋友那麼豐厚，無法添購第二間房子，買不起他們擁有的頂級車款。截至病發當時，我三十年的新聞事業有超過二十年是待在《紐約時報》，見多識廣，有過一些華麗的冒險，包括長期在《紐約時報》愉快地擔任首席餐廳評鑑員。由於我目前在報社的職務是撰寫觀點評論，所以經常上電視，偶爾還會兼差去演講，當我光顧附近的超商時，會有人主動過來讚美我。在這些人際交流中，我那千篇一律的寬鬆T恤與更寬鬆的運動褲、身上多了十五磅不該有的體重，都令我感到難為情。但大致上我仍然對生活很自豪。

我擁有許多優勢，工作也很勤奮，儘管努力不懈，有時一天工作長達十四，甚至十六小時，每週的工時經常超過六十小時，但我也得到可觀的報酬，品嘗了努力的果實，享受舒適的物質生活、財務獨立、在世界上有一定的地位、生活安穩。我大概是意識到了這一切都可能在一瞬間面臨危機，甚至被奪走。誰都不例外。我曾經有過疑似「癌症」的腫塊，經歷過

「心臟病」的刺痛威脅，還有讓我明白自己不可能跑步跑一輩子的扭傷和拉傷。但在我中風之前，這些隱憂都只是紙上談兵，我對這些事的覺知一閃即逝。當我審視未來幾天、幾週、甚至幾年的生活，總能調整悲觀的心態，我並不擔心，絕不害怕。

在中風粉碎我的平靜兩年再多一點之後，一場橫掃世界的瘟疫粉碎了所有人的平靜。冠狀病毒以驚人的速度崛起、散播，是一個世代僅見一次的災難，改變了大部分人對時間及死亡的態度。疫情本身便是一則關於病苦與衰老的寓言，以超乎想像的龐大規模，殘酷地提醒我們命運是無從猜測的，世界可以在瞬間風雲變色，逼我們去盡義務。在更窘迫的現實條件下，從變少的選項裡抓住快樂，儘管恐懼始終啃噬著內心。我的人生風波相形之下不算什麼，也就是說，疫情讓我在面對自身的處境時，修正了我的觀點。比起東西看起來歪歪的、模糊不清、失明的隱憂，總有更駭人的事情存在。在那一長串的可怕事情中，頭一個便是一種準備奪去千千萬萬人生命的病毒——僅僅一年時間，美國便殞落了五十萬人。

美國在新冠肺炎入侵之前與之後截然不同，儘管冠狀病毒是在二〇二〇年三月六日之前抵達美國，但那一天是我個人的分水嶺，是兩種現實的切割線。政府還沒要求封城和社交距離。在我認識的人裡面，幾乎沒人真的為新冠肺炎擔憂，以致囤積衛生紙跟瓶裝水的人都顯得像瘋子。那天晚上，我人在紐約西徹斯特郡的近郊，住在我父親家照顧他，因為他跟妻子又吵架了，兩人分居了幾個月來恢復冷靜，而我爸當時八十四歲，罹患阿茲海默症，不能放任他一個人獨居。我帶他去看電影，是新拍的女性主義版的《隱形人》。我們在影城裡的那幾個鐘頭停駐在我心裡，成為永遠鮮明的純真、一去不返的「以前」。因為我當時擔心的不是自己置身在人群裡，也不是人群會不會危及我父親的生命。我怕的是我挑選的這部電影對我父親來說是否太黑暗、太暴力，以及他能不能看懂劇情。還有，我們是不是吃太多爆米花了。鹽分那麼重，對他的身體一定不好。

僅僅五天之後，川普總統在電視的黃金時段發表了關於新冠肺炎的演說。演說之後不過五天，紐約便關閉了學校。緊接著，在紐約不能上餐廳了，辦公室緊閉門戶，禁止公眾聚會，也不可能上戲院——看電影、看舞臺劇、聽音樂會。日常生活跟區區幾週之前有天壤之別，我們出門看《隱形人》的點點滴滴就像被植入的虛假記憶，某種幻覺。

那一年春天、那一年夏天，我幾乎每天都在想念，想念公司同事的笑容（出於他們自身的歡暢活力，或是我們愉快的互動）。每次他們路過，我的心情都會提振幾分。想念那位總是會跟我摟一下、打聲招呼的鄰居，那明明是親切、滋養人心的舉動，如今卻是被禁止的危險行為。想念尖峰時段的地鐵（我還以為自己永遠不可能想念尖峰時段的地鐵）。想念健身房播放的那些幫客人加油打氣、吹噓讚美、毫無意義的歡快音樂。

那一年夏天、那一年秋天，我日日憤怒，因為美國跟美國人做錯了太多事，而且後果很致命，災情原本不必那麼慘烈的。但我也天天讚嘆鄰居跟同胞們的聰敏、足智多謀。封城時，大家大可自我封閉，錯愕得感覺不到任何事，被嚇到癱瘓。但大部分人沒有。

他們在超市外面排隊，跟人相距六呎，彷彿這是一向以來的慣例。他們在臥房地板上做伏地挺身跟瑜伽的棒式。他們不但把開會的地點移到Zoom平臺，連雞尾酒會也是。他們在虛擬空間慶祝生日。他們舉行數位喪禮。他們學習烹飪。他們鑽研酸種麵包的做法。他們搶購烤火盆、保暖燈、戶外家具，因為露臺成了新的客廳。他們教導小孩如何在網海上課，建立社交泡泡（social pods）來維持一定程度的人際交流，避免過多的社交風險。他們做了大大小小的許多改變，隔天持續進化。

在緊鄰我家的路段上，我看著各間餐館設法減少財務損失，將餐館外面的人行道與停車道變成臨時的迷你花園，安裝棚架、栽種植物，搭設帳篷、掛上帳幔。他們展現出盡力而為的企業精神，這種精神讓我們受創的經濟不崩潰，而且在我身邊隨處都看得到。飯店改變了客人登記入住及打掃客房的程序。航空公司調整了機艙內的排位，重新考量員工與乘客之間的互動。似乎每個商業領域都出現了零接觸的交易模式，這些都是以前認為不可行或不可接受的作法。然而他們做到了，也獲得認同。在物資普遍短缺一、兩個月之後，食物仍然大量生產，迅速出貨。郵件來得慢但一定收得到，包裹照樣配送，有時居然比以前快。

最重要也最英勇的是每個層級的醫療照護大軍，他們延長工時，肩負起我們不該要求任何人承受的巨大風險，努力讓有限的醫療資源發揮到近乎不可能的極限。熬過初步的推敲階段，找出這種病毒的具體屬性與危險性，然後繼續鑽研，雖然沒有明確可見的終點。我們媒體人報導有多少人瀕臨崩潰，又有多少人真的沒撐住，我們報導這些事是應該的，因為他們的絕望讓同樣在水深火熱中的同行心有戚戚。這可以分散大眾的注意力，不沉溺在自身的艱難處境裡，這才是更廣泛的現實，是更要緊的事。

如果不看政府的失職（政府沒有完全失職，許多州政府及市政府更是絕對沒有）便會看到我們對疫情的反應，見證了我們如何在平時的規則與路線都行不通的時候另闢蹊徑，當我們不能再用以前的老方法得到舒適、愉快的生活，便建立新的方法，這正是病人與老人不得不做的事。疫情突顯了人類臨機應變、善用資源的才華。疫情暴露了美國的諸多問題，檢核我們的現狀，然而疫情也大規模展現了我們的韌性。

我在大學時代只修過一門心理學，不曉得怎麼會選，我從沒考慮過主修或副修心理學，可能是心理學符合學校規定的某些科目分配要求吧。我對那堂課沒什麼印象，只記得名稱裡有個「入門」。大教室裡有差不多八十位學生，教授蓄著花白的鬍子，我尤其記得他掛在嘴上的一句話，那說不定是他的處世之道呢，他在那個學期的課程裡講了絕對有五、六次甚至十幾次。那句話在我心裡留下了印象，在悠悠歲月裡持續擴大，因為我一再聽見那句話，不斷在腦海裡玩味，思忖這話是真的還假的？是深刻還是迂腐？是啟迪人心還是讓人鬱悶？

他會說：「人生就是去調適失落。」這措詞應該沒錯，但我不敢說他的用語會不會其實是「應付失落」或「學會與失落共存」。這些說法的概念是相同的。我有時會挑剔這句話的毛病，整個人嚴肅起來：難道人生不是太籠統、太草率的用詞嗎？孩童在人生的前十年需要適應的不是只有各種收穫嗎？新資訊、新技能、新朋友、新眼界？這樣的收穫難道不是可以留存超過十年，說不定還一路保留到人生結束？我懷疑教授的資產負債表長什麼樣子。我執拗地嫌棄他把話講得太含糊了。

然而如今我的人生走到了第六個十年，我想他的正確成分是大於錯誤的，如果只思考那句話的優點（寬容並理解不夠精確的措詞），那它便揭露了極其重要的道理。

人生絕大部分時候的挑戰是順應失落，而且多半發生在後半輩子。講得更明確一點，人生的挑戰是培養判斷力與風度，不僅要接受不可避免的事，也要領悟到人生不是只能認命，多的是品嘗人生、衡量人生的辦法，人生也有值得我們欣慰的地方，包括剩餘的一切。珍惜剩餘的事物（那些留存下來的）是活得淋漓盡致的關鍵，有時甚至是活命的關鍵。

第三章

驢子踢

在大學時代，我有許多要好的朋友，他們各有各的風格，都能帶給我歡笑與慰藉，但只有一位是純粹的陽光：多麗。我沒見過誰比她更愛笑，也沒見過誰笑得比她更燦爛。她熱愛跑步，非常瘦削，我常常想，要是笑容可以秤重，她的體重應該有一半來自笑容。有時，我會在心裡把她稱呼為多麗、多麗、哈利路亞，跟我年輕時上教堂聽到的榮耀、榮耀、哈利路亞押韻。她是天賜的禮物，她的笑聲來得跟她的笑容一樣快，她那歡樂到不可思議的心情總是可以讓我心情飛揚。

我們畢業後還有往來，我出席了她的婚禮，她嫁給我的另一位大學朋友。但隨著歲月流逝，我們越來越少聯絡。我們沒有鬧翻，只是漸行漸遠。多半時候，我知道她的住處跟工作，她婚變的時候告訴我，她有了新對象、再婚的時候也跟我說了。但我沒有參加她的第二次婚禮，假如她辦過完整的慶祝儀式的話，我沒印象了。到了一九九五年，她跟第二任丈夫有了孩子時，我跟多麗已經多年未見。差不多十年後，她聯絡我，說會在紐約市待幾天，想跟我聚一聚，感覺我們好像一輩子沒見面了呢。

我們一起吃了午飯，我當場就知道出事了。她對著我笑，但不是大學時代的那種笑。她這時的笑容有了皺痕，像被一條線拉著，甚至似乎有一些歪斜。我看得出她笑容背後的情感沒有變，是身體出了狀況。然後我注意到她頭部的角度不太對，是歪的，她說話的音調跟左臂的動作也不同，兩者都不太流暢。我們用餐了幾分鐘後，她才說她得了帕金森氏症，確診五年左右，在她三十六歲的時候。

我很意外，悲傷隨即淹沒了我。我慌了。我想要提出得體的問題，但不想問太多。我想要表達關切，但不能過量。她的言行舉止都沒把自己的病情當作悲劇，那我也不行。我最渴望的是給她一個擁抱，於是我抱了，抱得緊緊的。道別時我們已經聊了很久，話題從帕金森氏症切換到她跟丈夫艾瑞克所生，時年十歲的女兒瑪德蓮在威斯康辛州麥迪森的生活。多麗顯然深愛女兒，女兒也深愛她。

在那之後，我便比較常跟多麗聯絡。不是很常，但比之前頻繁。在那頓午餐結束後五年多，她跟艾瑞克匆匆來去紐約，我見過他們一面。多麗是臉書的重度使用者，我們便用臉書互通訊息，有時我會看到她更新臉書的貼文。二〇一七年年底我中風時沒跟她說，但五個月後，二〇一八年二月，《紐約時報》將我對這件事的長篇專欄文章刊登出來，她寫了電子郵件給我。

「最近都沒看你的文章，畢竟我們在德國待了兩星期。」她寫道。「你眼睛怎麼樣了？看到你受的罪，我哭了。我的朋友啊，你說你永遠不會知道人生將會怎麼對待你，真是一針見血。那是我得了帕金森氏症以來每天的心情寫照。我狀態很好，我們在柏林大概每天都會走個七到十英里的路。」

多麗自己都受苦受難了，她還為我哭？這實在荒唐，又完全是多麗的風格。我看著她的信，哽咽。我也注意到她不諱言地提起帕金森氏症，關於她從帕金森氏症領悟的道理，與她如何因此而改變。我怎麼沒有跟她多聊聊她的病，或是問問她是否願意和盤托出她的病中經歷？她從來沒有宣告那是禁忌話題，要說她有什麼立場的話，那就是她根本不介意開口。所以我便問了，而她開始寫長篇的郵件，分享她細膩、動人的省思與回憶。

她的帕金森氏症病史其實始於二十三年前，在一九九五年她懷孕四個月的時候，當時她住在維吉尼亞，是幾家購物中心及商場的行銷經理。一天，一個維修部門的人說：「咦，多麗，妳的手怎麼了？」

「什麼怎麼了？」她答道。她不明白他為什麼這麼問。然後低下頭，看到自己的左臂莫名其妙地扭到背後，而她並沒有把左臂伸到背後。應該說，那不是她自主的動作。

隨後幾個月，她的左手已不堪使用，做不了她想做的動作。醫生顧慮到她有孕在身，不肯讓她照X光或做磁振造影。告訴她，那說不定只是神經受到壓迫，通常會自動消失。但她的左手直到十月分瑪德蓮誕生都還不聽話。不藥而癒顯然是不可能了。多麗必須摸索出如何只用右手幫扭動個不停的寶寶更衣、換尿布。

同時，她跑步時也有了異狀。她的左腿會向後揚起，一而再，再而三，於是她開始打趣那是她的「驢子踢」。之後，左腿便無法自主離地抬起，只能讓左腿在身後拖行。

一位醫生說那是「足下垂」，天曉得那是什麼。另一位醫生建議她置換膝關節。第三位醫生說她得了「運動障礙」（dyskinesia），這名稱浮誇地描述了她的症狀，卻沒解釋症狀從何而來。運動障礙的意思是身體部位出現不自主運動，或是不會順從你下達的動作指令，病因可能是肌肉病變、用藥、腦部損傷、中風。原因琳琅滿目，醫生不知道多麗屬於哪一種。

「我左腳拖行得太厲害。」她回憶道。「左腳鞋子的磨損部位就很不均勻。我妹妹說我得找到只賣左腳鞋子的鞋店，也許是海盜專門店？」在傳說中，很多海盜都有一條木頭削的腿，所以只有另一隻腳需要穿鞋。每次姐妹倆去逛街，多麗都會這麼打趣自己，幽默以對。

她去看了其他醫生，其中一位將她的運動障礙重新歸類為「肌張力不全症」（dystonia），意思是她無法控制肌肉的收縮，可能的病因很多，但說不準多麗是哪一種。新的病名，一樣成謎。最後這位醫生建議注射肉毒桿菌，因為可以抑止肌肉動作，好萊塢那些額頭平坦無痕的人都足以為證。於是，多麗經歷了新的酷刑：在漫無止境的一小時裡，一位醫護人員將針頭一再扎進她的「異位足」（dystopian foot），尋找注射藥劑的正確部位。好不容易，針頭不再挪動。醫護人員打進肉毒桿菌。而多麗說：「打完後，我覺得那隻腳像睡著了。」

「我是說真的，」她補充道，「它看起來確實年輕了五歲。」

幽默感。幽默消弭現實遭遇帶來的打擊與痛苦，化驚駭為詼諧，這不只是多麗的故事給我們的教誨，也是我的經驗談：在我展開醫療冒險的最初幾個月，我自然而然領悟了這個道理，發現幽默感真的有奇效，幽默不是讓你逃避真相，而是拔除現實的獠牙。尖叫嘶吼幫不了你。哭泣也無濟於事。那歡笑呢？在任何人的情感技能清單裡，歡笑是最接近萬靈丹的東西。歡笑可以莫名地撫平一切。此外，這是很有美感，也非常有道理的。一個需要醫療照護、生理機能堪虞的人要面對奇怪的處境，一笑置之是很合適的作法。歡笑昇華了驢子踢，把不對稱磨損的鞋變成裝飾。

多麗劈里啪啦地自我調侃，妙語如珠。這很關鍵，但不如她的行為關鍵，或者說，不如她沒有做的事更關鍵：她禁止自己過度思考自身的遭遇、正在發生的情況、未來或許會面臨的處境，不放縱自己沉溺在思緒中。她不會想太多。當然，遇到該考慮的事她就會考慮，該調適就調適，而且她會投入全部心力，向合適的醫生求助，仔細評估他們的說法，時常存疑。但她不會緊咬不放，不會一顆心全在上面。這是一種選擇，一種紀律，是她磨練到爐火純青的本事，就在醫生說她得了運動障礙時，說她肌張力不全時，以及二〇〇〇年總算得到最終的正確診斷時。她得的是帕金森氏症。

她乖乖吃藥。吃到藥物的療效不再如醫生的預期時，她動了腦部手術，她很害怕，因為手術要在腦袋上打洞，然後切開顱骨。她跟我描述顱骨被架在一個金屬圈圈裡面不能動彈，頭髮被剃掉一部分，沒有全剃。之後她說：「我看起來像海鷗合唱團的主唱。」那位主唱的頭髮歪到一邊，不像造型師的傑作，倒像被龍捲風颳過。「弄個鯔魚頭*還好一點。」

醫生們在她的大腦安裝了電線，連結到她的胸部，一顆電池就放在胸部皮膚下方，釋放電流刺激大腦。要是仔細看她的後頸，還可以看見那些電線的輪廓，細細、長長的隱約隆起。醫生們調整電流量，確保是正確的強度。然後一調再調。一調再調。

對這一切多麗從不多想，也不自溺其中。反正那於事無補。

「艾瑞克以前有一輛機車。」她寫道。「我們剛交往的時候，我決定去上機車駕訓班，以防哪天他臨時不能騎車了，還能由我把車騎回來。駕訓班教的東西我到現在只記得一樣：『要是遇到坑洞，不要盯著看。如果你一直看著那個洞，保證你會把車騎進去。』我把這當作人生的隱喻。要是你滿腦子想著壞事（坑洞），就會摔到坑裡。倒不是說我總是以完美無瑕的姿態應付病痛，我凝視那個坑洞很多次了。」但每次她盯著那個洞時，她會意識到：「要栽進坑裡實在簡單得嚇死人，想從坑裡爬出來才困難。」

* mullet，一種前短後長的髮型。

所以她從沒栽進去過。她不能跑步了，便改騎單車。有時她不太能控制肢體，騎車會很危險，便改在室內騎，就是固定在地上的那一種。在她二〇一八年冬天給我的訊息中，她提到了德國之旅，還說她依然四處旅遊、去見世面。或許她在異國城市漫步的步伐不如以前輕快，但她走過的地方照樣很多，這才是她關注的重點——她專注在自己能做的事情上。

我一直以為要是哪天受了重傷或生了重病，一定會狠狠地拿來當作擋箭牌。我會利用這個藉口暫停工作一陣子，帶著一堆小說跟一長串值得一看的電視節目清單窩在床上。我會可憐兮兮地抱人大腿，博取眾人的憐憫。親愛的老編，不好意思，我眼睛可能要瞎了，沒辦法再寫專欄了；老闆，要是你接下來幾天沒看到我，對不起啦，那是因為剛才有個傢伙把一支針扎進我的眼睛。我會以逆天的速度康復的；麻煩你再幫我拿一杯夏多內葡萄酒好嗎？要不是我看東西糊糊的，可能摔倒，我就自己去拿酒了。

在右眼出狀況的最初一、兩週，我的確允許自己賣慘，但我不是完全在賣慘，更接近調皮一下，半賣慘半搞笑。我說過了，搞笑很有用，至少對我有用。

「要是我得拄著拐杖，還養成了時常撞到東西的壞習慣，你還會愛我嗎？」我問湯姆。

我問過他很多類似的問題。每一次他都會賞我一記白眼。

「你的狗得分我一隻。」我吩咐妹妹愛黛兒，她有兩隻平毛尋回犬，外觀像黑色的愛爾蘭塞特犬。我指名要她的狗兒子馬林，而不是她的狗女兒艾潔，因為馬林每次都會在愛黛兒的沙發上，窩在我身邊，努力（我不是在說笑）一小口、一小口地偷喝我的馬丁尼。「但妳得重新訓練牠。」我說。「牠得學會當盲人的夥伴。」

「要是我還指望自己有看完《米德鎮的春天》的一天，最好現在就看，省得哪天只能看點字版的。」我給朋友珍妮佛發了這樣的訊息。在我鬧脾氣的時候，她是我最大的情緒垃圾桶。我不想太依賴湯姆，除了翻白眼以外，他的反應異常平靜，我以為那表示他在擔憂，後來才曉得不是，是更糟的情況。

「我不但又肥又老，現在還成了獨眼龍。」我跟好幾位朋友說，一一聯絡應該聯絡的人，交代我的狀況，一邊修飾、雕琢我說明的流程。雖然花了好幾個鐘頭，我還是給每個人打了電話，阻止自己掉進最黑暗的念頭裡，不默默發愁，把我異常的精神亢奮消耗掉。

我確實亢奮。我的腎上腺素在奔流，洶湧澎湃，不因為我明白自己遇上了奇事而減弱。這樣說或許很怪，但有一部分的我很興奮——愛聽故事、講故事的那部分。以我剛剛確診那陣子的狀態來說，以我四處奔忙的樣子來說，以我要消化的大量新資訊來說，以我必須一再敘述的新資訊來說，說我「興奮」大致上並沒有錯。這是何等奇妙的心靈魔法、何等的救贖之舉：置身危險之中的我非但沒有心情低落，反倒在某些方面飛揚起來。我精神高亢，甚至感覺陶陶然。

這是補償心態還是在防患未然？或者兩者皆是？我認為重點是避開多麗說的坑洞，但當時我還不知道這個譬喻。我靠的是一種本能、一種直覺，覺得應該挖苦自嘲，應該像在看電影，應該不斷勇往直前，因為放任自己暫時癱在原地不動將會陷入困境。暫時可能變成永久。從靜止狀態動起來的難度，高於一直維持行動，動能可以讓累積的速度帶著你走得遠一點，再遠一點，又更遠一點。

調適可以一步一步來，循序漸進。這樣比較不可怕。作家安．拉莫特以一貫的流利筆觸，在她的《寫作課：一隻鳥接著一隻鳥寫就對了！》書中這樣寫道，不曉得我是在中風之前還是之後讀的，因為我是把書下載到平板電腦，停停看看地不只短短幾個月，而是幾年，消化書裡的章節，許多章節是獨立的短文，沒有順序可言。有些部分我讀了兩、三遍，甚至四遍，有時是因為沒有忘了之前已經看過，有時則是想要溫習值得反覆品味的建言。

比如跟副書名「對寫作與人生的一些指引」互相呼應的這一則，將文字工作者的智慧化為人生大智慧，貨真價實的機鋒：「多克托羅曾說：『寫小說就像開夜車。你只看得到車頭燈照亮的範圍，更遠就看不到了，但你可以這樣子開完全程。』你不一定要看見自己正往哪裡走，也不一定要看見目的地或沿途會經過的事物。你只要看得到前方兩、三呎就行了。這是我聽過最棒的寫作建議，人生也適用。」

就在一頁之後，至少在我的電子書上是下一頁，拉莫特在一樁她哥哥的軼事裡提起相同的大原則，當時她哥哥十歲，急著寫完一篇關於鳥類的學校報告，那是老師在幾個月前交代的作業，但是她哥哥拖到最後一刻才動筆，第二天就要交了。「他坐在廚房的桌子前，眼淚都快滾出來了，面前堆滿了活頁紙、筆、沒翻開的鳥類書籍，被眼前的艱鉅任務嚇呆了。」拉莫特回憶道。「然後我父親坐到他旁邊，一手攬著我哥哥的肩膀，說道：『一隻鳥接著一隻鳥啊，小子。一隻鳥接著一隻鳥寫下去就可以了。』」

一隻鳥接著一隻鳥，只有前方兩、三呎的地方有燈光照亮，我繼續挺進。

)( )( )(

採訪珍娜跟芭芭拉．布希的那篇專欄文章，截稿日期是我中風後僅僅一週半的時候。在那一週半，我檢查眼睛、抽血、躺在核磁造影的儀器內、從這家醫院趕到那家醫院、做了一次特別冗長的體檢，以確保我有資格參加那個把針扎進眼睛裡的藥物實驗（得及時搶到名額），這些事消磨掉的時間隨便算都有三十小時。但《紐約時報》在我眼睛挨了第一針的那天還是順利刊登了那篇文章。

那是我那一週要發表的第二篇專欄文章。我還安插了一段幽默（但願如此！）的激昂言語，指責某一種季節限定的香料主宰了十月分——橫掃咖啡、甜甜圈、穀片、寵物洗毛精。「鎖好冰箱，給櫥櫃上栓，堵住食品儲藏室。」我寫道。「南瓜香料來啦。」

寫這些專欄的時候我不但需要更集中精神，還要穩住焦慮狂飆的心跳，無視電腦螢幕上的文字有時不肯老老實實地定住不動，然後將視線移到螢幕左側，遠離那一波又一波、盪漾的模糊入侵。據說大腦會調適這種現象，但大腦還不怎麼投入調適大業。事實上，很多據說會發生的調適，大腦都擱置了很久。但我不能讓步，我不能放棄。大腦的負隅頑抗有時令人喪氣，但要是我舉白旗，那豈不是感覺更糟糕？繼續步履維艱地前進，好歹還有未來可言。

我反而是太拚了。按照我跟CNN的合約，我通常每週會在唐．雷蒙晚上十點的節目亮相兩次，而我答應將其中一次安排在我第一次接受眼睛注射的那一天。我知道注射之後要用紗布蓋住眼睛幾個鐘頭，醫生告訴我，應該到晚餐時段就可以拆掉了。但晚餐時段都要到了，那隻眼睛的刺痛感卻沒有消失，我偷看了紗布下的情況，看見沉重的眼皮跟一坨水汪汪、布滿血絲的玩意兒。我聯絡了節目組裡一位製作人，跟她道歉並提出退出錄製。我告訴她視覺的現況，如果我非得上節目錄影，就得找個法子遮住眼睛，否則一定會嚇到觀眾，以為我跟川普總統一樣搞怪，但我實在想不出要怎樣遮蓋眼睛才不會引人疑竇。製作人叫我那天晚上的節目先別錄了，但不是為了觀眾著想，而是為了撫平我的壓力跟健康。

五天後，我得去私立的紐澤西學校演講，我妹妹愛黛兒的兒子蓋文、女兒貝拉都在那裡上學。我寫過探討大學入學的《不讀名校，人生更好》（Where You Go Is Not Who You'll Be）廣受好評，相當暢銷，曾在幾十間高中做過相關的演講，有時收費，有時單純打書，但這一回是為了幫忙我妹妹、外甥女、外甥，我才答應奉獻自己的時間去演講。他們一再跟我說，他們有多興奮我肯出手相助。無論如何，我不能取消這個差事。

但我疲憊不堪，怕得魂都要飛了。用我模糊搖曳的視覺研讀資料寫專欄是一回事，打書演講時，我的筆記是放在面前的講桌上，視線要一再從筆記移向觀眾，再從聽眾移到我後方的螢幕，螢幕上播放的是我用搖控器換頁的投影片。這麼多動來動去的東西，這麼多不同的視野，要是我找不到筆記講到哪了，或是發現有些字難以辨識，就會產生尷尬的停頓，節奏亂掉，那樣我必然會感到難堪，心跳必然會加速，以致情況更不堪。要如何防範這種窘境？防得了嗎？

平常我列印筆記是用十七或十八級字，讀起來才輕鬆。這一回，我用了二十二級字。每一頁放得下的字數減少，印出來的那疊筆記比平常厚上許多，要翻看沒那麼方便，但也只能認了。我不再是「完美之國」的子民，永遠回不去了；我成了「過得去就好之國」的居民。我比平時更努力背誦演講的某些部分，以策安全。我要求自己放鬆，跟自己說就算表現不理想，天也不會塌，學校更不可能要求退款。即使我講得一塌糊塗，好歹我還是自由之身！

唔，也不盡然啦，他們其實派了一輛車到曼哈頓接我，等演講結束還會送我回家。在九十分鐘的車程裡，我研讀自己的筆記，試圖多記住一些內容，即使在車上閱讀讓我有點暈車。天開始下雨，頭就更暈了。到場時，得跟學校的許多行政管理人員及教師打招呼，努力不讓人看出我頭痛欲裂，不洩露我多麼疲憊、多麼緊張、多麼希望我在他方（任何地方都好）。既然攬下這份工作，就該好好完成。要不了幾個鐘頭就結束了，怎能不咬緊牙關，熬過痛苦的幾個小時？

我走到講桌前，頭暈目眩，視線裡那場地的規畫、廣闊的會場，都令我手足無措。我感覺到後背的衣服被汗水浸溼。我懷疑汗水是否一路從汗衫、襯衫滲出來，連外套也遭殃。我望向觀眾席，看見外甥，他在笑。我看見了外甥女，她也在笑。我可以的。我願意演講，我也講完了，不如以前流暢，但夠流暢了。

在回城的車程中，我打電話給兩位精神科醫生進行訪談，以便撰寫一篇關於哈維・溫斯坦長年騷擾女性的專欄文章。然後就在後座開始寫稿，這時我的上衣已經溼透。我的截稿時間是晚上六點，我不想搞砸，因為以後說不定還會有我趕不上的截稿時間，會需要撇下比這一篇更不能撇下的專欄。也因為我有迅速寫出稿子的本事，該死，老子就是有這個本事啦！我在即將四點的時候回到公寓，交出專欄文章，跟編輯談完正事，在六點半完成這一天的責任。我累死了，死透了。

我沖了澡，穿上運動褲跟乾淨的T恤，為自己倒一杯分量接近一魚缸的白葡萄酒，癱坐在客廳的沙發上。外面的天色已經黑了，隱約聽得到阿姆斯特丹大道上震天響的汽車喇叭聲，反方向的哥倫布大道有狗狗在吠叫。光是把酒杯舉到唇前，就耗盡了我殘餘的所有精力，我的身體是一塊頑石。

但我的心思飛快旋轉著。一夕巨變後，時間過了才不到三週，我就已經覺得自己彷彿踏上漫漫長征一年。然而長征還沒到盡頭，差得遠了。剩不到一個月我就得回醫院打第二針，然後再隔一個月去打最後一針。

在打針之間的日子，我還得去那間醫院幾趟，花惱人的四十分鐘搭地鐵跟走路：既然我自願成為眼科的白老鼠，就會被戳戳弄弄、鑽研到底。

我應該在恰恰一週後返回紐約眼耳醫院做四小時的眼科檢查，以便在藥物實驗期間持續記錄病情的進展（或沒進展），然後從那裡前往上城，去上東區班尼克醫生的診所進行額外的檢查。把交通時間算進去，可能就得耗上七小時。那一天會是萬聖節，是我晉級為五十三歲的日子。祝我生日快樂。

我又嚥下一大口酒，心情輕鬆了起來，但不是酒精的緣故。滿足與慰藉的浪潮一波又一波地沖刷過我整個人。驚人的是，還漾出了樂觀的漣漪。看看我有多鎮定；看看我展現的姿態（不是對世界，而是對我自己）；看看我對眼睛的怪病、對威脅我獨立自主的危機都處理得如此高明；看看我礙於眼疾而犧牲的生活其實只有一點點；看看我的魄力。

只關注在眼前的這一天，看著自己抵達這一天的終點。

第四章

單飛

我的生活大致可以維持原狀，但不代表不會再有變動。在莫札米醫師給我初步診斷（後來證明是正確的）的第一天，她便告誡我搭乘飛機要小心。我的視神經毀損是因為供氧不足，供氧不足則是因為血流不足。她說，我要保護另一側的視神經，就要注意空氣的含氧量，別去含氧量比我平時所在之處更稀薄的地方，不然就要設法補充氧氣。飛機的機艙便是這樣的地方。

下個月我就得搭機往返紐約與芝加哥之間，以及紐約與奧斯汀之間。她建議，如果後者不是必要的行程就取消，因為待在機艙的時間很可觀。至於前者的行程與日後一切相同距離的行程，「你都得配戴供氧裝置搭機。」她說。「我要求全部的病人都這樣做。」她是指NAION病患，聽她的語氣，那似乎是很稀鬆平常、很簡單的事。

我真的要帶著氧氣瓶上飛機？鼻子上要罩著那種小小的塑膠杯？她點了點頭。我在下一週回診時，又問了一遍搭機及供氧的事——那也是我最後一次找她，因為等到臨床實驗開始以後，監控我病情的人就會是班尼克醫師與其他參與實驗的神經眼科醫師。我會這麼擔心供氧的問題情有可原，她都慎重叮囑過我，一副氧氣至關重要的樣子，但卻沒有具體交代我該如何執行她的要求。

「我會開證明書給你。」她說，又一次雲淡風輕。「然後航空公司會安排。」太好了，我說。至於證明書，今天看完診就可以領嗎？怎麼領？她的語焉不詳與冷淡，在在令我氣結。

她說門診隔天就會給我證明書，沒說用什麼方式，但她跟她的職員都有我的電郵信箱、通訊地址、電話號碼。我叫自己冷靜，讓人家好好做事。

一週後，我還是沒有拿到證明書，只剩六天我就得動身去芝加哥了。我打電話到莫札米醫生的門診，向接聽電話的女性說明我的身分，說要拿「我應該交給航空公司的證明書，關於機上供氧的。」

「我沒聽說過。」她直言不諱。

她沒聽說要幫我開這樣的一紙證明？還是沒聽說過有這種用途的證明書？我無法判斷，我只知道自己是在遵循莫札米醫生的醫囑，我只知道自己需要這樣一份證明書。我拜託那位女性問問莫札米醫生這件事。

幾個小時後，莫札米醫生的門診寄了電子郵件給我，附上證明書的掃描檔案，信頭印了她的頭銜。證明書註明了「致有關人士」，內容是：「由於法蘭克・布魯尼先生即將搭乘飛機，本人特此說明，艙壓必須穩定。倘若艙壓下降，他需要每小時一百二十公升的供氧。如有任何問題，請來電洽詢。」呼！按照這份醫囑，航空公司必須照顧我的需求。問題解決了。

結果沒有。我要搭乘西南航空來回芝加哥，機票是藝術節的主辦單位訂的，因為我答應主持藝術節的論壇活動。西南航空的語音信箱是常見的地獄級迷宮，我費盡千辛萬苦才找到西南航空的服務人員，詢問我應該把莫札米醫生的證明書發給誰，對方說：不用發。西南航空沒有給病患供氧的服務，他們不會照顧病患的醫療需求。

服務人員說，我可以自己準備氧氣瓶並帶上飛機，但要預先跟西南航空及運輸安全管理局報備。可是服務人員不知道哪裡有可以進出機場的攜帶式供氧裝置或氧氣瓶，供我搭機使用。

也許達美航空有？我通常搭乘達美的航班，接下來我有好幾個行程也會搭乘達美航空。達美的服務人員說他們也沒有供氧，但我可以聯繫攜帶型氧氣機租借公司。我聯絡了，他們說我得在行前至少兩週預約氧氣瓶及裝置（我的芝加哥之行只剩不到一週），而且租借一週費用是美金三百二十五元。最短的租期是一週，這三百二十五美元還不包括將供氧裝置送來給我的運費，當然歸還時的運費也要由我支付。

天啊！要是以後搭機都要自備氧氣瓶，我每年的支出便會多出幾千美元，必須領取笨重的包裹並寄還，做事還要超級有條理，永遠及時預約氧氣。更別提在飛機上我會有多引人側目，像是要去海邊卻跑錯地方的潛水客。

我很沮喪。但等等，這套麻煩規矩真的是必要的嗎？我百分之百或至少百分之五十確定非這樣不可嗎？即使莫札米醫生給了我錯誤的資訊，讓我以為申請機上供氧很簡單，我卻還在乖乖聽從她的交代，因此我認為，或許我應該重新驗證她的建議。

我上網查詢資料。（對，如果你不懂得如何判讀資料，上網很危險，但我不是那種人。）我查到醫界對於神經眼科病患的搭機風險高不高，其實沒有共識。由於我參加了臨床試驗，認識了莫札米醫生以外的神經眼科醫師，跟他們有了互動，嚴格說來，他們不必管我在試驗以外的私事，那不是他們的職責，但我覺得問問他們對於搭機與氧氣的看法也無妨。於是我便問了班尼克醫生，她自告奮勇說要上她平時會逛的神經眼科醫師數位聊天室幫我問。第二天，她打電話跟我說了結論：她跟大部分同行都認為，我不需要擔心搭機時的供氧問題，也無需配戴供氧裝置，因為風險程度不明，即使有也極低。

所以說，莫札米醫生在這件事情上是異類。在另一件事情上她也是異類，還是很根本的事。由於我讀過的NAION文獻漸漸多了，又問過班尼克醫生等等一流的神經眼科醫師，得知NAION發生在第二隻眼睛的機率，主流看法是二〇％，不是四〇％。懸在我頭上的那把刀仍然很可怕，但跟我之前誤信的資訊相比，這把刀已經沒那麼鋒利了。

我提起莫札米醫生的誤導不是要貶低她：她揪出了我視覺的病根。在這方面，她做事周全又犀利。她知道關於我這種病的臨床實驗，並且迅速跑完必要的流程讓我得以參加。然而我跟她打交道的經驗，卻突顯了人生在世一定要明白的道理：當我們生病或老化，生活裡需要的醫療照護開始變多，便要知道醫生並不完美，他們是普通人。我們將醫生奉為神明是因為我們想要安定、想要救贖，想要拿到明確的劇本：醫生下達命令、病人服從。但有時候，醫生因為自身的不完美與自負，草率行事，作出假設並犯錯。因此，當我們面對醫生的時候，不論是什麼醫生，都務必將醫生視為你的夥伴，而你是跟醫生平起平坐的人，尊重你的醫生，但不用奉承，接受醫生的說法但保持疑心。

在我中風後的那幾個月，為我檢查、化驗的醫生或醫療技術人員超過十幾人，他們大多數具備令我讚嘆的耐心，態度和善，但他們的疏忽也令我咋舌。他們沒人關心過我在精神上及情緒上的狀態，沒人問過我是否需要那方面的協助。他們知道我在一夜之間，從一個不曾想過失明這種事的人，變成一個未來確實可能失明的人。但他們沒人關心我是否需要心理輔導，只提到要是我被焦慮或恐懼壓垮，可以考慮去諮商。他們根本沒人關心我的心理健康。

他們沒人告訴我，有一個稱為低視能治療（low-vision therapy）的領域，又稱低視能復健（low-vision rehabilitation），基本上是一種職能治療，專門訓練視覺受損的人善用他們有限的視力。或許他們覺得我目前不需要考慮那條路（戴著眼鏡時，我未受損的那隻眼睛視力仍然有一．〇）。但我跟醫師及技術人員說過我的閱讀速度變慢，我提過有時我的視覺會錯亂，還說要是我原本沒有受損的眼睛以後受損了，或許低視能治療會很適合我。

我漸漸認清了大部分的醫護人員，不管再怎麼有良心，都只會專注在手上的任務。我的意思是他們只管你目前染上的那一種病，只管你在努力擺脫的那一種疼痛或不適，只管你必須跨越的下一道關卡。他們不會管你這個人——絕對不會管你整個人的狀態。那是更宏大、更悠長、更全面的任務，根本不能外包給任何人。

只要你腦力保持完好、體力也充沛，你就是自己最佳的個案管理師。你的心情、你的情緒，操縱桿與開關都握在你手中。你自己就掌握全部的資訊。你自己就可以每分每秒更新自身的資訊。你並沒有其他更迫切的優先要務，要完全承受後果的人也只有你自己。別人或許會想要幫忙，或許打算伸出援手，或許也會各自設法拉你一把。但他們是過客，不是屋子的主人。他們不會永遠留在你身邊，不會知道怎麼操作你屋子裡的溫度控制器。

獨自一人。或許是因為這個詞總是浮現在腦海最前方、擱在心尖上，我做了一件很不尋常，以前也不常做的事，連自己都覺得意外。我沒有告訴親友，免得他們覺得我太離譜。我知道他們會覺得這不像我，會要我解釋，而我也說不上什麼原因，那件事就是——禱告。

我禱告的對象不是上帝，而是，呃，其實我也不確定。宇宙？我內在最靜謐的地方？我的良善天使？（不是頭上有光環的那種，是洋溢著謹慎、謙遜、希望的天使。）我找不到適切的說法，因為我不喜歡有組織形式的宗教，宗教往往淪為意見分歧的起因、盲從的根源、有殺傷力的政治勢力。我沒有認同的教條，對狂熱的教徒沒有任何耐心，不管他們是不是偽君子（很多人是）。我不相信是某位蓄著鬍子的天神啟動了這個宇宙，塑造了居住天地間的人類，評估他們的乞求，施捨少許恩惠給最迫切需要的人。這是個烏煙瘴氣的世界，有肆虐的苦難、失控的殘暴，與宗教背道而馳。我們迫切想知道天下為何而亂、想得到撫慰，這些都削弱了宗教的真實性。大部分教條堆砌出來的上帝，是可疑的便宜行事。

但我始終說不出我不相信上帝，至少我相信上帝的概念。在我的概念中，上帝是一種對萬物的組織原則、一種至高無上的精神、一種我們都被召喚去遵守的行為規範、一個在我們內在及外在善良且純潔的聲音。如果這聽起來很空泛，那我的上帝就是空泛，不得不如此：一個如此無所不知、無處不在的玩意兒怎麼可能不空泛？我實在不確定這位上帝是否存在，但我也不完全確定這位上帝不存在。我長久以來都說自己是不可知論者，卻始終不能豁出去宣告自己是無神論者。總有一點什麼令我怯步，那一點什麼只是迷信嗎？我是不是為了保險起見，在防範可能正等著焚燒異教徒的地獄之火？還是那個所謂的上帝在制止我？我的躊躇是不是上帝存在的證據？

我只知道在中風之後那幾週、那幾個月，腦海中的獨白有時會演變成一場對話，而對話內容符合禱告的定義。

我詢問是否有什麼原因導致我的眼疾：這是在懲罰我以前的惡行？是我犯錯的代價？是

我需要學習的教訓？某種我必須負責的不足？

第二個聲音（同樣是我的聲音，但比較冷靜、明智）跟我說，這樣的提問有一點自大，也不成熟，沒有考慮到每個人的生命中總會有偶發事件及磨難。

我請求別把我扛不動的重擔塞給我，我都扛了那麼多擔子了，已經可以證明我的背很穩健了。

第二個聲音告訴我，我不應該把那些事情當作負擔與阻礙，要牢牢記住，在過去的人生篇章裡，在每個恐懼、困頓的時刻，我都能找到不可或缺的平靜、建構出必要的安全感。那現在為何不相信自己也能再次找到平靜、建構出安全感？

我在自言自語，兩個聲音都是我，但似乎有某種比對話雙方加起來還要宏大的玩意兒滲了進來，甚至引導了發言的走向，我的心因而平靜，類似許多宗教描述的那種平靜。我從中得到了某種重要的陪伴。

我走出中風的陰影，參與了兩個臨床試驗，腦子偶爾會叫囂起來，這時我便會咬牙叫大腦安靜下來，然而我沒料到這一切歷程有多麼個人、不引人注意，沒多久，我身邊的人都幾乎忘了我的遭遇。而我傻呼呼的，居然沒有預料到調適得不錯的後果之一，便是別人看不出你費了多大的勁，才能夠看似一切正常。而我的努力並不容易被看見。

我努力的地方在於閱讀，我熱愛閱讀、需要閱讀，中風之後的閱讀量還更大，這是我的護身符，以確保閱讀不會從生活中消失，或者相反的情況，趁著閱讀還沒從我的人生消失，放縱自己盡情閱讀。但我必須更努力集中精神，每當一行行文字從筆直的直線變為交叉的平行線，我就得停下來，否則會卡住，像被困在字句之間的碰碰車。有時一小時只有一次，有時則是十分鐘一次。

文字工作也變得困難。以前我不太會打錯字，但現在不是了，得一直繞回前面的文句與段落去檢查跟訂正。儘管如此，照樣有漏網之魚。有一次我為《紐約時報》寫一篇每週出刊的電子報，寫了我走下一條「天然步首」，但顯然應該是「步道」。我用一隻眼睛正確執行工作，另一隻眼睛明明派不上用場卻硬要插手，它們惡劣的合作關係產生了一種怪異的混亂與扭曲。

我的深度感知能力（也就是距離知覺或立體知覺）有時會有一些偏差，也會誤判幾件物品之間的確切相對位置。當我用iPhone寫簡訊，該輸入「lived」的地方會變成「loved」，該輸入「loved」的地方會變成「lived」，因為「i」跟「o」在鍵盤上並排，緊密相依，而我的視覺老是引導我的拇指按錯字母。我沒辦法順利在紐約市地鐵買車票、儲值都會卡，每當我以為自己在電子螢幕上挑出了正確的方格並按下時，食指卻按到了格子外，我眼見不為實。

眼睛令我成為糟糕的主人，極可能在為人斟酒時，將酒倒到對方身上，所以當你在我身邊，喝白酒會比紅酒安全一點。當朋友來我家作客，我舉著酒瓶靠近朋友的酒杯幫朋友續杯，卻常聽到朋友驚呼：「停手！」因為我不是太快開始倒酒，沒把酒倒進杯子，就是倒到酒從杯中滿出來，流到桌上或地上，不然就是酒瓶越過了杯口還在向前，最後把酒倒在朋友的大腿上。我的學習速度（還算）快，所以我開始學著用聽的，透過酒瓶的瓶頸碰到杯口的輕響來判斷杯口的確切位置，確認完了才斟酒。

我仍然可以合法開車，白天開車完全不成問題，晚上的壓力就大了。有一回在德州開夜車更是嚇壞我。我去德州的聖安東尼奧採訪一位女性退役軍人，民主黨推舉她出來競爭眾議院的席位，她的對手是一位共和黨的現任議員跟一位在奧斯汀附近的女性退役軍人，共和黨也給了她相同的任務。我訂了去聖安東尼奧的機票，從那裡到奧斯汀之間八十分鐘左右的路程，則是我自己駕駛出租車前往。但我展開這趟車程的時候太陽早已下山，還下著傾盆大雨，即使在罹患NAION之前，這樣的天氣都不適合開車，那時就更讓人煎熬了。儘管路上沒車，那一趟車程還是花了我將近四小時：我不但以大約四十五英里的時速慢慢開，還一再離開幹道讓眼睛和大腦休息片刻，一邊等待最猛烈的暴雨變小。我自行駕車，因為想要自立自強，盡可能不捨棄中風之前的生活。但我不想害死自己，萬一害死別人就更糟了。

沒人見證我的慘況。身邊的人不清楚我閱讀很吃力，輸入的簡訊很爆笑。我的病情不會宣示自己的存在——沒有吊帶或繃帶，不會跛行，不會口吃。我的外表沒有改變——病眼的外觀跟原本一樣。有少數幾個朋友確實記得我的病情，也會評論一二，他們總是跟我說：

「根本看不出你哪裡不對勁。」這句話的用意是安慰或稱讚，但有時感覺卻像訓斥。

「是啊，很奇怪吧。」我通常會這麼說，這是趕緊把話題帶過去的最好方式。我說的的確是事實，就退化程度而言，我卡在不好不壞之間，狀態曖昧不明，很難界定，處境可怕卻還應付得來。這令人感到孤單，因為乍看之下我一切正常。

但我覺得自己漂蕩無依、孤單無助還有另一個原因。我中風的時機巧到不能更巧，當時，我生命中兩位最重要的男士，一位已經消失，另一位則即將消失。

跟許多五十出頭的人一樣，我不再父母雙全。家母在二十多年前辭世，年僅六十一，死因是一種罕見的子宮癌。我父親不得不獨自攬下親職，儘管在親職中，他向來是比較內斂、淡漠的那一位家長。

他不能取代她，他做不到。但他明白必須開始詢問我跟我的三位手足，一些他不曾問過的露骨問題。他知道自己必須流露更多情感、更坦率一點。他的確這麼做了，積少成多，我們越來越有話說，原來他跟我一樣需要這些對話——承認他很懊惱自己本來可以是我母親的堅強後盾，但卻沒有；克服強烈的彆扭跟幾位女性交往，又思考起是否應該迎娶最常跟他約會的那一位。

在那之前，我一直將他視為某種超級自信的超人。他家境貧寒，父母是義大利移民，在他孩提時代，大多時候父母的英語能力都不敷日常使用，所以他從八年級到十二年級，天天在他們經營的家庭酒館工作，最多可達四小時。當時的他並沒有他後來給予我的各種優勢，但學業表現依然是一流的，還在高中最後一年當選學生會主席，之後拿著全額獎學金就讀一間常春藤聯盟的大學。大學畢業後他拿了企管碩士學位，進入世界最大的會計公司之一，事業有成，收入優渥，退休時已是資深合夥人。我不只愛他，我敬畏他。

但媽媽不在了以後，我對他也漸漸培養出全新的喜愛。而我或許是生平第一次，看出他喜歡我（超出親子義務的喜歡）。更棒的是，他對我的評價不錯。他後來確實娶了那位最常約會的女性，但他們的關係不睦，結縭十多年後，他開始修改並更新各種法律文件，指定我擔任他的醫療決策人，還委託我做他的代理人，給了我廣泛的權力，授權並邀請我在必要或適當的時刻，掌管他的所有事務。

管理他的事務？充當他的後盾？這些概念很超現實。我不是他的磐石，儘管他沉默又疏遠，他才是我的磐石：每當我的人生有了重要的進展，他都會帶我去吃奢華、昂貴的大餐來慶祝；他會發揮聰敏的商業頭腦，為我梳理貸款跟稅務的繁複概念；他還告訴我（總是掛在嘴上）假如哪天我財務困難，他願意做我的銀行；假如哪天我沒有落腳的地方，他願意做我的旅館；有他在，他會讓世界的殘酷程度下降好幾級。

但在我中風前一年左右，他的認知能力開始明顯衰退。他會反覆詢問同一個問題，或是在二十分鐘內重複講述一件事三遍。當我們玩起鍾愛的「哎呀，該死！」（Oh Hell）紙牌遊戲時，他照例負責記分，但卻僵在那裡，無法填寫正確的分數。他會忘記自己把鞋子、皮帶、皮夾放在哪裡，忘記帳單付了沒，忘記自己是否開了支票，健忘的程度跟頻率都遠遠超過正常範圍。

在我視覺衰退的那陣子，父親八十二歲，被確診為老年失智（沒多久，一位醫師具體指出阿茲海默症是主要的禍首）。儘管無法預測退化的速度有多快，但一定會衰退。這個月，他記不起自己的各種金融帳戶開設在哪裡，裡面又存放了些什麼。下個月，他以為投資顧問偷走了他全部的款項，這誤會持續了一小段時間。聚餐時，有時他會沉默不語，這是他跟不上眾人話題的明確訊號，或是聊起年代久遠的舊事，因為比起幾分鐘前說過的話，幾十年前的回憶反而更完整，更容易記起。

操作電子郵件讓他手忙腳亂，於是不再使用，電腦也一併放棄了。智慧型手機讓他一個頭兩個大，語音訊息會擱在那裡好幾天，甚至幾週都沒注意到，也不記得怎麼收聽訊息。他總是在事情過了很久之後才回電，回電時事情通常已經不再重要，而且他回電也很少是因為聽了我的留言。我們會講幾句虛應故事的話，然後他便匆匆掛斷，以防對話超過寒暄的範疇，進入他如今駕馭不了的領域。

這是歲月給一部分人的待遇。爸爸示範了我們都是很脆弱的人，不管我們曾在哪一刻覺得自己有權有勢，未來仍然一切都很難說。有阿茲海默症家族史的人其實是我媽媽，不是爸爸，所以一向是媽媽在叨念著萬一哪天失智了怎麼辦，直到她不可能預料到的、更致命的疾病降臨。結果罹患了阿茲海默症的人是我爸，他記不清姓名，分不清時間，認知能力墜入迷霧之中，那迷霧比我的視覺迷霧還要濃重得多，絕對有著比我的遭遇更殘酷的命運轉折。

爸爸做不了我的磐石了，他甚至不能理解我的遭遇。當我跟他說起右眼的問題，他搖搖頭，也許問了兩個勉強相關的問題，然後轉移話題。我覺得他應該不會再問起我的視覺，便跟著絕口不提。此時我該給他的是穩定，不能反過來要他照顧我。

那湯姆又該給我什麼？他便是我說的另一位重要男性，我跟他分享了我的家、我的床、我的假期，當然還有我的信任。基本上，他是我的配偶——我的丈夫。我們沒有實際完成結婚程序似乎無關緊要：操辦婚事有點麻煩又耗時，我們便乾脆不考慮了；他有一些家人是極度保守的基督徒，沒必要用婚事挑釁他們；婚禮只是互訂終身的儀式，而我們同住在一個屋簷下，差不多每個鐘頭（有時是每半個鐘頭）都要打打電話、發發訊息，已經充分確立了我們互許終身的事實。

至少我們就是這麼跟自己說的，這也是我一直以來深信的說法。然而有時我會心煩，他非常不會在言語上示愛，也不夠浪漫。每回我抗議，他都宣稱他只是性格如此，但真是這樣嗎？還是他對我其實不具備他應該有的感情？我沒有追究到底，是不是因為我或多或少不夠在乎、不期待我們的感情長長久久？

在中風前，我沒有答案。中風大約七個月後，我有了一部分的答案。

開始的那七個月，湯姆哄著我，急忙跟莫札米醫生掛了第一次號。他用了自己的醫界人脈，確保我及時完成該做的NAION確診檢驗，參加臨床試驗。他研讀文獻、問人問題，將他挖掘到的知識告訴我，補充我自己取得的資料。我們從科學的角度詳細討論了我的病情。

那我或許會失明與我免不了因此生出的恐懼呢？只要我提起，他便打斷我，叫我不要自己嚇自己，勸慰我最後一定不會有什麼大不了的。那我害怕眼睛被針頭刺進去時呢？他也輕描淡寫（持平而言，他可能是想讓我冷靜下來）指出很多其他病症的患者做了類似的治療也沒事啊。

我第一次接受注射的時間是在他工作日的中間時段，挨這一針的前置作業很冗長，要是把往返醫院的時間算進去，幾個鐘頭是絕對跑不掉的。我知道他的門診時段安排有多繁重，便沒有請他陪我，而是找朋友艾麗跟我作伴。一個月後的第二針，跟著我跑了一趟的是我朋友亞麗珊卓。兩個月後的第三針是我自己去的。

更不尋常的是每隔幾週便會有三、四個鐘頭時間，他不會跟平常一樣立刻回覆我的訊息。有一、兩次我出遠門的時候，按照慣例在他平日就寢時間之前很久便打電話回家，準備跟他道晚安，卻聯絡不到他，他也沒有回訊息。我稍微強硬地追問原因，他便說自己早就睡了，隔天早晨才看到我來電。

我記得自己一度問過他：「你是不是外遇了？」我邊說邊覺得尷尬，真老套，我活像在演一齣拙劣的電視劇。

「你別發神經了。」他說。這類對話是否永遠脫離不了爛劇本的範疇？他聽起來不僅生氣，似乎還受了冒犯，以致我覺得自己在犯蠢。所以就沒有繼續探究，把這些事拋諸腦後。

然而我大概並沒有真的澈底忘懷，因為幾個月後的週日夜晚，我們吃完我烹調的晚餐，他去洗碗，問我是否滿意我們的感情。這問題來得莫名其妙，幾秒之前我們還在聊藍紋起司。這也完全不像他會說的話，談心通常會令他侷促不安。於是我得知了真相，他露出馬腳了。

「你外面有人了？」我問，至少那應該是問句。但語氣更接近陳述，像在宣告，實際上也是宣告，因為我確定那是真的。

「對。」他說。

「而且你們很認真，你覺得也許你想跟他在一起……同居。」我說。我有把握這是事實，否則湯姆沒必要主動開啟對話。我突然意識到除非我們已經到了不談不行的地步，除非他們的感情夠深，否則他絕不會主動開口跟我結算這一筆爛帳。

又一次：「對。」

「你們交往多久了？」這一次是實質的問題，卻更老套。

「從九月起。」他說。

我開始在腦海裡翻日曆。所以說，當我十月中風時，他才跟那個男人攪和在一起一個月。但他沒有斬斷情絲，他看著我度過中風後那兩週的狂亂，在各個醫生的門診之間匆匆來去，一下在這臺機器前面噗通坐下，一下又被固定在另一座機器底下，然而他沒有停止出軌。他做這種事的罪惡感不是應該變成兩倍、三倍嗎？這不是應該會破壞他的外遇嗎？

還是我終於變得這麼沒分量？這麼容易不被當一回事、被晾在一邊？

「我覺得你今天晚上應該去他那邊。」我說。「我想你現在就該走了。你打算跟他在一起，那就去跟他在一起。」我離開廚房，去客廳靜靜坐著，他則打包了行李，走出門外。

⁂

我們的關係並未結束，那時候還沒有。不到一週他又搬回來，發誓要做正確的事。我不知道該作何感想，也摸不清自己的心情。中風以後，我的情緒便五味雜陳，亂作一團。正因如此，對於是否要終結一段將近十年的感情、拆散我們如此緊密交織的兩人世界，我擔心自己的決定會太倉促。這不是尋常的十字路口，不應該匆匆穿越。

此外，湯姆跟我有個問題。現在都五月了，按照計畫，我們要在七月分前往希臘，跟我弟弟哈利、弟媳婦希薇雅、他們的四個孩子共度一週半。孩子們興奮極了，期待法蘭克伯伯和湯姆伯伯帶他們認識那個美麗的傳奇國家。要是哪一位伯伯沒來或兩人都爽約，旅行便會變調，搞不好還會取消行程。我不想那樣，我會受不了的。我問湯姆能不能暫且隱瞞我們的情變，再保密一陣子，擺出恩愛的樣子，帶他們去幾個我們最喜愛的地方遊覽，履行承諾，玩個盡興。我問他能不能等到希臘之行結束再決定我們的未來，他答應了。所以我們八人走下岩石斜坡到隱密的水灣，在色澤如寶石的水裡游泳，在愛琴海的夕陽下小酌，不談苦中帶甜的終局、破滅的承諾與傷透了的心。湯姆跟我唬住了他們，絕對沒有破綻，因為在那九天我們也唬住了自己。在那個神話國度，我們譜寫、演繹了自己的神話。

八月將我們送回現實中。唔，我是重返現實了，湯姆卻很奇怪，一個字都沒提過我們之間怎麼回事。我們的處境、將何去何從，彷彿清除了相關的記憶。我沒有，我不行。我一點一點地挪移，終於抵達了結論，得知我對我們未來的決定。答案是，我們不會有未來了。我的中風（我的視覺）讓我有了分手的決心。

有一部分的我被拉著往反方向走。我懷疑自己在這麼多的人生篇章當中，何時不單飛，偏偏在前途茫茫之際出此下策，迎向我人生中或許最不能自立的未來。在這種節骨眼上，誰會拋開能夠扶持自己的另一雙手、另一雙眼睛？

但更大一部分的我推翻了那股衝動，衝動來自不安全感、畏怯、恐懼，絕不該任由那些情緒主導人生，我可不想讓人生被這些東西主宰。這更大一部分的我聽從了不同的考量與盤算：假如湯姆跟我廝守下去，然後在我即將失明之際或失明之後，不願意繼續守著我，或是又一次挪出一部分感情與注意力給別人，卻礙於我的視力障礙，以致我們兩人都進退不得呢？那該有多麼痛苦？我不得不設想未來的情況，畢竟我現在知道湯姆的可信度與愛，確實是有上限的。我不能忽略事實。

我不能無視自己正面對新的未知，即使每個人的人生都是前途未卜的，湯姆離去後我會如何？天曉得。

然而我要如何面對那個謎團卻操之在我。我可以抬頭挺胸地迎上前去，不拖著腳步，不散散漫漫，不彎腰屈膝。

湯姆跟我敲定在勞動節的週末讓搬家工人過來，將我們公寓裡屬於他的家具搬走（也就是大約三分之一的家具），運送到他的租屋處。他問我是否可以體諒他一下，出城幾天（去找我的兄弟姐妹或在其他州的朋友）。他說，當他離去時要是我在家，會放大他永遠離開我們的家的悲傷。於是，我安排了去聖塔菲的三日行程，我有一篇關於高等教育的專欄文章要寫，聖塔菲有我需要的素材。我邀請住在奧斯汀的朋友芭芭拉在聖塔菲跟我會合。我要做點工作、玩一玩、小酌幾杯。我會在那裡的土磚建築與龍舌蘭之間流連忘返。

在前往機場的途中，我心想：這是一部電影。我幾乎可以聽見配樂（雜木林是小提琴，笛聲從林木後方猶疑不定地飄出來窺探）。我們的主角咬著牙，淚水湧上眼眶，他搭乘的計程車繼續前行，漸漸將他生命中最長久、最重要的那一段愛戀拋在背後，就像曼哈頓的天際線，在後視鏡裡漸漸遠去。

但我大可更換配樂，大可重寫劇本。這便是我的下一個念頭，緊抓不放的念頭。我可以堅持去看光明面，至少盡可能找出最光明的一面。我想像著，而後並感受到，自己的心是一輛笨重又難開的老車。夠努力的話，這車便可以駛往兩個方向，從兩條叉路挑出一條走下去：一條路是盤點所有的不如意與傷心，另一條路是認清還有多少美好留了下來、還有多少幸福仍然是你伸手可及的。

我選擇了後面那條路。我擁抱自己的好運：我不必為了分手搬家，因為買公寓時我的資源夠豐富，可以獨力購買，房產完全在我名下，而我仍然擁有充裕的資本，足以負擔自己一個人住在那裡。在擾亂人生的各種打擊中，至少我可以住在老地方，還有足夠財力可以添購新家具來取代被帶走的那些，填滿那些空空蕩蕩。

還有更多好運：我有一些朋友可以填補湯姆留下來的情感缺口，比如芭芭拉。我還有一份兼具冒險與旅遊的工作，我不只是出門，更是探訪一座傳奇的城市，那裡有鮮明的建築風格，陽光灑落在山區的景致更是當地獨有……

山區。飛機起飛後我才意識到聖塔菲是個山城，我愣住了。不知怎麼回事，在心煩意亂間我完全忘了新墨西哥州聖塔菲的魅力之一，便是它的高度。海拔。

以前我偶爾會去阿斯彭參加一場一年一度的研討會並上臺演講，我發誓以後再也不去了。去馬丘比丘旅遊也從我的願望清單劃掉。然而當我安排聖塔菲的行程時（我人都在半路上了）卻始終沒跟那些高海拔地點聯想在一起，我真是夠傻的了。

我正好在使用飛機上的網路，便查詢了聖塔菲的確切高度：僅僅七千呎出頭。不好，但也不壞。我（或者該說我的視神經）應該可以應付七千呎的海拔，那比阿斯彭低了幾千呎。我中風之前去過幾次哥倫比亞的波哥大，也比那邊的一些景點矮了幾千呎。也許我的身體根本不會注意到七千呎的高度。說真的，那不過是一座大型的山丘嘛！

第五章

希望是一棵枝條彎曲的長青樹

我結識胡安·何塞並且深入了解他，不只是因為他失明，還因為他認識我的兩位好友，喬爾與妮可，胡安跟他們是很親密的朋友。中風沒多久，我們一夥人便在曼哈頓上東區的餐廳共進晚餐。胡安是來自墨西哥的外交官，當時是墨西哥在聯合國的常駐代表，他跟戀人瑪麗安潔拉連袂而來，她是義大利外交官，也在聯合國工作。他們是很亮眼的一對，足跡踏遍天下，通曉多國語言，這是他們給絕大部分人的第一印象，也是最持久的印象。但那一夜，我最感興趣的是妮可給胡安的低聲指引。

「蘆筍在兩點鐘。」她會這樣指示，她說的不是時間。「牛肉在六點鐘。」妮可是將胡安面前的餐盤當作一個大時鐘，提供方向的資訊。妮可是在告訴他，叉子要往哪個方向移動，才能碰觸到晚餐的各種菜色。

這差不多就是他目不能視的唯一證據了。再有就是他跟瑪麗安潔拉抵達時，在走向餐桌的途中，他們幾乎全程都維持肢體接觸，那姿勢半是示愛，半是引路。當你跟胡安交談時，他會望著你的眼睛，接住你的注視。別人開口時，他會跟任何人一樣，迅速而自信地將頭轉向說話的那個人。等他透過別人的言語提示與自己手指的細微動作，確認了面前每一件東西的位置，便不會再摸索尋找，不用旁人額外協助。許多個月以後，我跟他參加了同一場晚宴，席上還有差不多十二個人，包括我的朋友亞麗珊卓。後來她跟我聊起胡安，我隨口提到他是盲人，她訝異極了。她在晚宴上的座位跟他近在咫尺，相處了差不多四小時，根本沒察覺異狀。

其實他沒有掩飾視障。他只是調適得很好，遊刃有餘，又沒有刻意說。但當我問起他如何失去視覺、如何適應失明、失明又對他目前的生活有什麼影響，他給了我詳盡的答覆。他對自己從昔日走到今天的過程很自豪。這是他一路走來如此順暢的主要原因：他沒把失明當作負擔，反而視為一種個人特色。

一九六〇、七〇年代，他在墨西哥市中上階級的地區長大成人，父母提供他們幾個兄弟姐妹良好的生活環境。而他平凡無奇，至少他印象中的自己很平庸。他的棒球打得很拙劣，籃球也很糟。

英式足球讓他七手八腳：他雙腿跟雙眼的協調性比不上同儕，到了薄暮時分，日光消退，要是他還在場上，就會找不到球甚至撞到人。他的學業成績不是特別出色。他回憶道：「有時候，我以為自己是貨真價實的笨蛋。」

他的視力一向不好，年紀小小便戴眼鏡。但到了十八、九歲時，他的視覺在漆黑及陰暗的環境裡幾乎跟廢物一樣，眼科醫生這才察覺胡安不是普通的近視、遠視、散光。「他精神都來了。」胡安告訴我。「他很興奮。他是個小地方的醫生，起身拿了一本書，說：『你得了視網膜色素病變。』我是他這輩子的第一個病例。他說：『你會失去視覺。』他就這麼直白地說出來。『你到四十歲左右就會失明，大致如此。』我母親非常錯愕，整個崩潰了。而我呢？我沒有。說也奇怪，但我感覺到某種讚嘆。」

或許這位醫生的態度很不得體，他的結論倒是正中紅心：胡安．何塞確實罹患了視網膜色素病變，一種罕見的視網膜病變，通常在他當時的年紀開始發病，男性患者比女性多，一般在十到二十五年內失明。當年無法醫治，如今依然不行，但他的母親孤注一擲，帶他遍訪群醫，不僅在墨西哥求診，連周邊的國家也沒放過。

「她跟老天拚了。」胡安說。「我樂在其中，真的很快活。四處看醫生是很不痛快，但哥倫比亞很好玩，彷彿是種冒險。」那提供了一個解釋。他從來就不是運動明星或高材生，他閱讀書頁上的文字比同儕吃力很多，在球場上看見的球比同儕模糊很多。現在他知道原因了，他的人生有了一個與眾不同的全新特質，他甚至暗自想道：「我很特別。」

或許那是一種否認現實的形式，「否認」給人的印象並不好，但在一定程度上是有用的手段。或許歲月扭曲了他的記憶。但根據他的印象，他在確診後那些年月裡的反應，與他在幾十年後失明的反應是一致的。他不曾驚慌失措，不曾放棄，甚至不曾鬱悶，至少我看不出來。

他的身心都承受艱難的處境，有時會強烈意識到自己錯過了什麼。確診破除了他誤以為自己腦子不靈光的頑強信念，讓他有了求學的動力，申請了在墨西哥的大學，畢業後念了喬治城大學的研究所，這些課程都需要極其堅定的意志力才能應付。當時他尚未失明，但視力逐漸流失，需要用特殊的軟體及裝置才能把該研讀的資料都看完，他必須刻苦學習。

二十好幾的時候，他在墨西哥駐外辦事處展開事業，職等一階一階地向上爬，當時他也特別勤奮。那段日子裡，他確實會隱瞞自己的視力問題，那是累人的作戲，在層層疊疊的心力付出之餘得再多付出一份心力。直到他三十歲左右在倫敦服務時，才告訴上司自己快失明了，而他之所以肯坦承，只是因為他需要請假一段時間，去古巴做幾個實驗性質的手術。就他記憶所及，包括精密的移植手術，需要大量的縫合。他說，從手術醒來後真的很不舒服。術後好幾天，他都覺得眼睛裡塞滿了一整座海灘的沙子。

手術沒有奏效。到了三十好幾的時候，他的視覺已經差不多消失殆盡。失明讓他的婚姻亮紅燈，終至結束，部分是因為失明帶來了各式各樣合理的障礙，改變了夫妻間的互動模式。失明也讓他擔心自己不會是個好爸爸，照顧不好兩個小女兒，蘇菲雅跟帕洛瑪。他不要女兒們覺得他脆弱、必須依賴別人，也不要她們覺得他見不得人。

他告訴我：「帕洛瑪五歲的時候很愛開一個玩笑，就是當我們兩個人手拉著手在街上走路時，她會在一片平坦的地方跟我說：『小心！有階梯！』。」

「她好壞喔。」我調侃他。畢竟，我們是在聊一個五歲的小朋友。

「不對。」胡安糾正我。「那才好呢！」

「哪裡好？」我問。

「因為那表示我成功了。」

「因為她可以輕鬆以對？可以消遣你？」

「對。」胡安・何塞說。「正是如此。」

他說他知道蘇菲雅跟帕洛瑪的容貌就像他所想像的年輕女孩那樣，也知道（或者說他覺得自己知道）在失明許久之後認識的瑪麗安潔拉長什麼樣子。他的世界不全然是一片模糊：他可以看見物體的小片段、小碎面，視物體的距離以及有多少光線灑落在上面而定。他看得到輪廓，那就像拼圖片，久了就能在腦海裡拼湊成形。他對地點也如法泡製，尤其是去過的地方。他會擷取記憶中的畫面，然後加進他在當下搜集到的少許細節，整合起來。

在街道上萍水相逢的陌生人面孔就無從猜測了。他們路過的時間太短、動作太快，來不及為他們拼湊出畢卡索版的面容，這讓他很苦惱。他告訴我，視覺正常的人低估了日常這些陌生臉孔可以帶來多少調劑、慰藉、陪伴。「你會跟人四目相接。」他說。「你會看到對方的表情，或多或少會跟擦肩而過的人有所交流，即使只是視線交錯，也能讓人有了連結。」他停頓一下。「沒有了這些，那是個很寂寞的世界，什麼都看不到。」

但他提到的滿足遠遠超過遺憾。胡安確信，要不是走過知道自己注定失明的那段歲月，然後真的失明，他不會有如此刺激的外交生涯，並獲得成功。「我由衷感恩。」他說。很快地，他又說他很清楚，每當這麼說的時候，別人總會以為他在「自我洗腦」。

然而走過即將失明及真的失明的過程，讓他冶煉出堅定的意志，懂得集中精力，把視障當作考驗而非障礙，他的人生因而更加精采豐富。他能夠有這樣的觀點，一部分來自父母的後盾，他們給了他充分的安全感及優良的教育。但這仍然需要堅強的意志，他就這麼一步一腳印，漸漸累積出自信，他確定自己要不是經歷這些，不會這麼有自信。他原本屬於很容易被社會邊緣的族群，甚至可能被自己邊緣化，然而這樣的他卻成就斐然。

此外，他說：「喪失視覺給了我一個技能、一種思考方式、一顆讓我能有今天的腦袋。每個身心障礙者從起床那刻直到鑽進被窩，都得面臨各種挑戰與亟待解決的障礙。在紐約上班，我得抵達辦公室、下車、穿越建築物、搭電梯——這些你自然而然、不用思考就能做到的事，我卻需要規畫籌謀、克服許多問題才能做到。」這還只是早晨剛開始的半小時而已，一天終了之前還有許多個像這樣的半小時。

目不能視也鍛造了他的氣質。「我變得有耐心。」他告訴我。「我認為耐心可能是我最主要的人格特質之一。我有各式各樣的狀況，沉得住氣是好事。一定要耐得住性子，也一定要有韌性。為什麼？因為你隨時都得處理各種大小問題，否則可能惹上麻煩，你要懂得停下來思考、小心謹慎。」他說。不然你會走錯門，踏上不該走的通道，抵達錯誤的登機口。你會誤闖一個有實質危險的地點或空間。他小心翼翼地避免陷入那種處境，這樣的謹慎行事影響並改善了他的後半生。他說，那要歸功於失明。

「我從不把失明當成負擔。」他說。「我認為失明只是一種個人特質，你對自己的外表可能滿意也可能不滿意，也許希望自己高一點或瘦一點。但你就是你。對我來說，失明就是這麼回事。」

「老實說，」他告訴我，「看不見甚至是我的優勢，而我把這優勢發揮到極致。」

胡安．何塞的故事並不是說，身體上的障礙或病恙是可以吹著口哨輕鬆應付的事，更不是在暗示那都是上天的祝福，我不認為他會說那種話。那是他個人的觀點，而他的個人條件（家庭環境、樂天性格、在喪失視力前幾十年的視覺、在一份視覺不是必備條件的工作上的才華）讓他比許多人都更有機會大展鴻圖。還有，他很可能美化了他的過去與現在。很多人都會美化自己的故事，只要那對我們有利，憑著美化來應付艱難人生，是很有效的手段。

即使胡安．何塞真的美化了自己的人生，但他對外界，更重要的是對自己的說法都符合事實，是絕對說得通、完全合理的「我還有半杯水」觀點。這也是一個意義深遠的典範：儘管我們幾乎無法控制自身的遭遇，但我們要如何看待並回應那些事情，都操之在我們。胡安．何塞不能修復視力，但他可以雕琢自己的故事。他可以著重在塑造自己想要的故事基調上，讓自己心滿意足、有成就感、自尊自重。難道他（甚至我們每個人）不該如此嗎？

他對自身處境的兩個回應方式，讓中風後的我特別心有戚戚，以我跟他有幾分相像的經驗來說，格外有用。一個是將創傷或煩惱重新定義為榮譽動章，將「不敢相信我要受這種折磨」的怨言變成誇耀，從「不敢相信我得吃這種苦」變成「不敢相信我走過來了」。另一個則跟前一個有點類似，那便是將困境移花接木為挑戰，將困境化為你正在破解的謎團，是你正在駕馭的專題研究項目，是學習新資訊與新技能的課程。胡安．何塞在大可視為磨難的事情裡，看見了「冒險」——這是他的實際用語，我在認識他之前便本能地這樣做了。我們的對話讓我做得更起勁，尤其是在參加第二項臨床試驗的時候。

前面提過我參與的第一次臨床實驗，我確診後便加入了實驗計畫，每個月都要在右眼打一針。我說過，挨針實在是活受罪，但我應該倒回去多作一些說明。他們注射的是一種精心設計的成分，假如奏效，可以阻止細胞死於中風後的連鎖反應，如此便能恢復一些中風之前的機能。但顯然藥物無效：主持這項試驗的製藥公司後來中斷試驗，沒有進入給病患完整療程的階段，因為完成試驗的病患包括我，病情並未獲得改善。我在第二及第三個月很可能並沒有真的打了針，因為我只覺得不舒服，卻沒有第一次那種強烈的疼痛。後來我才知道，有一群病患在第一次得到藥劑注射，後面兩次則是安慰劑。而在這項試驗中，安慰劑是指什麼都沒有：醫生依然為你做了全套的眼部痲醉，完成固定眼瞼的例行公事，事後也會煞有其事地包紮眼睛，但過程中卻只是用鈍的針頭抵住眼球表面，沒有實際刺進去。這樣病患才不會察覺自己沒有得到治療，他們仍然可以做為控制組，跟接受治療的病患作比較。

第二項臨床試驗就晚得多，是在我完成第一項試驗之後大概一年才開始招收NAION病患。我應該是第二個加入試驗的曼哈頓病患，整個北美大約有十二個試驗地點。試驗項目是測試一種用乳香樹脂製造的液態化合物，乳香是一種枝幹彎曲的常青植物，主要生長在地中海地區，可修復受損的神經。NAION患者是理想的實驗對象，因為用傳統的視力量表就可以輕易檢測出我們的視神經機能有沒有起色，還可以量化我們的復原程度——要嘛我們能夠辨識更多字母，要嘛不行。這是一間以色列生物科技類新創公司主持的試驗，他們已經取得這種化合物的專利，但我們不是真正的目標用藥族群。如果這種化合物有用，適用對象會是其他類型的中風病患、脊髓受傷者、阿茲海默症患者，以及各種罹患神經性疾病及神經退化性疾病的人。市場潛力極大，遠遠不只是我們這種病的患者。

參加這兩項臨床試驗，都表示我必須在治療期間及治療結束之後許久，按時（每個月、每兩個月）返回紐約西奈山眼耳醫院做檢查，乍聽之下這沒什麼，但相信我，才不是那樣。那些檢查有可能耗時三小時，也不是只用視力量表。甚至連視力量表都跟一般驗光師用的不一樣，沒那麼簡單易懂。

在使用視力量表之前，我得忍受厭煩，讓一對又一對差異微乎其微的矯正鏡片一一放置在我的兩隻眼睛前面，然後指出哪一片看得比較清楚。沒什麼大不了的，真的，只是這套流程不是簡單五分鐘搞定，而是遠遠超過五分鐘，一個月又一個月，每個月都不厭其煩地重來一遍，讓右眼試鏡片是件很荒唐的事，因為任何鏡片的效果都跟清晰沾不上邊。將一堆鏡片疊放在右眼前面只突顯了一件事，那就像有人一再吼出你早已了然於心的事實：「你不會好了！」

等技術人員挑出最適當的鏡片，我就得開始檢查視力。左眼的過程很平順，我四平八穩地念到一・〇那一行，有一、兩次可以念到一・三那一行。但右眼的話，我覺得整個測試過程就像鬧劇，還是齣殘忍的鬧劇。對，檢視我右眼每一次的測試結果，就可以確實看出實驗療法是否成功、我的視力改善了沒。還有，對，我可以認出〇・二甚至〇・三那一排的部分字母。

但對我來說，我辨識那些字母的方式，讓據說存在的進步都必須作廢。我盯著每個字母的時間高達十、十五、二十秒，因為我一會兒看得到曲線跟尖角，一會兒又看不到。字母存在於一團霧靄後方，霧靄會變淡、變濃、還動來動去，我則努力辨識字母。「可能是C……不，是D……慢著、等一下，我剛剛又看到更多部分了，是O！」我想起電影裡的海盜船、殺手的車或持刀的精神病患從暗處出來，一點、一點地露出身形。如果在二十秒之後，我拍版定案的猜測是對的，便算答案正確，所以當我說自己仍有〇・三的視力，意思是我可以十二萬分勉強地辨識字母，但那跟在現實世界看見東西的視力是兩回事。想像當你在看書，即使是《傲慢與偏見》那麼淺顯的書，都得在每一段、每一句、每一字的每個字母上徘徊，拆解字跡之謎。我愛珍・奧斯丁，但這樣仍然太辛苦。按照我的閱讀速度，伊麗莎白・班奈特別想嫁給費茲威廉・達西了。他們的戀情會拖到三倍長，永遠不會修成正果。

萬萬想不到，緊接在視力測驗之後的檢查項目居然令我更加挫敗，那就是痛苦的「視野」測試。視野測試就像打死都沒人要玩的電動遊戲，一種偽裝成娛樂活動的懲罰，要是薩德侯爵*將精力用在眼科學，便會構思出這樣的奇妙裝置。我要將下巴放在一個冰冷的塑膠槽上，額頭抵著一條冰冷的塑膠條，頭部必須固定不動，受測的那隻眼睛要聚焦在螢幕上的中心點，在中心點四周的四個區塊上，會有一閃即逝的光點不定時出現。每次光點出現，我都要按下按鈕，從我按鈕的精確度便可以繪製出我視野裡的盲點區域。但這個不時會下一場流星雨的人造宇宙令我眼花撩亂，精神恍惚，逼得我抓狂。我分不清什麼是實際看見的光點、什麼純屬個人的想像，以致我神經兮兮，有一下沒一下地亂按一通，犯賤的手指彷彿有了自己的生命，過起了優柔寡斷的一生。每一回去醫院，我都得做這項測試兩次，兩眼各一次，有一回兩眼都測完以後，我得知必須重來，因為我的頭部不夠穩定，按鈕時出錯的情況也不正常，一片混亂。

「拜託，」我說，「一槍斃了我吧。」那是我的真心話。

你可能注意到了，我生性暴躁易怒，精細動作技能很差。在我說明第二個臨床試驗要求我做到的事情時，記住這兩點。乳香樹脂跟第一個試驗的藥物一樣，都要注射到體內，但謝天謝地，不是注射到眼球。注射部位是從兩條上臂挑一條、從兩條大腿挑一條或腹部。這是好消息。那壞消息呢？要負責備妥注射器、安裝針頭、排除氣泡、將針扎進肉裡的人是……我。我每週要幫自己打針兩次，連續六個月。

幫自己打針並不罕見。糖尿病患者這麼做已行之有年。為了受孕而奮鬥的女性也得自己打荷爾蒙。但我敢說糖尿病患者跟這些女性，絕大部分人的雙手都比我靈巧，就連彈簧都比我靈巧些！小時候父親教我打領帶，教到他舉白旗，只好把這項任務外包給叔叔吉姆，他是

* Marquis de Sade，1740-1814，法國貴族，著有《索多瑪一百二十天》等情色文學，有大量性虐待情節。

個經驗豐富的老師，但也只讓我可以勉強打出該死的半溫莎結。此後，朋友們、男友們、還有偶爾看一次CNN的某人，都尖酸刻薄地批評我打領帶的技能。天底下沒有我打得出來或解得開的領帶，天底下沒有我穿得了線的針眼。唯一一次我不得不親自動手將舊手機的SIM卡轉移到新手機時，結果SIM卡掉在地上兩次，折騰了十五分鐘才找到，而且始終無法將它正確插入新的插槽。在摸索一小時無果之後，我走到最近的一家電子商城，掏出十美元請櫃員幫我搞定。他三十秒就完工了。

在西奈山，班尼克醫生跟一位技術人員花了十五分鐘教我打針，協助我完成第一針，給我一本教學手冊、一支教學影片、一個月分的注射器、針頭、裝著藥劑的玻璃瓶、大量的酒精棉片，便打發我回家。藥瓶必須冷藏（我塞在兩瓶平放的夏多內葡萄酒之間，心想那是最誘人的位置）施打前一小時就要拿出來，退冰到室溫，等藥劑由渾濁變清澈才能用。我得用一支長長的針頭將瓶中的藥水抽進注射器，再換上一支較短的針頭將藥水打進我的體內。注射器上有小小的橫線標記出藥水的用量；我得瞇著眼睛才看得到的橫線。在我看來，這是相當嚴重的設計瑕疵，這項試驗竟然指望視力有問題的人能看見細小的標示。

我猜大概有許多參與試驗的人與配偶或戀人共同生活，可以訓練同居者幫忙注射，而我沒有那個選項。我第一次自行注射時，把教學手冊看了兩遍、影片則看了三遍，在面前的桌子鋪了一條乾淨的小毛巾，將所有器材排列在上面，在腦海演練幾遍後，才以滑稽的慢動作執行。全套程序要磨上四十五分鐘，外加將藥水從冰箱拿出來退冰的一小時，而我除了枯等以外無事可做。當針頭刺進我的皮膚，我擔心藥瓶裡的藥水是不是退冰太久了。退冰太久會怎樣？藥效會消失嗎？還是出現毒性？我推斷假如犯錯的空間這麼小、潛在危害那麼高，監督這項試驗的醫生跟技術人員絕不會讓病患自己打針的。

當時我注射的部位是右大腿。針頭細到我幾乎無感。我壓下注射器的活塞，皺著臉看藥水從注射器消失，緩緩進入我的身體。我以為會有某種燒灼感，結果只有微小的刺痛，拔針時有輕微的痛覺，然後注射的部位會綻出一個鮮血構成的小點，其實應該算血珠。這樣就完工了。

三天後我改打左大腿，再隔了四天則打在右腹，這邊稍痛一些，所以後來我基本上就是左右大腿輪流打。（他們告訴我，千萬不要連續兩次施打在同一個部位。）不到兩週，整個流程花費的四十五分鐘便縮短為五分鐘。又隔了幾週，時間下降到兩分鐘，甚至一分鐘。我可以在眨眼間完成注射，自動化操作，一邊想著要用牙線，一邊在瞬息之間打完。看哪！我真是自己打針的王者。

我允許自己在心底小小雀躍一下，難怪我跟胡安．何塞一拍即合。說來奇怪，我開始期待打針，針劑是我已經征服的恐懼，是我的英雄事蹟。打針讓我的生活有了專屬的節奏，有了專屬的勇氣。朋友們在健身房嫻熟地駕馭飛輪，我則在家嫻熟地駕馭針筒，大大的塑膠製紅色針筒收集盒也不需要費事收進櫃子，招搖地擱在廚房流理檯舉目可見的地方，自鳴得意，任何來我家玩的人都會看到。如果他們問起，我便會說明為什麼家裡有這東西，我可以誇耀自己經歷了神奇的奇蹟變身，成為一座人型針插。當上帝給你檸檬，鞠躬致意吧。

拿到上帝給的檸檬，要盡可能對這酸澀的果實擠出知性的好奇，從它背後的科學原理及你經歷的謎團中，找到一些令人讚嘆之處，胡安．何塞就是這樣。這也是我幾個罹癌朋友採取的立場：他們成為學生、調查員、探索者。他們有了目標，積極追求。從以前到現在，這都不能治療疾病、阻止衰退、消除疼痛或緩解悲傷，對最悲慘的處境沒什麼助益，甚至完全無濟於事。但是對於狀況沒那麼淒慘的病患，或許可以撫平病痛的一些傷害。這或許可以改變病患的思路，或是轉移他們的一小部分注意力，讓他們別滿腦子都是焦慮與絕望。即使這不算是積極的行動，至少也不算是不積極。

我的行事風格反映了我擁有的資源與觀點。我從做新聞的角度做事，我閒適地上網，廣泛地查詢我注射的化合物，因而得知乳香的悠久歷史與豐富文化，憑著這樣的素材，隨便都能寫出一篇長篇專欄，編輯採納了我的提案（一個男人踏上旅程，去認識他注射到體內的藥物）。隨後，我便前往希俄斯島，一座希臘的島嶼，生產極大量的乳香，當地的名聲與此密不可分。

我猜「樹脂」這個詞聽起來有點空泛，所以我想讓它明確一點：假如一棵樹有滲出樹液的特性，那它的樹皮被切開以後，從切口滲出的黏糊糊玩意兒就是樹脂。乳香樹脂的強大療效已經享譽數千年，古希臘人會嚼乳香樹脂來清潔口腔。有些《聖經》學者認為，經文裡的「基列香膏」一詞就是指乳香樹脂。長久以來，我們用乳香樹脂製作消炎止創的藥膏，治療腸躁症和潰瘍的藥粉，還有緩解哮喘的焚香。

在傳統醫學領域，地球的森林與原野是範圍廣泛且不可或缺的藥品。儘管我們現在使用的是人工合成的阿斯匹靈，但阿斯匹靈原本的原料是柳樹及其同科植物樹皮裡的一種物質。據說，希波克拉底*讓病患咀嚼柳樹皮或飲用柳樹皮泡的茶水來止痛。癌症藥物紫杉醇（Taxol）、瘧疾藥物青蒿素（artemisinin）、鴉片類的藥物嗎啡等等，都來自樹皮、葉片、

---

* Hippocrates，西元前五世紀的希臘名醫，有西方醫學之父的美稱。

花朵、漿果、藥草、根，現代科學家之所以會對這些植物感興趣，正是因為古代的民間醫者一致推崇。蒐羅這類藥物的學問甚至有個正式的名稱——生物探勘（bioprospecting）。這個領域的科學家經常研究古墓，尋找可供調查的天然產物線索，人類目前所知只是皮毛而已。

希俄斯島位於愛琴海東北方，從土耳其西部就看得到這座島，全年待在島上的居民只有五萬人左右，其中四千五百人的工作與乳香有關，乳香業在當地已有幾個世紀的歷史。在十四、十五世紀，希俄斯島是由熱那亞共和國統治，對乳香小偷的罰責是十磅以內割掉一隻耳朵，偷了兩百磅以上的人則處以絞刑。他們在島上南部的乳香樹林周邊興建了石砌的村莊，蓋成堡壘的形式（高聳的外牆，只有少數出入口，房舍布局成錯綜複雜的迷宮）以防有人入侵，竊取存放的乳香。

有一些村莊仍然保留了部分區域，受到妥善的維護，這是我到了希俄斯島以後得知的，我在島上的三日行程中，細微、飄忽的乳香味總是飄蕩到我身邊，那味道有一點像松香，微微有香草味跟淡淡的海水味，又絕對不是以上三者。我在乳香博物館消磨了幾個鐘頭，博物館的建築相對新穎，是一座高高矗立在山坡上的玻璃大樓，可遠眺島上黃褐色及淡綠色的山坡。在博物館的咖啡店，我喝了用乳香點綴的濃縮咖啡，嘗起來跟聞起來一樣。隨著歲月推移，希俄斯的企業家將乳香摻進越來越多的食品項目中，拓展乳香的美食類用途。

「穀片、義大利麵、番茄醬、茄子醬、橄欖油、鹽、果醬。」希俄斯島上一家食品公司的高級主管瑪麗·吉安娜卡奇一邊列舉，一邊跟我在擺放這些食品的輸送帶之間穿梭。「我們把乳香加進所有東西裡。」確實如此，但在飲食方面，最熱門的作法是加進傳統食品中，例如口香糖、橡皮糖、利口酒。

我去了另一處生產現場，看幾十位穿著無菌服的女性清洗、擦淨乳香塊，乾燥、硬化後的乳香顏色會變成象牙白。我將車停在路邊，在著名的乳香樹之間漫步。乳香樹雖然赫赫有名，但老實說，看起來並不起眼。儘管島上南方的大部分山坡地都栽種了乳香樹，但跟周邊那些更高大、更茂密、更豔麗的銀葉橄欖樹一比便相形失色。乳香樹在這些天后身邊，一副沒精打采的樣子。

我伸出手指摸摸一棵乳香樹刺刺的葉片，再撫過另一株分叉的枝幹。我刻意擺出矯情的姿態，向其中一棵低喃：「我就靠你們了。」我真的這樣說了，不過是為了自娛，自娛的目的相當重要，所以自娛有理。

在返家的漫長航班中，為了能夠更專注在閱讀，最好還能小睡片刻，我戴上了一對碩大的降噪耳機，想要隔絕世界，封住聽覺。我暗自發笑，我真是個傻氣的文藝咖，瞧瞧這個害怕失明卻故意把自己變聾子的男人。

失聰，失明，根本是難兄難弟，大家對這兩者有著相同的恐懼跟描述，他們各自殘忍地閹割了一種感官，讓人從此跟簡單的喜悅絕緣，也做不了簡單的事。

但兩者也是競爭關係：你情願聾了還是瞎了？情願天生聽不見還是看不到？我聽過別人為此抬槓（說不定還在某個時候加入對話），也在網路上看見冗長的討論串。議論身心障礙者是身心健全者的一種室內遊戲，因為所有立論基礎都是假設。

當立論基礎不再是假設又會如何？我現在便在腦海裡玩起這個遊戲，儘管這已經不是遊戲，這是在評估我的不幸，評估我的處境，評估我在各種類型的失能中的落點在哪裡。

擁有眾多讀者的超人氣問答專欄作家安．蘭德斯（Ann Landers）便曾經回覆過失明好還是失聰好的問題，她從視聽障礙者海倫．凱勒的說法切入：「失聰就算沒有比失明更嚴重，也是更深刻、更複雜的問題。失聰是糟糕得多的不幸，失聰會喪失最不可或缺的外來刺激——嗓子的聲音帶來了言語，抒發了思想，讓我們可以跟人進行知性的交流。」凱勒的評估有時會被歸結為失聰是更嚴重的社交障礙，毀掉了我們跟人即時溝通的主要工具，將聾人跟其他人隔開，而失明則在盲人跟事物之間樹立了壁壘。蘭德斯不接受這種觀點，寫道：「僅以我的個人觀點而論，假如必須二選一，我仍然情願選擇看得見，而不是聽得到。在視覺跟聽覺之間選擇一個，我依然寧願要視覺。安全因素是我的關鍵考量，儘管我很清楚導盲犬是極大的助力。」她主張聾人不必跟有聲的世界斷絕往來，並提出真人實例，一個是失聰的美國小姐希瑟．懷特斯通，另一個是失聰的奧斯卡獎影后瑪麗．麥特琳。

當然，蘭德斯也可以提出相反的論述，站在失明那一邊，列舉兩位備受喜愛的二十世紀音樂人，雷．查爾斯跟史提夫．汪達——兩位都是盲人。我們有成就斐然的聾人、盲人，甚至視聽障礙者，證明了不管有什麼身體障礙，都有超越的可能。許多身心障礙者就做到了，即使或許不是全部人。就此而言，失聰與失明的相似處，大於相異處。

我不想失明。少數時候當我對失明的恐懼擴散開來，那恐懼便可能壓垮我，因此我會盡快驅除。我會去跑步，我會喝一杯，我會刻意強力斬斷一切令晦暗的恐懼突破心防的情緒或情境。我無法想像人生中不看電影、不在Netflix追劇、不旅行去好望角看看那裡的海濱景色、去瓜地馬拉一窺馬雅神廟、去聖彼得堡瞧瞧冬宮。我也割捨不下色彩，我的客廳有一張黃綠色的雙人沙發、一張藍綠色的長沙發、一張紫色的扶手椅跟配對的紫色腳凳，我的飯廳椅子是深紅色的。這些都不是意外，我是在藉由這些色彩重現生命的萬花筒，見證生命萬花筒帶給我的喜悅。

不僅如此，我是讀書人，是寫作者。請容我將這兩項工作狹隘且錯誤地歸類為視覺工作，這兩項工作確實因為視覺受損有時會有一點點小麻煩。假如我喪失的是聽覺，豈不會輕鬆一點、好一點？看電影跟追劇只要有字幕就行，我還能如常欣賞海岸風光跟博物館。

但既然生命的萬花筒給了我喜樂，那生命的交響樂乃至不和諧音也是啊。閃電之景令我激動，但雷鳴之聲更令我亢奮。男人身上有許多可以輕易吸引我或令我反感的地方，嗓音的等級便接近頂端，或根本就在頂端，嗯，跟他的眼睛並列第一。而音樂，我怎麼可能割捨得下音樂？直到湯姆跟我分道揚鑣為止，我們每年十月都要去奧斯汀，參加奧斯汀城市極限音樂節，每天都聽上五、六個鐘頭的現場演奏，一共三、四天。在家時，我幾乎隨時播放音樂。出門在外，音樂則減輕了痛苦，突顯了美好，支撐我繼續努力。我的心隨著幻覺皮衣合唱團的〈心碎節拍〉而跳躍。聾了便永遠不能再次聆聽瑪麗．布萊姬的〈不再胡鬧〉、教堂合唱團的〈在銀河下〉、范．莫里森的〈甜蜜小寶貝〉，這也是我無法想像的。

那很愚蠢。蠢的不是耳聾，而是這樣的較量與思索。我可以找出千百萬種不同的組合，拿失明跟喪失嗅覺相比，拿失明跟喪失觸覺相比，拿失明跟癲癇相比，拿失明跟狼瘡相比，拿失明跟族繁不及備載的精神疾病相比。不管我怎麼配對比較，那都是幻想而非現實，是「假如」而非實事求是，這是濫情。苦難會帶什麼給我們，輪不到我們作主，而我們每個人，無一例外，都會得到一點什麼。

第六章

人生的廣告看板理論

艾蜜莉．狄金生的著名詩句說希望是有羽毛的，假如真是這樣，那嫉妒就有觸手。每一回我在電視上看到安東尼．波登或在新聞發現他，嫉妒的觸手都會抓住我。

他實在神氣活現，坦率得可以，走路大搖大擺，一雙大長腿推動頎長的瘦削軀體前進，身材似乎不受胃口影響，哪像我啊。他的胃口奇大無比，包山包海：食物、旅行、語言、生命。從各方面來看，他都是大無畏的人，從一所菁英學校（瓦薩學院）急轉彎投入餐廳廚房的殺戮戰場，又一個急轉彎，寫作去了，之後再搖身一變，成為全能型的烹飪傳奇人物。《波登不設限》是TLC旅遊生活頻道為他開設的節目，之後又在CNN的蠱惑下，主持了製作更精良的《波登闖異地》。他的名氣與人氣，從二〇一六年一位應邀上節目的嘉賓便可見一斑。那位嘉賓跟波登兩人一邊聊著爸爸經、名氣、越南與美國的關係，一邊在河內的一家館子吃麵。那位跟他一起吃麵的人，正是時任美國總統歐巴馬。

說波登對這個世界如飢似渴並不誇張，甚至也不是譬喻，我在《紐約時報》二〇一八年六月那篇關於他的文章就寫過了：沒有他不好奇、不想探索的地方，沒有他不下定決心嘗一嘗的食物，他的飢渴沒有盡頭，而他的喜悅看起來也總是沒有極限，「看起來」是重點，那篇文章談論的是他在那個月輕生。波登在法國阿爾薩斯地區拍攝最新一集《波登闖異地》的時候，在旅館房間自縊。當時他六十一歲。

每個人都很錯愕。我說的「每個人」，是指熱愛跟隨他探索美食的所有讀者及觀眾，他們認為他是流氓與享樂主義者二合一的完美典範，是漂泊的靈魂。但尤其是餐飲業及相關產業的人，我在《紐約時報》做了五年半的餐廳評鑑員，跟他們一直維持密切的往來。他們跟我一樣，在那些年裡跟他有了交集，絕大部分人也跟我一樣，根本不曉得也沒聽說過他也會有如此強烈的痛苦。我們只恨不得能撈到一點點他的才華，沾上一點點他表面展現的自信態度。

波登在我心目中的形象是很高大的。二〇〇四年，我獲選為《紐約時報》的新任餐廳評鑑員，準備從義大利結束《紐約時報》羅馬分部主管的任期，搬家到紐約的那陣子，我匆匆翻閱的許多書籍之一，便是波登廣受喜愛的暢銷書《安東尼．波登之廚房機密檔案》。這書我以前讀過，但想要溫習。書裡娓娓道出他在主廚歲月裡的血汗與毒癮，一邊賦予餐廳神話色彩，一邊弔詭地抹除神話色彩，在我看來，後者才是正確的視角。然而又一次，我更加欽佩的是書中的機智與詩意。「蔬食主義者是人類靈魂裡一切美好事物與體面的大敵。」他寫道，儘管這話說得不對而且殘酷，卻也是必要的鋪墊，如此才能銜接到後面的哏，他說純素食者對於蔬食主義者來說，是「宛如真主黨*一般的分支派系」。

---

* Hezbollah，黎巴嫩的一個政治及軍事組織，宗旨為消滅以色列，將西方勢力逐出黎巴嫩。

二〇〇九年年底，我離開餐廳評鑑的崗位，無需再像臥底人員一樣隱瞞實際的長相，不必每次遇到合影或上電視的機會都一律拒絕，許多令人興奮的邀約便紛紛湧來。其中一些邀約是因為我卸任的時候，以吃貨身分寫出的回憶錄《天生豐滿》（Born Round）正好上市，書裡暢談我跟食物之間的愛恨情仇。我上過一次ABC新聞臺的《夜線》節目。主持人史帝芬．柯爾伯特讓我上《柯爾伯特報告》。《頂尖主廚大對決》擔任其中一集的嘉賓評審。但這些機會帶來的喜悅，都不如波登邀請我跟他一起錄一段《波登不設限》。有一天下午，我去曼哈頓下城，跟他在主廚丹尼爾．布魯德（Daniel Boulud）以前開設的DBGB餐廳見面。我們在鏡頭前喝啤酒、吃香腸拼盤。結束後，他離去的腳步很悠哉，或許也有點大搖大擺，那活力四射、衝勁十足的氣勢，跟我們暢飲酒精、大啖油脂之前一樣。我則鑽進計程車，回家打個盹。

大約就在那時候，我在《紐約時報對話錄》（TimesTalks）採訪安東尼．波登，這是一個在舞臺上訪問新聞人物與名人的節目，採訪地點是《紐約時報》曼哈頓中城總部旁邊的禮堂，現場有幾百位他的粉絲。這是史上最簡單的採訪任務，因為只要拿話刺激他一下，等著他自己火力全開就行了。他實在是能說善道，魅力無邊。

然而我們都應該要想到，在他內心的天氣，或許不是他在公眾面前展示的燦爛豔陽天，他給了我們大量暗示。在《廚房機密檔案》，他寫到自己曾經染上古柯鹼及海洛因毒癮，描述他縱情於飲酒與吸毒，但那些活動大多不是出於心滿意足的歡慶，而是為了打壓相反的情緒。

「原本我二十幾歲就會沒命的。」他在三十多年後說。「我四十幾歲成功，五十幾歲做了爸爸。我覺得自己就像偷了一部車（超高級的車）而我一直盯著後視鏡，看有沒有警車在跟我閃燈。」你可以把最後一句話當作他又一次隨口說了個完美的詼諧譬喻，但你也可以試想，裡面承載了多少的不安全感與擔憂，這也是波登的熟人跟欣賞者在他殞落後才意識到的事。我一直想起他在同一時期另一次訪談裡說的一句話。「我心裡有個黑暗精靈。」他說，指他的癮頭。黑暗精靈不會輕易消失。

或許，這是介紹波登生與死的紀錄片《行遍天下》想要傳達的其中一個訊息，該片於二〇二一年七月發行。片中追蹤了那隻精靈造成的嚴重後果，指出他的熱情（包括在他人生最後幾個月，與義大利女演員兼導演艾希亞．阿基多的煎熬戀情）有多麼不受控制、殺傷力強大。在他聲名如日中天的時候，他卻煩躁不安、渴求、懊悔，不曉得如何是好。「我想東尼到了最後的時候，覺得很孤單，無法跟任何人訴說內心的痛苦。」跟波登一起拍攝《波登闖異地》的導演麥克．斯帝德（Michael Steed）在紀錄片中說道。

他的發言讓我想起了露絲．雷克爾的說法。她是比我早擔任《紐約時報》餐廳評鑑員的人物之一，跟波登很熟，《紐約時報》訪問了很多人對波登自殺的看法，而她說：「在神氣活現的樣子背後，他始終都是那個飽受折磨的靦腆男人。」

「神氣活現。」不是只有我覺得他神氣活現，但顯然不是每個人都被他完全蒙混過去。波登自殺本來會是萬眾矚目的大事，但在他尋短之前僅僅三天，時尚設計師凱特．絲蓓也輕生了，同樣是自縊。她用一條紅色圍巾在自己的房間結束生命。當時五十五歲的絲蓓是地位至高無上的文化象徵，坦白說，我都忘了她是個有血有肉的人。在我看到的包包裡，每三個就有一個標示著她的大名，讓人幾乎忘了那不是一個專有名詞，不是一個與流血、流汗、流淚的日常奮鬥失去聯結的品牌。若說波登一副神氣活現的樣子，她就是一派輕鬆愉悅，誠如達芙妮．梅金在《紐約時報》的文章裡所說，她的性格展現在她公司的「堅持愉悅與古靈精怪的配件」，這是她在聽到絲蓓的噩耗之後，震驚中的思索。

「絲蓓整個人跟她設計的一切都流露出開朗的屬性，從她喜愛的糖果色到她樹立的活潑形象都是。」梅金寫道。「我們很難想到一位看起來如此成功的女性，事業有成、有家庭、有大把大把的金錢，卻消沉到默默結束自己生命。」梅金提到弗恩．馬里斯的說法，她是美國時尚設計師協會前任會長，也是絲蓓的朋友，而她說絲蓓的死「違反她的個性」，儘管根據她丈夫的說詞，活潑、神氣、愉快的凱特其實染上憂鬱症很多年了。

「違反個性。」將這句話跟一場死亡連結在一起實在奇怪，但以絲蓓的情況來說，反而很貼切。這句話適用於絲蓓跟波登兩人，他們的死突顯出一個人在我們眼中的表面形象，可能跟這個人內心的感受並不一致；突顯出人前光鮮亮麗的形象，跟私下的混亂並不一致；突顯出成就清單（以財力、地位、等級、獎項為評量標準）與另一份不為人知、隨著成就而來的精算帳目並不一致。波登有我們未知之處，絲蓓也是。我們每個人都是。

我早就知道人人都有未知之處。我們全都知道。但我不確定我們對這項事實的認知有多具體、記憶有多牢固，當我面對中風後的餘波盪漾，置身在那片霧靄中，我努力調節自己內心的風雨陰晴，我發現自己對這項根本的事實有了全新的認同。這可以抵制憤怒，是矯正自憐的對策，自憐主要依附在你堅信不移的信念上，這信念通常是一個錯覺，以為自己每天都流血流淚，身邊的每個人卻一帆風順；以為你困在荊棘堆裡，別人卻在幸運草的草堆裡徜徉。自憐自艾讓人忽略掉每個人都可能承受著強烈的痛苦，幾乎每個人都是從自己的痛苦中走出來的，或是正在走出痛苦。

簡直就是瞎了眼。

「為什麼是我？」但其實還有更適切的問法：「為什麼不應該是我？」哪來應該免於掙扎的人？掙扎是普遍的人生處境，比起舒適、饜足、和平，甚至可能還包括愛，都更常見。

然而掙扎兩字意味著超乎尋常，超乎常態，也許我們根本不該把那稱作或想成是掙扎？

我想再提一次，根據估計，美國有一百萬人符合法律上對盲人的定義，相當於大概每三百二十人中就有一位盲人，意思是他們矯正後的視力不高於〇・一。視覺損傷改變了幾百萬個美國人的人生。此外，超過三千五百萬個年齡在十八歲以上的美國人，也就是將近六分之一的美國人有聽力相關的障礙。據估計，在五十五歲至六十四歲（也就是我這個年齡層）的美國成年人當中，將近十分之一有足以影響生活的聽覺障礙，到了六十五至七十四歲的年齡層，生活受影響的比例會提高到四分之一，到了七十五歲以上的年齡層則是二分之一。生理機能衰退的人真的很多，衰退還會隨著年齡而加速。活著就是這麼回事——而且運氣要夠好，才能長壽。

視覺、聽覺：這只是兩個顯而易見的關切項目。根據美國疾病管制與預防中心二〇一八年的報告，據估計，十八歲及十八歲以上的美國人有四分之一帶有某種生理障礙或認知障礙，還有許多不包含在以上數字中的人，正在對抗長期或反覆發作的精神疾病或情感疾患，或是已經承受過那些問題。對我來說，這些數字不僅僅是滿足好奇心，更是真實的大環境。儘管我們宣稱人類主宰地球，擺出主宰的架勢，抵抗重力去探索地球之外的宇宙，取得豐富的藝術成就，締造運動壯舉，但我們是易碎的物種，渾身都是裂痕。而對於那些裂痕，我們只是瞥一眼就算了，至少有許多人是這樣。

我開始專注在裂痕上。我關注公眾人物暴露的跡象與坦率的直言，發現這些據說美夢成真的人，擁有跟我們其他人一樣的噩夢。我從朋友跟熟人身上，認出了我並不是真的毫不知情的未知之處，主要是我並未正眼看待。那是我們隨口一句「真遺憾」或寫一封流於形式的慰問信就撇下不管的事；那是讓我們不自在的事，因為那些事可能讓我們處於劣勢，而我們承擔不起或不願承擔那種處境；有時那些事只有在被詳細調查之後才能被理解；那些事常常被歡笑消音，或是用微笑粉飾太平。

中風僅僅幾週之後，跟我一樣在《紐約時報》寫專欄的同行羅斯．多塞特寫了一篇文章，當時我覺得那篇文章很有意思，但隨著時間流逝，我越來越在意裂痕，對那篇文章的共鳴便日益強烈。文章標題是〈苦難濾鏡〉（The Misery Filter），提到精神科醫師及部落客史考特．亞歷山大的文章，指出他有一群乍看健康的富裕病患，事實上普遍飽受情緒之苦，然而他們的痛苦沒人看得出。亞歷山大堅稱我們在觀察身邊的世界時，傾向於將「苦難過濾掉」，讓苦難淡去或消失。

羅斯附議亞歷山大的主張，並且講得更精準，說「這濾鏡特別強力地抹除無法簡單解決的長期悲苦。在別人剛剛陷入痛苦的時候，或是他們的處境糟到不能更糟的時候（收到令人喪氣的診斷、突然發現的毒癮、出了慘烈的洋相）我們通常是知道的。但其他時候，我們常會拉上帷幕，因為我們沒辦法將私人的痛苦掙扎，整併到健康與正常的世界中。」那一道帷幕或濾鏡「引發了嚴重的問題」，羅斯補充道，「因為它扭曲了現實，同時欺騙了健康的人跟病人……讓病人以為自己孤孤單單，因為他們身強體健的時候，一切似乎都是完美無缺的，既然現在病了，便必然是異類、是失敗品、是怪物。」

羅斯提到他對亞歷山大的觀點感興趣是基於「私人因素」，卻沒有進一步說明。就這樣，他用帷幕掩蓋了自己的生活。就我當時所知的情況，還有他後來公開的細節，羅斯仍然在治療嚴重的淋巴疾病，在幾年的時間裡，這場病令他衰弱了許多，有時導致他疲憊不堪。但他的文字產量很大，根本沒有虛弱的跡象。他付出了大量卻不引人注意的努力，持續寫出優質的文章，即使在他協助妻子照顧他們的三個孩子時。（在二〇二〇年的年中，添了第四個孩子。）

羅斯說的苦難濾鏡，另一位《紐約時報》專欄的同事珍妮佛．西尼爾則稱為「我們粉飾雕琢後貼在ＩＧ上、注重個人形象的虛假生活。」這一段描述出現在她的專欄裡，刊登時間大約在兩年後，而她是從一個很不一樣的角度破題的：基本上那是單口相聲喜劇演員蓋瑞．古曼（Gary Gulman）的概要介紹，他將自己罹患重度憂鬱症的經驗轉化為笑點。舉個例子，古曼有個段子是朋友們問他，怕不怕抗憂鬱藥物壓抑性慾或導致不舉，而他給出答案。「當然怕啊。我用胎兒的姿勢瘋狂做愛耶。」他回顧高中時，身高六呎六吋，一位大學的足球教練想要招募他進球隊，說他擁有「美式足球聯盟的體魄。」古曼記得自己忍著沒說的反駁是：「離這裡不到十呎的地方，有一條我每晚在用的嬰兒小被被。」

「古曼是在讓大眾關心憂鬱症患者平時的裝模作樣，這本身就夠令人振奮了。」珍妮佛寫道。「然而我越是思考，越是明白他在做另一件事，一件大事：他同時是在呼籲大眾，正視我們平時裝模作樣的文化。」為了吸引讀者的進一步關切，珍妮佛坦承了一件私事。「對此，我略知一二。」她寫道。「我一向都是先用神經涉足世界。我的焦慮足以粉碎頑石、嚇走鬼怪、讓一杯咖啡崩潰。我做什麼事都手足無措。」儘管珍妮佛是我的朋友，我卻不知情。我只知道她曾經上TED演講，TED！那可是十八分鐘的獨白，沒有講桌，沒有筆記，沒有提詞機。她穿了帥氣的靴子。她散發魅力十足的優雅氣質。我可以作證，因為我看過影片，看得我有點自慚形穢，但願我有她的自信，但願我有她的優雅。

珍妮佛的焦慮、羅斯的淋巴疾病。當中風的錯愕消退，臨床試驗那陰森森的新奇感淡去，我在心裡盤點了經常跟我的人生有交集的那些人，重新檢視他們，尋找他們的裂痕、荊棘。有一位朋友明明不到六十歲，向來健康，卻突然腦出血，正在復原中。她的確切病因讓醫生傷透了腦筋，也不清楚病情的實際影響，叮囑她要是哪天病情復發了，務必沉著以對，他們無法提供多少可靠的指引，不能告訴她應該作出怎樣的生活調適。有好一陣子，她謝絕長程的航班：萬一飛機橫越了半個大西洋，她才在高空中出狀況怎麼辦？她大砍自己的飲酒量，儘管原本就不太喝，她還在皮夾裡放了一張卡片，上面寫著姓名、地址，還有緊急事故聯絡人。不然萬一發病（也可能不會），病情大概會在瞬間降臨，沒有先兆，而且可能不在家裡，身邊沒有認識的人。直到我罹患NAION，她才跟我聊了一些自己的病情，我猜大概是因為我的眼疾讓我跟她一樣，成了在這個混沌又駭人的世界上旅行的天涯淪落人。

一位朋友正哀悼三十九歲的配偶辭世。另一位朋友身為年方四十五歲的母親，懷疑多年來不時削弱她健康的罕見癌症是否真的消失了，是不是可以合理地期待自己的性命夠長，能參加兩個孩子的高中畢業典禮。在我時常往來的小圈子裡，就有需要額外關注的病弱父母，有需要昂貴照顧的病弱孩童，有謀殺靈魂的婚姻，有粉碎夢想的不孕，有踐踏自尊的工作，還有慢性抑鬱、慢性疼痛、藥物濫用等等。但這些苦處很少能夠被人一眼看出，或是根本不引人注意。有些人會積極而辛苦地遮掩磨難，有些人是出於傲氣，也有人是出於不言而喻的潛規則不願聲張，以防那些事被視為弱點，或是被視為大肆宣傳自己的痛苦。

我做了另一份盤點，數算英年早逝而不在人世的朋友。光是在《紐約時報》，符合這項條件的同事便不是一人，而是三人，想到我有多久不曾想起他們就令我害怕。其中兩位，跟我在華盛頓特區的《紐約時報》辦公室做了三年半的新聞：一位是年僅六十三的男士，剩不到一個月便要退休，在住家附近的街道遇到行凶搶劫，頭部遭到重擊致死。另一位是女士，死於癌症時只有五十四歲，身後留下一對十一歲的雙胞胎。第三位同事也得了癌症，在四十九歲離世。他是我交往過的對象。

我高中的一位死黨已經過世很久了，她是跟我並肩追逐苗條的夥伴，我們一起買地下減肥藥、吃流質飲食跟其他亂七八糟的飲食方式。她憂鬱症及焦慮症的病情嚴重，從耶魯大學畢業才兩年便結束自己的人生。我大學時代一位很要好的朋友也勉強算是死於自殺，儘管是在許多年後才獲知。當時我們失聯很久了，直到偶然遇見她的前夫，才得知遲來的噩耗。他告訴我，她酗酒酗到失控，在她獨居的屋子被人發現她躺在樓梯底下時，人已經斷氣了。顯然她是喝醉以後，在樓梯頂端失足。

天哪，我心想，我親近這兩位女性的部分原因，便是她們內心的混亂跟我很像——因為熟悉，所以令我安心。我們都渴望逃離，渴望在酒精催化下歡欣鼓舞的神經化學反應，即使那種歡欣只有剛開始喝酒的時候存在。但我倖免於難，因為我沉迷的對象不是酒精，而是在深淵邊緣狂舞卻不摔下去，這是我一向的天性。當那支舞跳得太久、局勢變得太危險，我總是可以把自己拉回來。在我的神經化學反應中，我有能力設定飲酒、吸毒、自毀的尺度。我實在應該感恩，也開始深深感恩。

還有一些朋友沒能熬過愛滋疫情最嚴重的時期，後來防治愛滋的方法、對於人類免疫缺乏病毒的治療手段雙雙進步，便沖淡了我對他們的記憶。有一位是朗恩，他有令人印象深刻的急智，熱愛香奈兒的Antaeus男士淡香水，身上隨時都有那股香味。還有麥斯，他有橄欖色的皮膚，鴉羽般的頭髮，帥到不可思議。還有伊凡、喬爾、米格爾及許許多多的男同性戀者，他們跟我一樣，曾經年輕、春心盪漾、熱愛冒險、容易犯錯，而在一九八〇年代，犯了錯便可能要賠上一條命。我行事謹慎，但絕對不是滴水不漏。然而我還活著，一個不該中獎的抽獎者，我能活下來主要歸功於偶然的運氣。

運氣。在我最深入思考運氣這檔事的時候，一位姓「Luck」的名人拆解了外界對他的想當然耳，說明了他沒有大家想的那麼幸運。我說的是安德魯．勒克，印第安納波利斯小馬隊的明星四分衛。他僅僅二十九歲便宣布從球壇退役。

勒克不僅是身材壯碩的運動員，頭腦也相當靈光，憑著獎學金就讀史丹佛大學，而且球技精湛，兩度拿下海斯曼獎*的第二名。二〇一二年美國美式足球聯盟招募球員時，他是第一位錄取者。在他待在小馬隊的最初三個球季，都帶著小馬隊打到季後賽。他建立了夢幻事業，過著夢幻人生。

但真相並不夢幻，二〇一九年，由於他準備退出球隊的消息走漏，他臨時安排了一場記者招待會，沉痛地澄清真相。「在最近四年左右的時間，我一直在受傷、疼痛、復健、受傷、疼痛、復健的循環裡打轉，轉個沒完。」他說，稍後又補充：「我想要打斷這個循環，而我看到的唯一出路是從此不再踢球。我踢球的樂趣已經被那個循環磨光了。」他停止發言，讓自己恢復冷靜，沉默了超過十五秒，只有一聲壓抑的「對不起」夾在那十五秒中間，打破了寂靜。

我聆聽他的話，第一百萬次咒罵美式足球的殘暴，儘管我很愛觀賞球賽，但深深覺得這項運動不道德。以他來說，這種殘暴讓他兩根肋骨的軟骨撕裂、腹部有一部分撕裂、一顆腎臟受傷、投球的肩膀關節撕裂，還有至少一次腦震盪。而下個月便是美式足球聯盟的新球季，足踝的新傷可能會讓他不能出賽，或是影響他上場的表現。

但我主要的感慨不是足球的凶殘，而是快樂之謎。他的才華成了磨難，兩者無法切割。他的運動成就背後藏著驚人的代價，是嫉妒他、欣賞他的人所不知道的。太多人恨不得自己變成安德魯．勒克，變成明星四分衛。只是在想成為他的那些人裡面，不包括勒克先生本人。

想像我們的磨難、障礙、心魔、痛苦都公諸於世，人人可見。想像那些東西一一寫在廣

---

* Heisman Trophy，一年一度頒發給美國大學美式足球隊最傑出球員的獎項。

告看板上，掛在我們每個人身上。

「婚姻失敗、前夫陰陽怪氣、自閉症兒子經常反抗保母。」一位我認識的女性會掛這樣的看板。熟人看了她的看板，便會察覺她的本事不僅令人欽佩，根本是神人，居然一肩挑起一份全職工作，專業表現還不會打折。他們會立刻原諒她偶爾記錯的小事、一閃而逝的不耐，明白她記錯的只是雞毛蒜皮，不耐煩的情緒也都一眨眼就過去了，這已經是奇蹟。

「單車意外、臉都摔爛了、極度疼痛、十幾次手術，再也無法完整感受到親吻的滋味。」這是一位跟我很熟的男性會披掛的看板，這些簡扼的內容背後是一場磨難，包括以藥物誘發的昏迷（這是必要的手段，否則做不完密集的初步手術，處理全部的碎骨、被撕毀的全部皮膚和組織）事後，他的笑容便有點不對稱，鼻子也有一個小小的缺口。他的樂天與歡樂令人嘖嘖稱奇，他會是身邊那些失敗主義者的榜樣與訓示。

「飛機失事、義腿、八歲兒子死了。」一位跟我上同一間健身房的寫作同行會掛上這樣的看板，簡潔交代他的悲慘故事。駕駛飛機是他的興趣，飛機墜毀時便是他親自駕駛的，害死了唯一的乘客，也是他唯一的孩子。他差點沒保住第二條腿，隨後五個月都在治療中心度過。這些事情不是他本人說的，而是其他的熟人透露的，而且當時我跟他有過很多次愉快熱情的聊天，一點都看不出他有過那種遭遇。我很驚訝，深感謙卑。

「令人孱弱的頭痛、耳朵幾乎隨時都會聽到尖銳的聲音、常常有輕生的念頭。」這是一位曾經跟我吐露真心話的名人會披掛的看板，依我看，即使你覬覦這人的財富與名氣，恐怕也絕不會願意跟這個人交換身分，你不可能想過那種日子。這些真相令我心存敬畏，因為當事人說完一項又接著講下一項。

我不需要想得很久、很用力，便想到了這些真實案例。我沒有逼他們吐露自己的遭遇，這些事會在不經心的時刻露出蛛絲馬跡，只要我夠敏銳就會聽出來，把握細節就會知道。我現在就夠敏銳了，會接住以前大概不會注意到的話語，在過去我會迅速通過或繞道避開的對話空間裡佇足，留連不去。

我中風剛滿一年左右，大約在波登跟絲蓓輕生五個月後，受邀到南部的一所大學為學生演講。名義上是「演講」，其實是由校方的一位主管在幾百位學生面前向我提問，之後便讓學生自由發問，所以不必擺弄筆記、投影片，不必管麥克風的擺放位置，不必為了建立融洽的氛圍而不時看一眼觀眾席上的模糊面孔，也就不必擔心做這些事會引發視覺錯亂問題。校方人員在演講前的午餐時間跟我開會、敲定策略，之後我便到會場附近的一間會議室，消磨演講開始之前的九十分鐘空檔，其他的主管、教職員、學生主動來招呼我，向我自我介紹。

有好幾人向我致歉：校長出城了，不能親自歡迎我蒞臨，一般時候，校長夫人會代替校長來招待外賓，但她身體欠安，可能來不了，只能視狀況而定。

她確實來了，她向我伸出手，握手的手勁很堅定，笑容可掬。她一副愉快的模樣，看不出哪裡不舒服。但既然有人跟我說了她的健康問題，可見我關心一下應該無妨。

「真高興妳今天晚上能來。」我說。「很遺憾聽到妳生病，希望妳沒事了。」

她似乎當場就放鬆了一點，卸下了必須假裝堅強的擔子。

她說有幾顆囊腫沿著她的脊椎生長，已經動了兩次手術，第三次手術要等她壯起膽子再說。醫生認為以手術的潛在效益來看，值得冒這個險。其中一項變數是囊腫持續造成疼痛，她還可以忍到什麼地步。

「妳經常覺得痛嗎？」我問。

「是隨時都在痛。」她說。

「痛到構成問題多久了？」

「大概十年。」

或許是我的臉色泄露了我的驚恐，她趕緊補上一句，說她越來越擅長應付了，更懂得判斷要穿哪一雙鞋、可以倚著什麼家具、身體應該如何擺放。她是在安撫我，但我猜她也在安撫自己，而我聽見了一句咒語：我做得到、我做得到、我正在做呢。

她說，無論如何，日子有時會好一點，有時會壞一點。有疼痛發作的日子，也有單純不舒服的日子，遇到前者，只能相信後者會來。今天情況比較好，是不舒服的日子。所以她來了，來招待我。她的看板可能會寫：「脊椎壞了，無法緩解，看不到盡頭。」也可能會寫更多。我對她的認識只有這麼一點點。我們對別人的認識，很少能夠超過一點點。

會議室裡的其中一位學生，似乎特別想跟我聊聊。他是男同志，知道我是《紐約時報》第一位公開同志身分的專欄作家，寫過很多關於同志人權的文章。但我們時間有限，我覺得他還有滿肚子的話想說，便邀請他晚上跟我一起吃一頓簡餐。

他果然是有故事的人，跟我分享了他的經歷，說像我這種來自大都會的人，比如紐約，需要知道在許許多多小地方、在都市發展沒那麼發達的地方，依然很落後。落後是指他在十幾歲時坦白了性向，父母便將他送去矯正性向，當他堅持不要再被羞辱，要終止那荒謬的療程，他們便斷了給他的財務支援。他自己付學費，不是因為家裡拿不出錢。他就事論事地平靜細數這一切，沒把自己當作遭受嚴重不公平待遇的小可憐，不時展露出他在專業領域的如魚得水，訴說他念大學的收穫有多豐富、多愉快。他告訴我，他申請了一位美國參議員的辦事處實習職務。我跟那邊的人還算熟，自告奮勇要寫封電子郵件幫他美言幾句，後來我遵守了承諾。

他的看板可能會寫：「父母的愛是有條件的，因條件而變成禍害。」

我看得見這些廣告看板，有些是因為我現在看世界的角度變了，也有的時候是因為別人知道我的看板內容（視力受損，以後可能失明），便亮出自己的看板給我看。我在二〇一八年年底時去過一間拉斯維加斯的餐廳，那裡的經理便是一例。

我很喜愛拉斯維加斯毫不掩飾的庸俗與奔放不羈，便去那裡散散心。我的朋友凱利也去了，跟我消磨了幾天時間。有一天，我們去了一家距離賭城大道很遠的餐廳吃晚飯，就是那種規模小小卻很有抱負的餐廳。由於我以前是餐廳評鑑員，所以他們可能聽過我的名字，當我預訂桌位的時候，他們絕對發現我的身分了，因為開始用餐不久，餐廳的一位經理便來到我們的桌位，特地來跟我打招呼。

「我知道你是美食大師。」他打趣道。「但你真正對我意義重大的文章，是關於視覺的那一篇。」他說他的眼睛隨時都在「動來動去」，病根是一種終生疾病，病情只會以無法預料的速度，在未來的歲月裡惡化。他說得又急又緊張，有些地方我沒有聽懂。但我謝謝他跟我分享，說我很遺憾他生了這樣的病。

他那一番話停留在我腦海。那天晚上我想著他的事。隔天早上還在想。如果他願意的話，我想多了解一點他的故事。所以我打電話到餐廳，他不在。但另一位經理給了我那個年輕人的電郵信箱，我便寫信聯絡他，跟他約好了在電話上談。

他名叫丹尼，蘇格蘭人，相當優秀，但你得刺探一番才會曉得。他說，母親懷他的時候並不順利，由於出生的時間比預產期提前太多，眼睛尚未完成發育。於是他的眼睛「從這邊轉到那邊，就像在打轉一樣。正常人的雙眼可以聚焦在某個東西上。但我永遠不行，因為我的眼睛老是在打轉。要是我累了，還會轉得更嚴重。」他眼中的世界搖搖晃晃，逼得他有時必須閉上眼睛一段時間，讓眼睛和大腦休息一下。

他小時候動過手術，情況略有起色，但改善有限，也無計可施。他可以閱讀，但必須坐在黑板前，鼻子得埋到書頁間，臉要超級靠近電腦螢幕。他便這麼做了，儘管會被其他小朋友嘲笑。他很習慣被人揶揄，但沒有別的選擇。他必須閱讀，因為必須學習，要是不學習，他的人生怎麼辦？

雖然閱讀不易，在快餐店，他會點以前吃過、確定店裡有賣的任何餐點，因為他看不清高高掛在櫃檯上方的菜單，但他可沒有思考障礙。他可以吸收大量的資訊，尤其是口語資訊，然後記在腦子裡。「大概是如果你在某方面的能力很差，另一方面的能力就會變強。」他說。「我的記性超好的。」

他念完高中、念完大學。然後對服務業產生了興趣，決心要豁出去，好好冒個險，便去了美國那一座可說是服務業之都的城市，攻讀飯店管理的研究所課程，也就是拉斯維加斯的內華達大學。

他作出這項決定的一大原因，便是他受損的脆弱視力。他說：「我只是在想，我可以活在對視力的恐懼中，自憐自艾，過著備受保護的失色人生，但那樣我永遠不會快樂。或者我可以把握人生。何不搬去美國，盡力闖盪事業，畢竟拿出三十年的光陰來實現目標，是我以後可能不會再有的奢侈選擇。」

我們相遇時他三十歲，他很感恩一切順利。他的學業成績優異，優異到他在畢業典禮時上臺演講。他協助管理的黑羊餐廳聲譽卓著。他擔心等到（不是如果）視力不行了的那一天，便必須離開餐飲業，所以他作了一些調整，在幾間律師事務所當不支薪的實習生，預先為可能的下一步鋪路。他無法想像失明了要怎麼當餐廳經理或餐廳老闆，那失明的法學院學生跟律師呢？也許可以，只是也許。

如果說還有什麼能讓他鬱悶，他告訴我，那便是他不能開車，必須完全仰賴城市裡的大眾運輸系統，大眾運輸系統不發達的地方，就要靠朋友的善意。如果不會超出預算的話，偶爾也會叫優步（Uber）或來福（Lyft）的車。有些工作機會是一定要放棄的，因為從黑羊搭乘大眾運輸工具往返那些地點會超過九十分鐘。有一些他不得不拒絕的社交邀約。他提到自己不會有開車接女生去約會的社會主流經驗，在高中時沒有，大學時沒有，而且一輩子都不會有。他記得在成長過程中會玩模型車，房間牆壁上會張貼著汽車海報，後來他問大人自己以後能不能開車，大人告訴他：「機會渺茫，機會渺茫。」他牢記在心的是「機會」，不是「渺茫」，到了可以考駕照的年紀，他便去眼科確認自己有沒有考照的資格。眼科告訴他，沒有。他的視力實在不夠好。

這是低潮裡的最低點，卻不是最後一個低潮。他在生活上確實會碰到困難，但也有調適的方法，他跟我分享了其中一個。「這聽起來很土。」他說。「我會看一看存在手機裡的照片。」有的是他在畢業典禮演講，有的是他在夏威夷，那是一趟他不能錯過的神奇旅行。還有小時候跟母親的合照，母親是他深愛的人。他會端詳這些照片，跟自己說：「不要這麼愛哭了。」

他相信人生總會有幾個轉機。疫情導致餐飲業從業人員大量失業，但在疫情開始之前不久，他得到一份更棒，也更重要的工作，在拉斯維加斯一個迅速成長的餐廳集團擔任服務總監，這個餐廳集團不但挺過了二〇二〇年的停業及封城，還在二〇二一年的年底持續擴張。他因而可以搬到新公寓，可以走路到那兩家餐廳，再也不必花九十分鐘通勤了。

「我有值得感恩的事物。」他告訴我。「我的狗！狗狗是我很感恩的對象。要是沒有我，牠該怎麼辦？」丹尼說他一直以來都想要養狗，還是特別溫馴的狗，一隻巴哥犬，大概在我們萍水相逢的四年之前，有一天，一位臉書朋友貼出一隻巴哥犬的照片，那是她妹妹的狗，剛剛生了一窩小狗狗。

「這是神蹟！」丹尼心想。他認養了一隻。

「這是我這輩子做過最蠢也最棒的事。」他說。「我的錢全都花在狗身上了。但只要我心情不好，都是牠帶我走出來的。

「小傢伙。」丹尼說。「牠的名字是小傢伙。」

)•(　)•(　)•(

我在拉斯維加斯的時候接到一通電話。我爸爸跌倒了，不是一次，是兩次。他失去平衡，失去重心，摔倒在地，想要爬起來又有困難，在生理上及精神上都是。他住院了，接受醫生的檢查。他的妻子說，他的狀態很穩定。醫生不認為他有任何迫切的危險。但她很擔心，我爸也很擔心。

我取消了在長島東部待幾天、跟朋友們歡度新年的計畫，安排去亞特蘭大的航班，他們邂逅時，他的妻子便住在亞特蘭大，也是他們倆在天氣冷的那半年的居住地，到了差不多復活節的時節，他們就會返回紐約市城郊，住在我爸爸長久以來的住家。我到的時候，爸爸已經出院，但仍然需要返回醫院治療腦震盪，而我會陪他去，跟醫生交代他頭腦不清楚或健忘，詢問他已經想不到但應該問清楚的事情，驚訝於父母與子女的角色，隨著歲月流逝，幾乎免不了都會反轉。這個人真的是我老爸？

對，那真的是我爸，而我很害怕，因為我始終不相信自己有能力照顧好自己，更別說是照顧別人了。但這也給了我一種特別的熾烈暖意，因為我意識到自己在償還恩情，履行一個不曾明言的承諾，以行動展現任何言語都不會有的鏗鏘有力，向他表明：我來幫你了。我感激你。我愛你。一切有我在。

幾週後，醫生判斷他需要心律調節器，他會安裝，而他那個每天都分成日、夜兩格的七日份藥盒會變得更擁擠、色彩更繽紛、幾何形狀也更多：白色的圓形、白色的鑽石形、藍色的橢圓形。那是在我走了以後的事。

但我除夕夜的時候還沒走，他跟妻子要去一家高級而昂貴的亞特蘭大鄉村俱樂部，跟另外兩對夫妻共進晚餐。他們堅持要我同行，一個五十四歲的小伙子混進一群七老八十的人裡面。我們三人最早抵達俱樂部，被帶到一間豪華的等候室，那裡有挑高的天花板，華麗的木雕，巨大的東方地毯，還有安裝了洛可可式畫框的繪畫，倒是沒有財大氣粗的感覺。我們的雞尾酒是裝在厚重的玻璃杯裡端來的，我太過猴急地拿了馬丁尼，啜飲起來，感受那美妙的燒灼感，想著這地方、這一刻、這酒，就代表了這個世界上的無憂無慮。

但當然，天底下沒有這種地方，也沒有這種狀態。另外兩對夫妻來了，我們便被帶到正式的餐室，我乖乖地跟大夥聊天，禮貌地關心他們的生活。但在那裡，就像在南部那一所大學的會議室，我跟以前不一樣了。我更聚焦在當下、更大膽。我提出更好的問題，聽進更多的答案。

其中一位女士說，她跟丈夫兩人「合計有七個小孩」。合計？原來他們就像我的鰥夫老爸與他的離婚妻子一樣，兩人都是再婚，但兩人都失去了之前的配偶。那位女士告訴我，她的丈夫死於黑色素瘤時才三十幾歲，他們唯一的孩子是女孩，那時只有一歲。那位男士的妻子死於四十四歲。他沒有說死因。就這樣，他成了六個孩子的單親爸爸。

我提起自己的人生看板理論，相信只要每個人都看一下別人扛著什麼樣的重擔、在壓制什麼恐懼、在隱藏什麼傷疤，便不會把自己的不幸與不快當成天大地大的事，也會更能夠理解別人的心情與惡行。一整桌的人都在點頭。

一位女士記起有一天，她在一家店鋪裡，有一位不爽的顧客發了脾氣，對收銀員大吼大叫。附近的人都看呆了，那人離去後，紛紛說起那個人太混蛋。有一個剛好認識他的人沒有跟著罵，解釋前陣子他的女兒才剛死於車禍。那個大聲叫罵的男人不是惡霸，也不粗暴。他是哀痛得情緒暴走了。

「用微晶片吧，」另一位除夕大餐的成員說，「別用廣告看板，換成微晶片。微晶片植入我們每個人體內，你把智慧型手機舉在前面，就可以下載裡面的資訊。」這裡有一位心碎的父親。那裡有一位悲慟的寡婦。有傷心、有恐懼、有困惑。將這些都納入考量，不只是用在評估別人，也用在評估自己。

來說一個我新聞生涯的祕密，從中可以看出我的自我懷疑與怯懦，而這種性格也影響了我整個人生：在拿起電話、打給即將採訪的對象之前，我必須穩住自己。我得做幾次深呼吸，我擔心問錯問題，至少是怕自己的問題不對，或是問法很笨拙、丟臉。假如即將交談的對象很有名或是資歷顯赫，我就會害怕。我很多上午十一點的訪談是在十一點零二分開始，許多下午三點的訪談是在三點零三分開始。不是我做事馬虎或遲到，而是我需要多花那幾分鐘深呼吸，這些深呼吸很重要，值得我付出代價，為我的稍微延誤道歉。

但我打給亞倫．克魯格的電話應該是準時的。我們在電話訪談之前不久，便用電子郵件溝通了幾次，而他的態度和藹可親，令我很自在。克魯格當時是在普林斯頓大學教書的經濟學者，曾是歐巴馬總統的經濟顧問委員會主席。他首開先河，研究最低加薪幅度的效應，研判那不會讓老闆手下的員工變少，也不會降低就業率。

耐人尋味的是，他也從數據分析，對苦與樂下了結論。他發現，失業不是只會引發精神壓力。求職者回覆他們有實際的疼痛，吃的止痛藥會變多。至於幸福，根據問卷調查的數據，他分析出促進幸福感的最佳方式之一，是跟朋友消磨時間。他們常常不顧工作了一週的疲憊，出席其實想要推辭的聚會。

我在二〇一四年年底找上他，當時我在寫書探討美國人對於名校的執著，比如普林斯頓，那一年春天我正好就在普林斯頓擔任客座教授。克魯格跟數學家史黛西・戴爾計算了就讀這種學校的經濟效益，而他們研判效益被高估了。克魯格的電郵信箱是公開的，所以我寫信詢問，能不能跟他在電話中討論那一項研究。為了破冰，也為了提高說服力，我提到自己在普林斯頓當過一陣子的教授。

他隨即回信：「你隨時都可以來我的課堂上講課！」他說，他很樂意跟我聊他的研究，但不好意思，沒辦法馬上討論，因為他人在義大利，等義大利之行結束，還要為女兒大學畢業的相關事宜忙上幾天。「我們星期三或四訪談好嗎？」他問。「還是那太晚了？」我很明確地感受到，要是我說不能等，他會設法早一點滿足我的需求，別管義大利，也別管畢業典禮了。

我下個星期三有空，那便是我們訪談的日子。他客氣到極點，友善到極點，耐心到極點，美好到極點。他的一席話成了我書中的內容，那本書在隨後一年出版。每次在新聞裡看到克魯格的名字（時常看到，因為他對記者實在很慷慨）我都覺得暖心，我甚至還有一點點迷戀他。有時，他的名字會跟照片一起出現，原來他不僅優秀、和善，還很帥。有的人就是人生勝利組。

在我那一頓亞特蘭大的除夕大餐之後不到三個月，也就是二〇一九年三月十六日，克魯格過世了，得年五十八。他步上波登和絲蓓的後塵，終結自己的生命，但手法不曾公開。

歐巴馬發出聲明稿，追憶他是「永遠掛著微笑、很溫和的人，即使在他指正你的時候。」跟我一樣在《紐約時報》寫專欄的保羅．克魯曼，是拿過諾貝爾獎的經濟學家，跟克魯格一起在普林斯頓教書，他寫道：「我跟亞倫也算很熟了，完全看不出他有做這種事的徵兆。」

後續推特貼文中，在克魯格從經濟顧問委員會主席的職務卸任後，緊接著輪替上任的貝西．史帝文森則提到了克魯格對痛苦的研究。「現在我明白他也在痛苦之中，或許他是透過自身的痛苦去思索別人的痛苦。」她寫道。

「真相是，」她又說，「我們每個人的痛苦，通常都比外界所知的多。」

第七章

揮別馬諦斯陰霾

意料之外的磨難帶來不同的反應。瑪莉詠・雪帕德漸漸失明時，眾多反應輪番上陣。她可憐自己，痛哭了很久，因為這真是豈有此理——不公平。從小她的聽覺就出了毛病，在學校操場忍受別人的譏笑。她付出的代價還不夠重嗎？痛苦的時間還不夠長嗎？她憤恨難平，覺得天道不公，專門找她麻煩。她顫抖著。一切都完了，是吧？不是生命走到盡頭，而是從此不能夠獨立，不會有自由。至少，這是她害怕的事。

她沉溺在這些情緒裡好幾個月，直到她意識到自己被情緒所困，不能動彈。時間一直向前走，而她在原地踏步。她的選項很清楚：要嘛向黑暗低頭，要嘛跳舞。她選擇跳舞。

我在某個星期一早晨見到她的時候，她就在跳舞。「視野（Visions）」是一間非營利的社會服務機構，他們在曼哈頓為盲人開設了社區活動中心，那便是我見到瑪莉詠的地方。瑪莉詠當時七十三歲，帶領一週一次的排舞課程。她在教導十幾位學員跳滑步舞等廣受喜愛的舞碼。但實際上，她是在教導學員快樂起來。她在教導他們不要因為人生給了他們自閉的理由，就真的封閉自己，不要低估自己，不要退縮。那些事她以前全做過，結果白白浪費了那一小段生命。

「各位女士、先生，請注意我這邊！」她在音樂聲中嚷道。大部分的學員年齡在六十歲以上，視力退化時已是成年人，記得以前比較輕鬆愉快的日子。她告訴他們：「我們只是眼睛不好，照樣做得到很多事，其中一件就是跳舞。」她下巴抬得高高的，肩膀向後拉，胸部向前挺。

「我們要動起來。」她繼續說。「你們知道為什麼嗎？因為我們活著！只要我們還活著，就要動起來。」

我會認識瑪莉詠，是透過視野的執行長南西．米勒。一天，我們在距離我家幾條街的館子吃早餐，我問南西她的單位有沒有什麼專案或是人，特別能夠打破世人對身心障礙者的刻板印象。

「我的舞蹈老師是視聽障礙者，她七十幾歲。」南西說。

「妳的舞蹈老師？」我懷疑。這突顯了我對視野宗旨的無知。

我去瑪莉詠的舞蹈課，跟她以及她的學員們交流，學員都是喜愛跳舞的忠實學員，從他們互開玩笑的輕鬆自在就知道。瑪莉詠是一位嬌小的黑人女性，體格健康，頭髮理得極短，兩鬢飛白，看不清學員的臉（他們也看不清她的）但他們可以從彼此的身形、步態、聲音認出誰是誰。瑪莉詠的助聽器只夠讓她大致聽出附近的人說了什麼。她憑著這麼一點點的資訊，做了很多事。

她不足的視聽能力，便由豐沛的魅力與勇氣彌補了。她短促有力地用「寶貝」、「甜心」稱呼許多學員，以刺耳的大嗓門在課堂上喊出指令：「向右！向左！後退！轉轉轉身！」將教官跟救生員融為一體，外加印在心型糖果上的那一種甜蜜辭令，那就是瑪莉詠。

上課地點是在一間樸素的地下室，格局都已經烙印在她跟學員的腦海中。瑪莉詠要用音響播放音樂的時候，就把雷射唱片放在阿拉丁超級閱讀器（Aladdin Ultra）下方的機體上，機器的作用就是超級大的放大鏡。如此，唱片盒上的字體就會大到足以讓瑪莉詠辨識。失明有等級之分，在許多盲人眼中，比如瑪莉詠，世界不盡然是雲霧，只是非常、非常模糊，糊到構成可怕的挑戰，逼得人想出精明的變通方法，即使有時那些方法令人困窘。

瑪莉詠用手指「閱讀」音響上的控制按鈕。她用雙手判斷學員的動作是否正確，整個人站在學員背後，憑雙手的觸覺確認學員的腰彎到什麼程度、踢腿的幅度有多大、轉身是否轉得完整，還有學員擺放手腳的精確位置。視力稍微好一些的學員會自動幫忙視力較差的人，這是他們不曾明說的默契。

但有時候，會有人請求援助，就像瑪莉詠要用點名簿的時候。「幫我個忙。」她對站在附近的一位學員說。「我需要你的眼睛。可以借用一下嗎？」

四十幾歲時，瑪莉詠偶爾會經歷駭人的視覺障礙。醫生診斷是視網膜色素病變，一般發作的年紀會比較早，就像胡安．何塞那樣。雖然瑪莉詠失明的時間一併延後了，卻一樣會失明。然而，這絕對不是她第一次面臨意志力的考驗。瑪莉詠不曾跟我細數過她的不幸，但她的女兒蔻可達．雪帕德告訴我了，想證明她母親的堅強。瑪莉詠這輩子幾乎都待在紐約市布朗克斯區，目前仍然住在那裡，據蔻可達說，瑪莉詠不曾真的認識父親，母親過世時年僅十四歲。儘管親戚們出面幫忙，瑪莉詠就像個家長一樣照顧弟弟妹妹。

她念完大學以後，工作幾十年的地方正好是《紐約時報》，只是我們沒在報社認識。她最早是打孔機操作員，後來是書庫事務員，在五十出頭的時候離職。當時，她的視力已嚴重惡化。

起初，視力衰退對她的打擊很沉重，部分是因為瑪莉詠向來就是積極主動的人，相當獨立，又樂於助人，不需要別人伸出援手。她感受到自己並不熟悉的無力感，還有以前被同學譏笑的脆弱感，她還以為自己早已甩掉了那種心情。

「我真的嚇壞了。」她告訴我，那股恐懼凝聚成一個反覆出現的念頭：看不見陌生人靠近我的話，我會被搶劫的。她也認定了：別人會改變對我的看法，對待我的方式也會變。這是她無法忍受的。因此有幾個月時間，視力衰退的她幾乎不出門。那不是她刻意安排的暫時休息，不是為了給自己重新振作的時間，不是打定主意在拖得太久之前便結束足不出戶的日子。那是不在計畫中的全面退縮。那是一種窠臼，很深，令人坐困愁城。

然而有一次，她難得被哄得踏出公寓，出席了一場社交活動，正好有幾位盲人也去了，但他們並沒有真的融入人群，這點她一目了然。這群人很安靜，整個人都在退縮，畏怯的氣息籠罩著他們。他們退出舞臺區，閃到一旁躲著，在瑪莉詠看來，他們並沒有因此得到想要的安全感與平安感，那看來像是自我放逐。看著他們，她意識到那便是她自己的寫照，這領悟令她膽寒，比重新回歸社會的挑戰與風險更令她害怕。「我心想：『不會吧。』」她回憶道。「我以後就要過這種日子嗎？這可不行。」

只要我們還活著，就要動起來。瑪莉詠動起來了，還是大動作。她收拾起對失明的彆扭態度，不但接受了自己需要使用手杖，讓旁人一看就知道她是視障人士，她還跟手杖交上朋友。「我總是說假如哪天我有了兒子，就要叫他泰瑞克，而我沒有兒子，所以我的手杖就成了泰瑞克。」她告訴我。「泰瑞克是我最要好的朋友。」

只要我們還活著，就要動起來。排舞是她長久以來的興趣，她開始參加視野舉辦的活動以後，認識了南西，提出想要帶一個排舞班級的想法。南西答應了，條件是瑪莉詠必須留得住學生。瑪莉詠很快就做到了，帶課超過十年。她認為主要的功臣不是歌曲〈火辣辣〉〈丘比特曳步舞〉〈界線模糊〉，關鍵在她的教學宗旨：她是在學員們住家以外的地方，打造一個難得的環境，讓盲人不受制於身體的障礙，不必戒慎恐懼，可以開開心心地在場地上活動。

我旁觀了瑪莉詠的兩堂課，在兩次的課堂上，她都指示原本排列成平行線的全部學員圍成一個圓圈。一個接一個，每個學員都要輪流到圓圈中央亂扭亂動，其他人則拍著手、出聲鼓譟、跺著腳，以示嘉許。

瑪莉詠也會到圓圈中央。她從站姿一個旋身便蹲下，這樣扭扭、那樣扭扭，確實是動來動去，沒有參照任何舞步，不遵從任何舞碼安排。她隨興而動，怎麼開心怎麼來。

⁂

人生會遇到叉路，一個作出抉擇的時機。這是瑪莉詠的故事裡引起我注意、印象特別深刻的其中一個細節，因為跟其他在人生中面臨了嶄新限制的人的故事，極其相像。我不禁想起了在湯姆跟我分手後，我走過的那個叉路。瑪莉詠走到一個十字路口，看是要向悲傷與恐懼低頭，還是主動採取實際行動，超越那些情緒。她採取了行動。

當然，有些人在艱難的處境下是無法行動的：事態嚴重到他們招架不住，或是他們內在的調適機制毀損了，一切都得靠身邊的人出面，或是仰賴別人的慷慨。但從我的見識去推測，有更多的人決定了自己要走哪一條路。根據我的觀察，這些人要嘛經歷一個關鍵時期，一個抽離的階段，召喚出意志力，走向陽光燦爛的地平線，要嘛沒有。

且容我修正一下：這樣的關鍵時刻可能會有好幾個。一連串的叉路。叉路可能是不尋常的身心磨難的產物，也可能是正常老化造成的損耗。叉路出現時，你會受到試煉，要嘛認清人生在世就要積極進取，要嘛輕易被小事打趴，哪裡都去不了。我的朋友多麗便是典範。她採用的信念是——別盯著那個坑洞。大步向前走的堅決意志，即使她的雙腿不像以前那樣合作無間。

當我閱讀《紐約時報》同事約翰．利蘭寫的關於老化的書，便想起了多麗跟瑪莉詠。這兩位女性都證明了書名大膽昭告天下的事：《幸福是你自主的選擇》＊。約翰花了一年時間，採訪並結識一群年齡至少八十五歲的人，他們就跟所有同齡的人一樣，經歷了明顯的身體退化或深切的哀傷，或兩者皆有。「他們都有一去不回的事物：活動能力、視力、聽力、配偶、兒女、同輩、記憶力。」約翰寫道，接著說他們對這些事情的反應是作出一個決定，一個選擇。「吃了藍色藥丸，你會哀嘆令你與眾不同的鮮明記憶與昔日的工作，都從你的生活裡消失了；吃了紅色藥丸，你會感恩你喜愛的人仍然留在你的生命裡。你可以去逛博物館，一邊心想我被困在輪椅上，跟一群半聾的老人在一起。或者你可以想著，是馬諦斯的名畫耶！」

約翰說的就是一條叉路，你可以投入生活或脫離生活，積極或消極。而他讓我想起了多麗跟瑪莉詠之外的另一個人：我母親，萊絲麗．芙萊爾．布魯尼，死於一九九六年，享年六十一，她與癌症共存的時間，比她的醫生對同一種癌症病患的預估值要長，至少是別人的兩倍。

即使是在媽媽確診癌症之前，即使回溯到我們手足還是小孩子的時候，她都抵制烏鴉嘴、失敗主義跟晦暗的心情，而且她的手段（原諒我，老媽）會惹惱我。她熱愛老掉牙的俗話跟虛偽的歌曲。她對高高在上的哲理沒耐心，偏愛以警句、旋律甚至兒歌的形式所闡述的人生道理。比如她叫我們不要操不必要的心、不要不開心，都是完美的例子。

她會背誦威廉・休斯、米恩斯一八九九年的詩〈安提哥尼什〉（Antigonish）的第一段，還斷章取義，拿來不耐煩、不客氣地指責別人不應該編造或誇大問題：

昨天，在樓梯上，我
遇到一個不存在的男人！
今天他沒有再次出現，
希望他已經走了！

媽媽對悲觀的指責還要更不耐煩、更不客氣。她引用的是一首一九四四年的歌曲的開頭，這歌會默默吸引人朗朗上口，你逃都逃不掉。她會清唱著強調我們要積極正向，不要負

---

* 《Happiness Is a Choice You Make》，中文版書名為《老年的意義：我和那些老人共處的一年》。

面消極，別招惹〈中間先生〉（Mister In-Between）。這全都在歌曲的第一段就交代完畢，謝天謝地，她不會接著往下唱。

在她過世多年後，我特地查了完整的歌詞，得知要是她繼續往下唱，接下來的兩句便是散播歡樂「到最高點」，將陰鬱壓制到「最低點」。多麼貼切啊：儘管是傻氣的陳腔濫調，媽媽散播歡樂，打壓陰鬱。她在被宣判死刑之前便是如此，被宣判死刑之後更是如此。

一個可怕的巧合是，她跟我們家的一位朋友，一位幾乎跟她同齡的女士，兩人在差不多的時間確診了差不多的癌症，病情展望也一樣慘。媽媽決定要克服萬難，同時，她會擠出不可或缺的堅強，盡力過著充實圓滿的生活。她的朋友則兵敗如山倒，結果比媽媽早走了好幾年。這樣的差異大概有病理因素，但我不認為那是唯一的因素。媽媽堅強不屈，上帝愛她，因為她是那麼重視那該死的積極，牢牢抓住那做作的正向。

當她做了多次化療，頭髮開始稀疏，她把選購假髮當成消遣。當療程令她虛弱或是反胃，她會給自己幾個鐘頭的時間，也許小睡片刻。然後，一旦恢復動力，便重新展開她的那一天、那一週、那一個月。在她看來，還有反抗能力的時候，即使那能力只剩下微乎其微的一點點，也不能容許癌症削弱，否則癌症便贏了兩次——一次是縮短她的生命，另一次是糟塌她剩餘的生命。她決心不給癌症這樣的雙重勝利。

她繼續打高爾夫，她繼續下廚。我要是回家多住幾天，她一定會把我愛吃的菜全都做上一輪，還會不時跟我上館子，把我最愛的餐廳都吃一遍。用不著我開口，她便會這樣做。不管她是不是戴了假髮，不管她天生的頭髮是直髮還是因為化療而變捲。她做的千層麵總是加了很多肉，口感柔細，烹煮的分量足以讓人吃上第二份、第三份、第四份，然後還有剩。癌症讓她消瘦，她則養胖我們所有人。

確診幾年後，爸爸擔任資深合夥人的會計師事務所將他從聖地牙哥的分公司調到紐約市的分公司，儘管媽媽喜愛加州南部跟她在那裡的醫生，但還是搭上飛機去找新房子，隨即採取行動賣掉舊房子。有時她動作必須比以前慢，於是便減速慢一些，雖然是老大不甘願，但日子照樣過，生活還得繼續下去。她跟爸爸跨越美國，搬到西徹斯特郡的社區，就是後來在新冠肺炎疫情開始時，我曾經跟他同住、照顧他的地方。她重新整修廚房跟幾間衛浴。她堅持要為布魯尼家族準備聖誕大餐，總共有二十多位吃貨，菜色比平時更豪華，用威靈頓牛肉做披薩，每一片披薩都有一圈鵝肝醬。爸爸困惑地問是不是應該雇用人來當服務生，幫忙分配食物跟事後打掃。媽媽不肯。

我算不清楚她做了多少次化療。手術只有兩次。第二次時已經接近她人生的尾聲，手術後的她空前虛弱，連一段樓梯都走不完，需要中途停下來喘氣。她看《法網遊龍》不到三分之一長度就在沙發上睡著，撐不到真相大白跟定讞。她（容我倒抽一口氣）會叫爸爸買外賣回家。但她堅持得夠久，見到第一位孫字輩降臨，是一個繼承了她名字的女寶寶，於是她決心活到第二個孫字輩誕生。

她也辦到了，不過只勉強跨越了終點線，在繼承了我父親名字的男寶寶誕生後不到一週過世。她留在人世的時間夠長，來得及在他的額頭上印一個吻，最後再聞一聞新生兒那獨一無二的奶味，用顫抖、無力的手臂把他抱在懷裡。

母親辭世後我日日思念她，思念了很多年。中風後我每個小時都想到她，想了幾個月。我將自己遇到的小小挑戰跟她承受的磨難相比，誓言以她的樂觀與持久力為標竿，評估自己應付挑戰的表現。她沒有陷入憂思，那我又怎麼可以？我踏上了跟她同一條路，畢竟她已經示範給我看過了。

我選擇了她會選擇的每一條路。第一次的臨床試驗？她必然會說好，第二次的也是。她會表現得可圈可點，所以我也盡量，重點在於「盡量」。有很多次我都沒做到，有很多次我以為自己拿出了無比的勇氣，朝著更樂觀、更堅定的方向前進，卻發現自己踩著蹣跚的步伐，走上了顛簸的路途。有很多次我磕磕絆絆，也沒少摔跤。

假如我給人的印象是不太自憐，那其實不太對。實際上（我相信幾乎每個人都是如此）

建設性與破壞性的衝動同時存在於我的內心，而我學會了從裡面篩揀出可以拉我一把的決心，讓悲傷沉下去。接受無論在哪一刻，我們都無法預測或控制即將發生的事，但悲痛的強度是可以降到最低的，頻率也是。坑洞就在那裡，我憑著意志力克制自己，不凝視坑洞太久、太認真。我可以訓練從馬諦斯陰霾中拉出來。在抵抗哀傷的爭鬥中失敗一次，不代表你輸掉整場爭鬥。

在中風後的第二個夏季，我去了一趟義大利，參加一場工作上的研討會，好巧不巧，地點是威尼斯。義大利跟希臘一樣，是湯姆跟我攜手暢遊了很多次的國家。在我記憶中，義大利的點點滴滴主要是跟湯姆大啖美食、驅車出遊。我們喜愛義大利的原因相同：對美的推崇、人民活潑熱情。我們對這個國家有相同的揶揄：動不動就胡鬧、人民很浮誇。我們在義大利城市走長長的路，不斷對以上各項發表評論，不時停下腳步，來杯濃縮咖啡、內比歐露葡萄酒。那是我這輩子最幸福的時光之一，如今那些都成了過眼雲煙。

這一趟夏季行程是在第二次臨床試驗期間，我得帶上兩瓶乳香製造的藥水，才能照表操課地打針。在我取出藥水瓶、將藥水裝進注射器的一小時之前，藥水瓶都必須放在冰箱裡冷藏。因此，除了一小包注射器跟針頭，還要為藥瓶準備瓶身厚實、塞了冰塊的圓柱狀鋼瓶——Klean Kanteen牌的保溫瓶。

我在機場的安檢需要解釋半天，側背包裡還會放一份醫生的證明書，以防萬一。在飛機上，我得請空服員找個冰箱讓我放保溫瓶。在旅館，就得指望保溫瓶能塞得進小冰箱，不然就得按時換冰塊，讓保溫瓶的內部保持冰涼。我不禁感到喪氣，過去一向喜歡輕裝上路，細細品嘗毫無負擔地在人間飛馳而過的快意。但這回我得帶上一堆行李，保護不容忽視的寶貴藥品。看到藥品就會想起來，這些玩意兒實在很礙事。

結束威尼斯的行程後，我去了米蘭。米蘭之行只有兩天，搭一趟火車就到了，那邊的機場比較大，我可以搭價格比較低廉的航班返家。由於當時是八月下旬，義大利封城了（有錢逃到海邊的人全都逃到海邊了），我必須在住處步行十分鐘的距離內，找到可以買杯義式咖啡的店，任何店都可以。我透過Airbnb網站租的公寓出乎意料的擁塞、陰暗。這些街道很冷清，有一種陰沉感。我一顆心都提起來了，大概是因為跟威尼斯研討會的熱鬧與歡笑形成對比。

找到咖啡店以後，我注意到牆上貼了兩大張的告示，想到湯姆看了一定會笑出來，而他覺得好笑的原因跟我是一樣的。一張告示以彎彎曲曲的巨大字體，洋洋得意地宣告整個八月都營業。這張告示精準掌握了義大利的傳統精神，是張值得品味的珍品。另一張內文比較長的告示也是，非常具有義大利風格地辯解不要變成野心勃勃的工作狂，留下充裕的時間放輕鬆、找樂子。告示裡還說，下次誰要是指摘你不專業，就回他說諾亞方舟是業餘人士打造的，而鐵達尼號是專業人士的傑作。

這話實在聰明，還拿寓言跟事實來比，逗得我暗自偷笑，身邊卻沒有可以分享的人。從米蘭飛回紐約的航班上，當機長解釋我們必須在巴黎緊急迫降的原因，我拍案叫絕（他說，其中一具引擎「攝取」一隻鳥），身邊也沒人陪我一起被逗樂。沒人陪我度過在戴高樂機場的六小時。當我回到公寓，電梯卡住，我被困在裡面將近一小時才等來了救兵，身邊也沒人陪我緩解焦慮。電梯內的溫度節節上升，汗水洶洶湧出，我手邊沒有飲用水，而我半是驚慌半是黑色幽默地心想：我的醫療長征就要在這個地方、在這個時間點、以這種方式結束了。身體脫水會導致血壓大幅下降，然後——啪！——我的另一條視神經就報銷了。

兩個月後，我再一次重返紐約西奈山眼耳醫院，這是終結我半年來一週自行注射兩次的日子，得知右眼沒有改善的跡象——右眼能夠認出的字母尺寸跟字母數量都沒變，在痛苦難耐的視野測驗時，看見不定時出現的光點的能力也沒提升，家裡沒人等我回去。最初幾個鐘頭，我獨自消化這樣的消息，又隔了兩個月，我也是孤伶伶地收到一封電子郵件，郵件是通知我試驗永久終止，說那藥物對其他人似乎也沒什麼效果。我們把藥水冰在冰箱，備妥針頭收集盒，全是枉然。我們給自己打的針全是徒勞，我們的希望之光被奪走了，沒有其他的希望存在，沒有等著我們爭取名額的全新臨床試驗。全都沒了。

而我心情還可以，我很平靜。實驗原本就可能會（不，是大概會）有這樣的結局，所以專案名稱才會使用「實驗性」、「試驗」之類的字眼。試驗是基於假設，不是拍版定案的解答，我據此調整了自己對試驗的期待乃至心情。我根據穩健的理由冒險嘗試，嘗試的結果不如我意，就該放下了。

悲傷是一件靠不住的怪事，我總算學到了這一點，要是我早點知道就好了。悲傷的奇怪之處在於，等你熬過了一段時間之後，悲傷便可能會放你一馬，幸虧事實如此。儘管我在米蘭的咖啡館替自己難過，儘管我卡在自家公寓大樓的樓層之間、泡在自己的汗水裡時，覺得自己像某種烈士（像梅爾．吉勃遜在《英雄本色》飾演的極度激進人士）但在得知試驗結束時，只覺得自己就跟無數人一樣硬著頭皮穿越了困難，可敬可佩地前進。我覺得自己腳步穩健，部分是因為我已經見識過了，雖然情緒的雲霄飛車會拖著我向下疾速俯衝，事前沒有預兆或只有少許跡象，但也會帶著我向上飛升，事前也沒有預警。對此我一定要有信心，我一定要沉得住氣，而我也做到了，這還是第一次。

活得精采的人決定要活得精采，他們鎖定喜悅的方向前進。

米格爾．內里是舊金山的律師。十多年前，在五十歲左右的時候，他的左眼失明了。與此同時，雙耳也逐漸喪失聽力，失去了相當比例的聽覺，即使戴了助聽器，有時仍然聽不清別人在說什麼。他不喜歡這樣，但也不傷心。他的生理障礙令他更深入地反省人生（整個人生），而反省的結果是他深信自己的人生被施了魔法。「我的人生是童話故事。」他告訴我。

他跟六個手足在德州南部長大，靠近墨西哥邊界，父母是說西班牙語的墨西哥裔美國人，家境貧苦，父親是位自立門戶的木匠。

母親是位廚師，但不是在餐廳，而是在養老院之類的單位工作。她在當地一家羅馬天主教學校免費掌廚，當作捐獻，以減免金額並不高的學費，讓米格爾念得起這所學校。她希望兒子以後攻讀神學院、當神父。

他讓母親的希望落空了，跑去念哈佛法學院。他在哈佛認識了妻子，是一對中國移民的女兒，也跟他一樣立志從事法律工作，建立了成功的事業。他們有了一個兒子，三年後有了一個女兒。

他說，在他四十幾歲時的一天早晨，「我正在換衣服，準備去上班，然後眼前就出現一個黑影，像是鬼魂。我伸手去摸，但那不是真的鬼，是我眼睛裡的東西。是血。」他的視網膜撕裂了，醫生判斷他雙眼的視網膜都出了嚴重問題，可能危及視覺。「我做了可能有五、六次手術。」他解釋道。「他們做術前的準備工作時，在我的眼睛扎了很多針。」

我經歷過在眼睛扎一針的強烈疼痛，跟他說那聽起來像噩夢。

「這個嘛，」米格爾回答，「那也沒辦法啊。」

他終究失去了左眼的視覺，也許，這也預示了右眼未來的命運。他不能無視這個可能，也沒有無視，這便是他遇上的叉路：他可以滿腦子想著右眼失明的可能性，預作心理準備，放任恐懼席捲而來，承擔淹死在恐懼裡的風險。或者他可以動員全部的身心能力，將思緒拉到比較健康的方向。

「我很早就意識到每個人都應該已經知道的事。」有一回他跟我筆談。「人生非常短暫，有朝一日我們會變老、變衰弱，生活圈必然會縮小。我只關心當下跟我可以控制的事情，一直想著『假如』是會發瘋的。」

說「關心」也不太對。至少那不是全貌。米格爾歌頌當下、在當下歡慶的方式是積極進取，不延宕以前會拖拖拉拉的事。以前一直想著要學義大利語，所以他註冊了夜間的義大利語課程。準備跟家人去義大利旅遊之前，他便獨自先行出發，以便短暫地置之死地而後生，實際沉浸在這個新語言中。他旅遊的頻率變高，有了新的目標。他開始學大提琴，他以前從沒學過看樂譜或演奏樂器，但現在認為再不學就沒機會了，「我覺得大提琴很不錯，因為是用低音演奏的，我的聽力問題不會影響演奏。」他說。儘管已經用假餌垂釣了很多年，他為自己提高了難度（於是可以冒險）設定了釣魚時的一些條件。另外，他還給自己添了一樣釣魚行頭。

「護目鏡。」他說。

「想到又盲又聾我還是會怕。」他說。「但以目前的狀況判斷，我可以低空飛過終點線。我去過尼泊爾、南美。要是我的身體在我最後一次閉上眼睛的前一刻澈底壞掉，我大概會說：『我這輩子過得很不錯，把身體都用爛了。我沒有放棄。值回票價了。我把每一部分的身體都用到極限，也盡可能用到最久。』」

「到頭來，」米格爾作出結論，「我們所有人都沒什麼選擇。我們要嘛前進，要嘛不前進。而我想，大部分人選擇前進。」

第八章

海星與崔姬

中風後不久，我養成了一個奇怪的習慣：當我家的對講機響起，我會按下這座十層樓高的大廳開門鈕，接著就走到我家的玄關，不耐煩地等待遞送食物的人或朋友到我家這一層（七樓）。我會從前門的窺孔往外看，等著電梯門打開、裡面的人出來，我要在對方按下門鈴之前便開門迎接。我喜歡提前開門帶給對方的驚喜與此舉展現的友善。還有，我家的門鈴壞了。

但直到中風很久之後，有一天，我才意識到自己其實知道電梯門即將打開，而且是在電梯門打開之前一、兩秒就知道。這不是直覺或超感官知覺的神力，而是我以前不曾有過的眼腦協調結果，說不定以前我根本做不到這種事。由於這樣的眼腦合作，我看見了以前看不到的東西。不僅如此，甚至不用戴眼鏡就看得到。

我看到的是電梯外的數字面板：在小小的玻璃面板底下綻放光亮的數字，隨著電梯上樓或下樓而改變。這聽起來不是什麼不得了的奇事，但數字面板不是對著我家大門，而是對著跟我家大門呈九十度角的那一扇門，跟我家門口的距離也夠遠，所以無法完全看到在面板裡閃動的數字，我能看見的部分甚至不到一半。由於惡劣的角度與不理想的距離，從窺孔的小小開口能夠蒐集到的資訊只有構成不同數字的垂直線或水平線，可以看到那些線條出現或消失，再從這些線索進行推測。

有幾條水平線，那絕對是三，電梯在三樓。現在線條變了，出現新的垂直線：電梯上升到四樓了。從三變成四的時間間隔讓我知道下一次可以辨識的數字變化，必然是從四變成五，再下一次是從五變成六。而七呢，嗯，七是線條出奇稀疏的數字，是一條垂直線跟一條水平線相交。

儘管我看不太到那些線條，但可以推測兩條線交會的角度跟兩者之間的距離，而且我對電梯上升所需的時間、節奏、速度都了然於心。「現在電梯門要開了。」我對自己說。門也真的開了。

顯然在中風之前，我就可以學會或訓練自己做到這個青少年等級的室內小把戲，而且這跟視覺受損的狀態無關，我不是礙於現實才學會這個的。但我直到中風之後才擁有這項本領，可見有些大腦部位增加了工作量，以順應並彌補視覺損傷。那些部位積極進取，拿出了以前不必有的效率。我的意思並不是預言電梯門何時開啟是必要的技能，而是大致而言，進一步善用我衰退的眼睛仍然接收得到的視覺資訊是好事，而電梯的事證明了我的大腦在這些方面的進展。

我這種增強的感知能力或精進的演繹能力（我不確定該怎麼描述）在天黑後跑步時也會出現。我盡量不在天黑後跑步，原因是顯而易見的安全考量，但一年裡總有天黑得特別早的時節，有時我會忙到暮色降臨，才有空去運動。我會規畫路線，不在河濱公園跑得太遠，不在中央公園跑得太久，但有時我會想要跑到中央公園的水庫，沿著環繞水庫的騎馬用泥巴小徑跑步。這一條跑馬道的魅力在於它相對粗獷、樸素、沿路沒有長椅、旁邊也缺乏路燈，但這對我來說卻是一項挑戰，甚至危險。跑馬道照明欠佳、不清晰、不平整，有幾段路面有不易察覺的坑坑洞洞，類似月球表面。扭傷腳踝是遲早的事。

在中風之後，穿越這幾段路的難度便莫名地降低了。我無法完整或精確地描述如何在腦海中，將最淡的影子跟最赤裸裸的隆起繪製成地形圖，該橫跨一步就橫跨一步，該轉彎就轉彎，該把腳抬高一點就抬高一點，如影隨形地跟著跑馬道的弧度，微微向左轉或向右轉。我意識到跟以前相比，我做這些事情時的誤判變少，跑起來變輕鬆，一開始我覺得奇怪，然後感到振奮。我不是因為視覺在振奮，而是我的潛力。即使人生進入了後半，我們一樣有未經開發的能力，有未曾使用的肌肉，有彈性，可以成長。如此一來，要是我的視覺繼續惡化，也就沒那麼可怕了。這令一切都沒那麼嚇人。

幾十年來，科學界對主掌思考的器官修正了看法，也就是說，科學家對大腦有了新的認識。如今他們相信，大腦在人類一生中自行調整、重振旗鼓的時間與程度，都大幅超過長久以來的推斷。科學界發現大腦具備他們以前沒認出的彈性，他們偏愛的說法是「可塑性」，更精確地說是「神經可塑性」。對於受傷或生病的人，不論他們正在努力復原還是在認真調適，這都是振奮人心的好消息，可以鼓舞所有人的士氣。這表示每個人都會經歷的老化，並不是純粹讓人衰弱的過程，至少對我們的頭腦來說不是，老化是一種轉變的行動。

桑賈伊．古普塔是一位醫生，在新冠疫情期間，因為每天在CNN新聞臺露臉而聞名，有時還是每個小時都亮相。其實他是位神經外科醫生，不是感染疾病專家，就在疫情正熾的時候，他的新書上市了，內容不是疫情，而是另一個他鑽研得更深入的主題：大腦。他說明了學界對大腦的革命性嶄新評價，提起他經歷過的轉變，實際領教了那是怎麼一回事。

「我在一九九〇年代初期就讀醫學院，當時普遍認為腦細胞不能再生，比如神經元就是。」他在《大腦韌性》書中寫道，「以前認為，我們出生時配備的腦細胞是固定的，不會有新生的腦細胞。我們會在人生過程慢慢耗盡庫存的腦細胞。」但他說：「我從來就不相信腦細胞會這麼簡單地停止生長、不會再生。畢竟在人類一生中，總是會有嶄新的想法、深刻的經歷、鮮活的記憶、全新的學習。在我看來，除非你不再使用大腦，否則大腦不會萎縮。等到我在二〇〇〇年完成神經外科的培訓，已經有大量證據證明我們可以培育新的腦細胞（稱為神經生成），甚至可以增加大腦的尺寸，我們對人體的中央控制系統的看法，從此變得極度樂觀。」

老牌科普作者夏倫．貝格利在她《訓練你的心靈，改變你的大腦》書中是這樣寫的：在二十世紀最後幾年，有幾位神經科學家不願因循守舊，挑戰了學界認為成年人大腦無法改變的典型思想，一再發現真相恰恰相反，大腦保留了驚人的神經可塑性。比如，大腦可以「拓展它控制手指動作的區域，建立新的神經連結，好讓技法高超的小提琴家可以做出靈巧的手部動作。大腦可以活化沉寂已久的神經連線，像電工一樣拉新的線路，讓老房子可以滿足你的需求。」成人的大腦跟兒童的一樣，可以製造新的神經元，修復受損的區域，讓原本用於執行某項工作的區域改做別的工作，擴充或縮小不同的大腦區域來「將更多的資源灌到沉寂的神經迴路中，減少忙碌區域的活動」。

當你深入這個主題，便會時常看到前文提過的兩個詞，「神經生成」跟「神經可塑性」，但這兩個詞不能互換。學界對神經生成的看法比較分歧，基本上是指腦細胞的更新與擴充，他們對神經可塑性的見解就比較一致，就是當我們的環境、責任、挑戰有了變化，大腦便會跟著調整自己，不會停止順應異動。儘管有些研究顯示，成年人的大腦生成新的神經元時，是目的明確地迅速生產一大批，但也有其他研究質疑這一點。由於科學家不能拿仍在運作中的人腦進行這樣的實驗，只能使用其他哺乳動物的大腦，以致有些問題很難有答案，有些爭論很難達成共識。畢竟這些我們所知或信奉的觀點，是實驗其他哺乳類動物所作的推論。

那學界的共識是什麼？什麼是他們仍在爭論中的觀點？著有《神經可塑性》與《你不

可不知的五十個腦科學知識》並且為英國《衛報》撰寫〈神經哲學〉部落格的穆希卜・康斯坦迪（Moheb Costandi）告訴我：「在一九九〇年代，證據顯示成年人類的大腦含有我們所說的幹細胞，就是有能力生成新細胞的細胞，這仍然是頗具爭議性的觀點。我們知道成年人的大腦可以生成新的細胞，大腦裡有好幾個離散的幹細胞區域，看起來有在生成少量的新細胞。」

「爭議之處在於，或者說目前我們仍然不知道的是：這些新細胞在人類大腦裡真的有任何功能嗎？」他繼續說。「還是說，那是沒有在演化中完全消失的殘餘程序？這便是問題所在。這些新細胞在成年人的大腦中，可以發揮什麼程度的實際作用？」

這答案很重要，但也有限度：不管神經生成與否，神經可塑性都是存在的。這是已經確立的事實，部分是因為在我們周遭與體內都有大量的證據。當你把反覆進行的事做得更流暢，便表示做這件事影響了你的大腦。當一個老方法不再管用，所以你換一個辦法，另闢蹊徑便是由始終聰明、充滿可塑性的大腦所主導的。

「先放下神經生成的問題。」康斯坦迪說。「腦細胞可以改變它們的實際結構。它們可以長出新的分叉，廢除舊的分叉。它們可以強化或削弱現有的連結，可以建立全新的連結，並澈底廢止舊的連結。大腦一輩子都擁有改變的能力。」

一般而言，改變的能力確實會隨著年齡而衰退，但不會消失。有人衰退得快，有人慢。

我們採用的生活形態跟所作的決定，可以減緩或抑制衰退的速度。這便是古普塔的書《大腦韌性》闡明的要點，也是康斯坦迪的底線。關於神經可塑性的大量證據，他說：「我們從中可以確知一件事，就是上了年紀不代表一切就一定會分崩離析，你可以採取一些似乎有效的方法來防範老化。」

如果你保持活躍的生活形態，如果你培養豐富的人際網絡，如果你挑戰自己的腦力，如果你注重飲食，如果你規律運動且運動有一定的強度，如果你生活有意義——這一切大概都可以促進你認知能力的健康，讓頭腦靈活。這是一份有趣的待辨清單，因為跟如何充實人生的常見建議是一致的。所以說，充實的人生也是可以滋養大腦的人生，反之亦然。這當中有一種優雅又無可辯駁的道理。

二〇一七年十二月，在我中風大約兩個月後一個寒意刺骨的日子裡，我見到了大衛・塔特爾。當時他七十五歲，是資歷雄厚的傑出法官，在美國哥倫比亞特區聯邦巡迴上訴法院的任期已經進入最後幾年。（後來在二〇二一年年初退休。）上訴法院只比最高法院低一階，是許多最高法院法官的訓練場。塔特爾在一九九四年接獲上訴法院的任命，當時他五十出頭，已失明將近二十年。

除了在工作圈子裡及私領域的熟人以外，知道他失明的人不太多。儘管沒有掩飾失明，但他也情願不明言，不刻意引起別人的注意。我們長談了很多次，其中一次他告訴我：「我從來就不想當什麼『盲人法官』。」我能跟他搭上線，不是因為我在任何公開資料中看過或聽過他的故事，而是因為我有一位朋友是他的書記員之一，引介我們認識。我第一次到華盛頓特區拜會塔特爾法官的時候，朋友出來迎接我，我們約定的會談時間是在午餐，朋友便先帶我去看塔特爾出庭。所以在正式見面之前，我就已經觀察了塔特爾一段時間。

我到的時候，他與另外兩位法官已經就座，正在聆聽一位律師的陳述。他們審訊的案件涉及複雜的電信事務，我根本聽不懂。於是便端詳起他來了，這位瘦削、卸頂、披著黑袍的人物，有一張和善的臉，帶著警醒、思索的神情，會轉頭面向說話的人。朋友悄悄告訴我，很多來旁聽審訊甚至是參與審訊工作的人，都不知道塔特爾看不見他們，至少一開始不會知道。從他自信的姿態、口若懸河的發言，完全沒有他目不能視的跡象。

大約四十五分鐘後，休庭時間到了，我才發現他的異狀，這還是因為我仔細觀察才看見的。塔特爾從席位走向席位後方的門時，反覆伸出一隻手，用手指摸索他右側的彎曲牆面。這是小朋友才可能會有的舉動，為了用觸摸的手感認識周遭環境，但以塔特爾的年紀，以他對法庭的熟悉程度，這便說不通了，他可是在這地方待了幾千幾百小時的人。塔特爾明顯在確認自己的位置，他要確認自己在返回辦公室的正確路線上。

就像胡安．何塞，塔特爾是因為視網膜色素病變失明，也跟胡安．何塞一樣，在十幾歲時第一次收到警訊（確切地說是十五歲）。醫生告訴他，他會在往後的十到二十五年內失明。他聽完以後便放下了這件事，不然還能怎麼辦？為此煩惱、預作準備就有用嗎？他念了大學，念了法學院，娶了妻子愛蒂，養兒育女。他們活得很充實，不因為有一件天曉得什麼時候、會以什麼速度發生的事就調整他們的活動，縮小他們的夢想。

結果，事情在他三十一歲時發生了。他記得當時在滑雪（這就是我所說的充實人生），卻突然需要別人協助他下山。隨後六年，他的世界變黑、變糊，終至基本上什麼都看不見。那很可怕，摸不清方向，非常難熬。不論他打磨出的前景多麼光明，不論他對自己仍然擁有的一切培養出多少感恩，他都確實喪失了獨立性，這是不可否認、必須接受的現實。他不能一時心血來潮便走出家門在附近散步，他不能隨手拿起雜誌或書本便翻閱，他不能開車。這些全都不行，全都回不來了。

他從此以後再也看不到妻子與四個孩子，必須根據記憶中他們的模樣，憑空想像年歲增長之後的容顏。二〇一六年他在抗盲基金會的內部活動演講，提到儘管家人已經成了「如假包換的有聲藝人」，在野外漫步時描述他們經過的所有事物，「但我仍然不能親眼看到雲朵、鮮花、壺穴，也看不到我太太漂亮的白髮。」他相信自己可以根據八個孫兒孫女的聲音，以及記憶中他們父母年輕時的長相，勾勒出八個孫輩的模樣，但他永遠無法確定自己的想像對不對。

他的韌性有一部分在於他對失明抱持的態度，至今依然未變：他聚焦在自己的幸運上，幸運是我們對談時不斷出現的字眼與概念。他慶幸妻小都力挺他；他覺得自己很幸運，曾經擁有多年的視力，已在腦海裡留下了心靈相簿，不管誰在什麼時候跟他描述周遭的環境，都能透過心靈相簿來理解；他覺得自己很幸運，失明時的人類科技已經相當發達，可在許多情況下解決他的困擾。近幾十年來，語音轉文字、文字轉語音的軟體都有相當可觀的進步，有聲書跟各種聆聽有聲書的裝置都在迅速增加。智慧型手機有許多內建功能便是專門為有障礙的人設計的。

當然，這樣的科技要派上用場，也得要大腦夠靈光才行，尤其是大腦要可以游走在不同的系統之間取得資訊，以全新的方式進行整合。要是他無法訓練自己記住聽見的詞語，同時記住以前看過的字眼，科技也愛莫能助。可以說，他仍然看得見這些文字，只不過是透過大腦，而非雙眼。科學界檢視盲人大腦的視覺皮層，發現以前認為專供視覺使用的大腦區域，在盲人閱讀點字、畫圖、想像一個實際的影像時也會亮起，展現了大腦的可塑性。

而且大腦可將它接收到的任何資訊利用到極致，因此盲人的聽覺往往比一般人敏銳，聾人則是視覺犀利，能夠察覺到一般人可能不會看到的視覺資訊。許多盲人告訴我，從一個人的腳步輕重、行進節奏或其他可供辨別的聲音，就可以判斷走近的是哪一位家人、朋友、同事。（各位還記得的話，瑪莉詠．雪帕德便是如此。）大腦會用別的資訊來補足自己接收不到的風吹草動。

他們的記憶封印著別人覺得不重要的細節，或許他們也曾經覺得那些細節不重要，塔特爾正是如此。一天，我們在他的辦公室碰面，準備去五英里外的他家，一邊閒談。我以為我們會搭計程車或是叫一輛優步什麼的，他說還是搭捷運吧，比較快到，也就是華盛頓特區的地鐵系統。他對法院周邊的地圖瞭若指掌（應該已經牢牢烙印在腦海），只憑著一根白色手杖，偶爾在必要時就近問一下陌生人，便可以從法院走過五、六條街區，抵達捷運站。

他可以從聲音透露的資訊知道自己到了路口。他從記憶中知道每一個路口、車站不同區域的距離，清楚知道大概需要走幾步才可以從這裡到那裡。他不見得每次都能走出完美的直線，以致我們一邊走，我一邊緊張兮兮又害怕地提醒「靠左一點」或「往右一點」。我始終不確定他是否需要我的提醒，又覺得叮嚀一下無傷大雅。只有幾次他伸手過來拉住我的前臂，但帶路的人是他，不是我。我不知道去他家要搭哪一條捷運、要在哪一站下車、從哪個出口離開車站。我遵從他的指引，大部分時候是跟著他走。

我在捷運上告訴他，我對他刮目相看。那時我們已經混得夠熟，我知道他不會認為我講這種話是在擺高姿態，會當作是我由衷的讚美（是在直白地讚嘆人類這個物種的靈巧程度實在深不可測），我確實是在誇獎他。他滿臉都是笑意，說了一句那夜始終在我思緒裡迴盪的話，餘音繞梁至今。

「海星的腳斷了會重新長出來。」他說。「但跟人類的能力相比，那其實不算什麼。」

我開始鑑賞起盲人不可思議的成就。（在沒注意到每個人內在那隻海星的人眼中確實是很不可思議，我中風之前也是這樣的人。）我沒有刻意搜尋盲人的壯舉，便在這裡、那裡、四面八方看到相關的報導：盲人舞者、盲人畫家、盲人藝廊老闆。我偶然看到登山家兼冒險家艾瑞克．維亨邁爾的名字，他是第一位登上聖母峰峰頂的盲人，之後他把世界最高的七座山都爬完了，還在大峽谷湍急的水道划獨木舟。毫無疑問，這些資訊原本就一直存在於生活中，只是我的注意力太分散、太無知、太自以為是，不曾注意到罷了。

我右眼受損一年多一點的時候，萊思莉．斯塔爾在熱門的電視新聞節目《六十分鐘》其中一個單元介紹一位舊金山建築師克里斯．道尼的故事，他在四十五歲移除一顆壓迫到視神經的腦瘤之後失明。失明是手術的風險之一，醫生跟道尼說過，但醫生也告訴道尼，真的很少人開完刀的結果是失明。然而道尼就是那個少數。

道尼失明的狀態很極端，是陷入澈底的黑暗，諮詢的社工建議他思考其他職業選擇，但他一心一意想要做老本行。在內心深處，他深信只要決心夠堅定，能夠發揮足夠的創意，就能保住工作。對，他的眼睛是看不到了，但他的心眼可沒瞎，難道心眼不是更重要嗎？

「創意過程是靠頭腦。」道尼告訴斯塔爾。「重點在思想，我只是需要新的工具。」

他在許多失明前就已經熟悉外觀的建築裡走動，漸漸體會到聲音（走動的聲音、手杖碰到物體的聲音、別人的說話聲跟腳步聲）會隨著結構體的表面傳送，當遇到不熟悉的建築時，便可以將這樣的有聲線索轉化為資訊，或至少是進行有根據的推測，判斷這些建築的形狀，得知看起來一定是什麼樣子。

「我聽見那些建築。」他告訴斯塔爾。「我感受空間。」

至於他要繪製設計圖、要看施工計畫跟房間的平面配置，有一種印表機可以將線條印成隆起的紋路：就是建築版的點字。「印出來就是可以觸摸的形式。」他解釋道。於是，他不認為自己經歷了失明本身。他跟斯塔爾說，那只是「不同類型的視覺」。

對視力嚴重受損的人來說，有許多不同類型的視覺，而每一種視覺都直指真正的知覺中樞，知覺中樞會極其靈巧地填補空白的感官資訊。

「你不是用眼睛看東西，是大腦在看東西。」保羅．巴哈伊瑞塔（Paul Bach-y-Rita）曾如是說，他是知名的美國神經科學家，人稱「感官替代之父」。他的革命性研究是如何將視覺資訊傳遞給盲人，他的作法將是視覺看到的東西，轉譯為觸覺經驗，比如點字，或是道尼有凸起紋路的圖樣。

巴哈伊瑞塔在一九六〇年代研發的一項裝置，是將相機拍攝的影像輸入電腦，經過電腦轉譯後，以脈衝的形式傳送到一張椅子的椅背上，椅背上有一片由振動的鐵氟龍針頭構成的方陣，盲人使用者就坐在這張椅子上。這些脈衝的性質與位置與照片的影像是一致的，好讓使用者知道照片的資訊。

妮可拉·特利在二〇一七年《紐約客》雜誌的文章是這麼寫的：「遇到深色的像素點，針頭就劇烈振動，淺色的就靜止不動，使用者便可以透過背部，感覺到照片的振動。巴哈伊瑞塔找來的第一批志願者有六人，天生失明，經過僅僅幾個小時的練習，便可以分辨直線跟曲線，認出電話跟咖啡杯，甚至認出了超級模特兒崔姬的照片。」

這個笨重的裝置便是體積大幅縮水、易於攜帶的腦橋連接（BrainPort）的前身。腦橋連接是戴在盲人的頭部，方便他們走動時使用。使用者接收振動資訊的部位不是背部，而是舌頭，他們可以據此規畫行進的路線跟姿勢。（特利這篇文章的大標題是〈用舌頭看世界〉。）腦橋連接太精巧也太昂貴，在短期內，既不能也不會取代導盲犬，但在不尋常的情境中，確實可以提供至關重要的協助。維亨邁爾在幾次登山時用了腦橋連接，儘管不是締造歷史的那次登山行動。特利在文章裡提到維亨邁爾的說法：「我不會戴著腦橋連接爬聖母峰，在那麼極端的環境裡仰賴不可靠的電子設備是有勇無謀。」此外寫道：「但維亨邁爾在猶他跟科羅拉多附近一些有挑戰性的戶外登山活動中用了腦橋連接，而他很滿意腦橋連接恢復了他喪失的手眼協調。」

特利這篇文章的終極重點不是維亨邁爾、腦橋連接、盲人的試煉與成就。她的文章所強調的是，大腦的可塑性超過學界長久以來的假設，所以這些變通的方法才派得上用場。「腦橋連接用觸覺替代視覺，是日益增多的所謂的感官替代裝置之一。」她評論道。「另一種是景音（the vOICe），是將視覺資訊轉譯為聲音。其他的裝置則是將聽覺資訊轉譯為觸覺資訊，供聾人使用，或是透過聲音提供燒傷患者、痲瘋病患缺少的觸覺資訊。」

她補充說明，這些裝置「開始改變我們對大腦組織及開發的認識。」儘管以前的神經科學家喜歡將大腦區分為「視覺皮層」、「聽覺皮層」等等，認為純粹的視覺或聽覺刺激，會各自啟動對應的大腦區域，但如今越來越多的神經科學家有了不同的觀點，對大腦區域的劃分沒那麼死板，比較有彈性。一個大腦區域除了各自應有的分工責任之外，也可能肩負其他的責任。

因此，遇到路障我們會繞路。當我們腳下的地貌出現變化，腳步不再篤定，我們會調適自己，這是我們大腦迴路的天賦。其實不光是這樣，我們的情感迴路與精神迴路也在運作，將一般人體機能無法正常運作時所需的額外戒慎、額外機伶都調動出來。我在日常生活中經歷的小小勝利，跟我在更了不起的人的個人檔案及傳記裡看到的巨大勝利，通常都來自神經迴路與機伶的結合，神經突觸與靈魂的結合，兩者各自融合了不同的舉措。

⁂

「在內燃機發明之前，史上最常旅行的旅行家，同時也是最讓人跌破眼鏡的詹姆斯．霍爾曼（James Holman），在許多方面都是典型的世界探索者：他擁有融合紀律、魯莽、成就的迷人氣質，是溫莎騎士、皇家學會院士、暢銷書作者。我們很容易便會忘記他不時會跛行，還永久失明。」

這三句話來自一本關於霍爾曼的好書的引言，《世界觀》（A Sense of the World），作者是傑森．羅伯茲（Jason Roberts），二〇〇六年發行，是美國國家書評人協會獎的決選作品。而他們只隱晦地提到霍爾曼從一七八六年至一八五七年的一生中，「讓人跌破眼鏡」的部分。他是魯莽大膽的旅行家，常常青睞偏遠的險惡地點。他經常獨自旅行，還在暢銷書裡詳述這些探險行程，在英格蘭小有名氣。在英格蘭，他投入了一種報導文學領域，成為最成功的佼佼者之一，這領域不是別的，正是與視野有關的觀光。我們用sightseeing（觀光）描述一個人走訪遙遠異鄉的動機與行為，這個複合詞實在很冗贅，強調眼睛的次數不是一次，而是兩次。這些人是在觀光，霍爾曼則是以報廢的眼睛去觀光，並且寫出來。

我關注盲人作者的原因很明顯。我想知道萬一自己失明了，將面臨什麼處境。我想透過這些已經駕馭了失明的人來讓自己安心，畢竟他們的表現太亮眼，沒人會指望我做到他們的程度。我想要祕訣，我想要保障。

而我發現只有少許視覺或完全沒視覺的作者們，建立了興盛又迷人的寫作傳統，時代比海倫・凱勒要早得多，可以一路回溯到有時會被稱為「盲眼詩人」的荷馬，然而這有但書：學者們對於荷馬究竟是一位詩人還是一群詩人的爭議至今沒有定論。約翰・米爾頓在一六五二年眼睛不堪使用之後十多年，寫出了《失樂園》和《復樂園》。「有個很好的論點是他寫出了這些傑作並不是克服了失明的障礙，而是因為失明才寫得出來。」在德州大學教導過米爾頓的約翰・羅姆里奇告訴我。「他自己也是這麼想的。」

羅姆里奇說，米爾頓選擇將失明視為獲得「內在啟發」的代價。這強化了他的使命感。

或許霍爾曼也是如此。但最主要的是，他證明了塔特爾跟道尼也證明過的事，就是一個身體有障礙的人重新適應、重新調整的決心可以多麼強烈，人類解決問題的能力可以多麼強大。

我的意思是，一位失明的旅遊作家：聽起來就像蹩腳的單口相聲喜劇演員講的爛笑話的開場白。當你看不見山上青翠的針葉樹、灰白的石灰岩，無法讚嘆直指雲霄的山勢，你要如何描述一座山？如果你不能細看身邊那一張張的面孔，看不見前方大教堂那令人眼花撩亂的繁複建築，你要如何讓讀者喜歡上義大利的露天市場？

你可以分享你從別人身上收集來的資訊，施展你表達的才華，讓你篩選出來的每一部分內容，都發揮跟親眼所見一樣的寶貴功能。你可以翻查一座城市或一片風景的歷史，不是只寫明信片那種等級的平淡文字。你不能娓娓道出親眼目睹的見聞，但你可以描述自己與人交流的體驗：你偶然聽到的路人對話、不經意遇上的麻煩事。你可以留意自己的心路歷程，就跟你留意外在的旅程一樣用心。你可以從專注於表面功夫，轉向內在的小宇宙。

霍爾曼是英國的海軍軍官，生於一七八六年，在二十五歲左右不知何故失明了，在此之前從事過許多海軍工作。他拒絕將旅行當作一種景觀的體驗。當然他的拒絕是迫於現實，卻也蘊含一個道理：我在前一段話才剛提出的那些問題（關於山、關於露天市場）暴露出一種偏見。我給了視覺至高無上的地位。霍爾曼不行，所以他沒有。而他發掘的神奇世界，可能是他沒有失明便不會看見的。

以下是他本人的說法，在《環球航行：第一集》（暫譯，A Voyage Round the World: Volume I）第一章：

時常有人問我，一個看不見的人何必旅行？不如我就一勞永逸地在此回答了吧。我的答案是，每個人的旅遊見聞都是親眼目睹的嗎？每個旅行的人蒐集行程資訊的時候，難道不是有很大一部分的資料，是透過別人取得的嗎？

自然的景致我確實無福消受，然而或許就是因爲看不到，我的好奇心反而更旺盛，更想要鉅細靡遺地調查細節。其他的旅行者可能走馬看花，有了透過眼睛取得的第一印象就滿足了，我卻需要鑽研他們覺得沒必要知道的事。我沒了那個資訊器官，就必須以更精準、更可靠的手段取得資料，耐著性子進行一連串的檢驗、聯想、推論，完成分析調查，這些是其他旅行者看完一眼就不會做的事。因此，我沒有被表相誤導的危險，就比較不會草率地作出錯誤百出的結論。

霍爾曼可沒有在行程中動用富家子弟的特殊待遇，帶著一大群僕人伺候自己，拿著大把鈔票、黃金或其他貨幣來讓行程平順。他經常獨自上路，羅伯茲是這麼寫的：「他每次去別的國家，都是一句當地話也不會說。」「以他帶的金額，只能跟當地人一樣搭公共馬車、農民的貨車，騎馬或步行。」那個年代根本沒有現代的汽車，顯然也沒有飛機。

霍爾曼攀登在那不勒斯城外的維蘇威火山，當時火山正在爆發。他在斯里蘭卡（當時叫錫蘭）獵象。他勇闖酷寒的西伯利亞。他忍受桑吉巴的燠熱。他航行到巴西進入雨林，再去探索澳大利亞的內陸。他不用眼睛便完成這些行程，不時會跛行（他可能罹患了類風溼性關節炎），有時會寸步難行，疼痛不適。他就會等待疼痛消退，或是忍著疼痛繼續走完行程。按羅伯茲的計算，霍爾曼往返五大洲之間，累積的哩程數大約有二十五萬英里。僅次於霍爾曼的馬可．波羅，相形之下就像個足不出戶的人。

霍爾曼寫東西時是寫出完整的字，以一種裝了弦的裝置協助他不寫歪，每一行都是平行的直線，不會重疊。他累積浩瀚的知識，龐雜而深奧，達爾文在《小獵犬號航海記》說他是印度洋動物相（fauna）的權威。

我第一次看到有人提起羅伯茲的《世界觀》便立刻訂購，興奮得等不及收書，便循線找上了羅伯茲本人。他告訴我：「我以為我會寫出那種振奮人心的勵志故事。」結果沒有。霍爾曼不是那麼令人想要見賢思齊，卻帶來許多啟發：原來品味人生的方式有很多種，原來我們忽視的感官也很強大，原來在我們初步觀察的範疇之外還有大量的訊息，原來我們周遭的事物有許多不為人知的細節。羅伯茲告訴我：「任何人對這個世界的體會，都不如霍爾曼那麼鮮活、完整。」他又說，他很清楚這句話涵蓋的範圍有多大，而他不會改口。「對我來說，真的理解非視覺的世界有多麼不一樣（或有多複雜）實在很震撼。」他說。

他拿磚牆當例子，解釋一般擁有視覺的人，會在瞬間完成根本沒怎麼分析的視覺分析，然後貼上標籤：磚牆。也許我們會注意到顏色（紅色磚牆），除此之外就不會想到別的，反正作完分類了，就跟我們看過的所有紅色磚牆擺在一起。但羅伯茲說：「一個會伸手把磚牆都摸上一遍的人，馬上就能感受到每一堵磚牆的差異。」這人會知道牆面上所有的隆起處跟粗糙處。

或是想想一張桌子跟四張理應一模一樣的椅子。如果那些椅子的外觀類似，我們一眼看過去只會注意到椅子是一樣的或都差不多，因為我們是以視覺景像為主，我們認為那幾張椅子是可以替換的。但盲人聚焦在事物的其他層面，可能會注意到每一張椅子的個別差異，哪一張椅面比較柔軟、哪一張扶手最光滑、哪一張會極小幅度地晃動、哪一張會發出最細微的吱嘎聲。「對盲人來說，早在他們注意到事物的一致性之前，會先留意到事物的個體性。」羅伯茲說。我懷疑這會不會太一概而論、太浪漫了點，但我接受了他的觀點，心弦被撥動。

霍爾曼確實仰賴視覺以外的敏銳感官，成為聽音辨位的專家，從周遭事物發出多大或多小的回音來評估周遭的環境。比如，用手杖輕敲物體的聲音。道尼喪失視覺後，也是用聽音辨位來評估建築物。「別人是聽得到聲音，但跟盲人聽到的不是同一個等級。」霍爾曼曾經說過。「盲人聆聽時是整個靈魂都在專心聽，可以察覺最微小的變化，最細膩的音調差別。」

奇怪的是，霍爾曼的文章並不是以觸覺、感覺、味覺為主軸，這跟我想的不一樣。但羅伯茲告訴我，那不是那個時代的旅遊書寫風格。不論霍爾曼寫什麼，都會在接近開頭的地方交代自己失明，隨後便要讀者忘了他失明，讓他的敘事偏向傳統，不要那麼特殊。但這不表示他會迴避那些類型的知覺，以下這一段關於航海的文字也是出自《環球航行：第一集》，從中便可見一斑。霍爾曼強調了某些絕對不會錯的敘述，化解了我前面提過的目不能視的障礙：

> 東風平順的時間並不長，到了傍晚，東風便不再穩定，雨勢滂沱，伴隨閃電與雷鳴，夜色漆黑且陰沉，海象變動不定，船很顛簸。隨後的混亂場面只有在船上才能見識到，木材在自然之力的拉扯下吱嘎作響，還有此起彼落的喧囂，這荒謬的場面是船身傾斜、起伏造成的，四面八方的東西都鬆脫了，幾個木箱從這邊飛到另一邊，器皿砸碎，有人在叫嚷，有人在呻吟、咕噥，不時有人嘔吐，偶爾來了一次特別嚴重的碰撞時，還會響起一片尖叫。

他提到夜色「漆黑」：這是很保險的假設，但也算是一種障眼法。天色黑不黑、亮不亮對他的影響不如其他事物。「見識」這個動詞也近乎假動作。但話說回來，難道你不能見識到你沒有目睹的事情嗎？難道沒有大量的其他證據可以讓你知道當時的情況嗎？你不知道的部分可以由身邊的人告訴你。或許霍爾曼就是這樣子知道「從這邊飛到另一邊」的大型飛行體是木箱。

失明本身不是霍爾曼最大的苦惱，不是他浪跡天涯的最大阻礙。他需要解決的是失明的汙名。在那個年代的英格蘭，失明時常跟梅毒有關，梅毒會造成失明。羅伯茲說，霍爾曼為了確保別人不會看到他就怕、不敢讓他使用運輸工具，「必須讓牧師寫一份擔保書，聲明他品格高尚。」霍爾曼也要忍受關節炎的病情起伏，據羅伯茲說，病情嚴重到有一回要搭船到非洲時，是讓人把他抬上船的。

羅伯特對我解釋：「我意識到他要忍受這麼多的疼痛，唯一的辦法是把每一天都當作一道謎題。」這道謎題讓霍爾曼腦子裡只有挑戰，不會光顧著想身體的不適。「他睡一覺，醒來就要面對全新的局面，需要了解當下的情況，抽絲剝繭的過程讓他不會只注意到身上的疼痛。」羅伯茲說。「他不是在克服障礙，而是活在狀況裡。這給了他特立獨行的勇氣。」

我們當中的海星包括克里夫．馬格尼斯，他寫歌、製作唱片，事業在二〇〇二年一飛衝天，當時他四十幾歲，而歌手艾薇兒．拉維尼推出了第一張專輯《展翅高飛》，成為二〇〇〇年代的暢銷專輯之一。《展翅高飛》將近一半的曲目是馬格尼斯製作、跟人合寫的作品。而後，《美國偶像》的節目組注意到他，讓他跟節目的耀眼新星合作，包括凱莉．克萊森跟克雷．艾肯。他製作了克萊森出道專輯《謝謝你的愛》的兩首歌，於二〇〇三年發行。就在那一年的年底，他的右臉下垂了。

「事發當時，其實我正在幫克雷．艾肯錄製歌曲。」他告訴我。「他唱歌的時候，我的右眼非常緩慢地流出眼淚，我還以為是過敏什麼的。」他說，「隔天早晨我醒來時，臉的右側有一點點下垂。接下來那一週，情況越來越嚴重，最後右臉完全癱瘓。」

這是中風嗎？顏面神經麻痺？醫生被難倒了，從此他展開多年的檢驗，包括十幾次的磁振造影，終於確認有一種皮膚癌擴散到右側的顱神經周邊，將顱神經完全包覆，扼殺了控制表情的神經，不久他便不能露出笑容，想眨眼也不能眨到底。癌細胞接著扼殺從耳朵傳送訊號到大腦的神經。一年半以後，他右耳完全喪失聽覺。他事業健全，而現在他半聾。

他動了幾次手術，一次是從耳朵進入頭部，另一次在眉頭打了一個小洞，緩解並修復了部分損傷。馬格尼斯是二〇二一年初在Zoom視訊電話裡跟我訴說他的故事，他的右臉已經沒有明顯的不對稱或僵硬，但聽覺的損傷是永久的。現在他只能靠左耳接收所有的聲音資訊。

然而在他的大腦中，他從頭部的兩側聽見聲音。

一開始並非如此。他說，他記得有一天晚上，他們夫妻倆跟朋友們去洛杉磯的布倫特伍德吃館子，「我整個人都慌了，因為右側聽不到任何人聲。」他的右側鴉雀無聲，整個世界在聽覺上一分為二。他周遭的聲音完全是一面倒，他茫然若失，承認自己「當場報廢」。他不知道該怎麼做才好。

結果，他什麼都不必做。漸漸地，他傾斜的世界自動回正，恢復平衡。他開始聽得見右側的聲音，能辨識出聲音從哪來的。他說，那不是因為他的右耳重新運作，而是「我們神奇的大腦擁有不可思議的調適能力，可以重整自己來適應新的生活。」他的神奇大腦根據左耳接收到的音量跟聲音屬性，判斷聲音其實來自右側，很老練地重新分類、標記這些差異，結果感覺就像他又一次從兩隻耳朵聽見聲音。他告訴我，在坐六望七的年紀，只有一隻耳朵聽得見，他的工作室跟音樂技能還是跟以前一樣優秀。

我們當中的海星包括人數眾多的失明攝影師，他們的作品之多，每年都有失明攝影師的作品展，還有一本漂亮的大開本精裝作品集《盲人攝影師》（The Blind Photographer）於二〇一六年發行，裡面滿是洋溢著藝術氣息的照片。有的攝影師不但學會了判斷人類模特兒跟自己的距離，還可以從呼吸的細微變化知道這個人的臉是面向哪裡。有的攝影師研判光線灑落在戶外物體上的方式，是伸手去摸一摸，找出哪裡被陽光晒得最熱、哪裡最不熱。

我們當中的海星包括史坦利．瓦恩佩爾（Stanley Wainapel），七十幾歲，是紐約市的復健醫療科醫生，在二十幾歲到五十幾歲之間緩慢失明，曾經自我封閉了一陣子，懷疑自己要如何繼續工作，要如何保持活躍的生活。然而他告訴我，在他走出陰霾之後，「我養成了一個新嗜好。賞鳥。」

「賞鳥？」我說。「在我的印象中，大家都拿著望遠鏡在賞鳥。」

他說，他的太太確實如此。然後補充：「賞鳥有很大一部分是靠耳朵。最厲害的賞鳥人，可以在茂密的樹林裡聽見鳥類。」他跟妻子有點像是感官的雙打隊伍，太太眼觀四面，他耳聽八方，而他說，失明讓他的聽覺更敏銳。一個感官刺激的管道被關閉以後，他更能夠鎖定其他的管道。為了解釋這種變化，他指出：「要是醫生在聽一個病人的心音，然後聽到很細微的心雜音，這時醫生會怎麼做？醫生會閉上眼睛。」

我們之間的海星包括一位年輕人，我那篇描述自己視力如何處於險境的文章在《紐約時報》刊登後不久，就跟他見了面。他的母親看了我的文章，寫信問我要不要跟他談談。他即將展開大學生涯，準備就讀美國最受尊崇的大學之一。有一天午後，我們在我家附近喝咖啡，他跟母親向我解釋，他的眼睛從出生起便有夜盲症、複視及其他相關的問題。但一開始他的父母並不知情，因為即使他還是個學走路的小娃娃，彌補這些不利因素的手段卻相當高超，舉手投足沒有明顯可見的異狀。比如三歲時，他已牢牢記住家裡的實際格局跟細節，不必開燈也能在家裡來去自如，與視覺正常的人一樣。

儘管他的空間感知嚴重不足，打網球卻相當厲害。他告訴我，很難精確地描述他如何審視球場、得知對手的一舉一動，不過他彌補不足之處的方法，是專注在球與背景之間的顏色對比（以及球在背景上的尺寸），專注在迅速讀取對手的姿勢及細微的肢體動作，預判對方下一步的行動。他做這些事的能力超越了許多對手。

)•(　)•(　)•(

我沒有做過可以媲美以上這些人型海星的事，但我有自己的迷你版事跡。以前我沒辦法聽有聲書（是真的做不到），無論內容多麼引人入勝，無論我多努力嘗試，我走路時、開車時、用餐時、特地坐在沙發上打算心無旁騖地聽有聲書時，都無法聽有聲書。在兩句話、兩段話、最多六段話的時間內，我的思緒就飄走了。即使我命令自己的思緒別亂跑，等我意識到耳朵裡的人聲，察覺不管那個聲音在我意識漂流的那幾分鐘裡說了什麼，我都錯過了絕大部分的內容。這種事發生一遍一遍又一遍，我便認輸了。

但我中風之後又試了一次，心想萬一哪天左眼報銷了，有聲書便會是我唯一的書籍選項。或許是我有了額外的動機，或許是我的大腦啟動了某些應急措施，結果成功了。成功不是手到擒來，比如，我聽哈拉瑞的《人類大歷史》便宣告失敗，對我這種有聲書門外漢來說，人類學的奧祕實在有點太難啃。但我用耳朵閱讀熱門小說，接著換成文學小說，不到十八個月，我就可以用一．三倍速、一．四倍速、甚至一．五倍速來閱讀這些有聲書。

我現在具備以往沒有的機智跟耐性。這是關於某天晚上，我在雜木林弄丟iPhone手機才察覺的事。那陣子我出了城，去探望並照顧爸爸，並利用夜間散步的時候打電話給朋友敘敘舊，一邊閒晃。我都用耳機，手機塞在口袋裡。

一天晚上，我就這樣跟朋友凱利聊著天，一邊決定從我所在的小徑，直接穿過一片濃密陰暗的樹林，到樹林另一端我要去的路上，省得繞道。我沒注意到地面上有纏人的藤蔓、荊棘、樹根，被絆了一下，狠狠摔到地上，腦袋差點撞上一顆巨大的岩石。耳機居然還在，當我發現了，便跟凱利說真是好險啊，隨後我一步步走向馬路，還沿著馬路走了一段，察覺我們的電話連線越來越差，就好像藍牙訊號逐漸薄弱，就好像耳機跟它的訊號源越離越遠時一樣。

手機！

我摸摸口袋。手機不見了，顯然是掉到雜木林的黑暗地面。這讓我從何找起？那是裝了黑色手機殼的黑色手機，更是難上加難。

我請凱利掛斷電話再打給我幾次，以便一邊尋找手機面板的亮光，一邊聽他打來時的鈴聲。但我沒有看到亮光，也沒有聽見鈴聲，可能是因為我開啟了勿擾模式，也可能是電池原本就快沒電，而現在真的沒電了。

與此同時，我在雜木林裡走動，一邊反覆地說「嘿Siri」，希望這一招能夠讓手機亮起。

毫無動靜。

我不確定自己是否走近手機掉落的地方。在察覺手機不見之前，我沒怎麼注意自己的確切路線。我只是在草木間走動，對其他一無所知。

我考慮過隔天早上再回來，在白晝尋找，但氣象預報說晚上會下大雨，可能會下到隔天，進一步降低我鎖定正確位置的可能性。我考慮過放棄，說來丟臉，以前的我（時常在發懶、時常漫不經心）很可能真的會舉白旗。

但我很氣自己這麼粗心大意。更氣那種無助的感覺。無助感，是我中風的時候所畏懼、所反抗的感覺，現在我也會再一次反抗。我找得到手機的，該死！我會找到手機的。

假如循著原路回去找呢？我不記得自己從哪裡走出雜木林，但大概找得到自己是從哪裡進入樹林的，因為就在我原本走的那條小徑邊上，在我應該要拐彎繞過樹林的地方，我知道那條小徑在哪裡。我彎回小徑，走到底，叫自己放輕鬆，假裝是第一次穿越這片樹林，只要按照直覺跟習慣性的選擇就好，朝著樹林另一端前進，馬路要到出了林子才看得到。這些直覺跟習慣性的選擇，八成會跟剛才一致。

我就這麼走進樹林。一路上，我的雙眼（沒用的那隻跟有用的另一隻）緊盯著地面，尋找一個方方正正的長方型暗影，自然界不可能有這種形狀的東西，那只可能是我的手機。我走得非常、非常慢。接近小路的盡頭時，我找到手機了。我最早看到的不是手機，而是摔跤之後注意到的那顆大石頭，當時我還在心裡默默道謝，慶幸腦袋沒有砸在石頭上。

手機必然在那顆石頭附近。我一吋一吋地檢視石頭的四周，瞇著眼，聚精會神。在一團枝葉，或乾草或管他什麼玩意兒下面（我不是守林員，也不是植物學家）有一塊色澤均勻的可疑暗影。手機一定就在那裡，我敢打包票。我彎下腰，伸出手，果然證實了那是我的手機。

我的成功大概不是因為某一種大腦活動變活躍，不是真的出現什麼才能。但我可以預測電梯的門何時會開，在中央公園夜跑時可以明辨草皮的高低起伏，還有找回iPhone手機，這幾件事情絕對是有關連的，而這關連就是我可以察覺以前不會注意的細節。也或許，我以前只是頑固地不肯注意細節。就算是那樣吧，這也證明了當改變可以給我們最大的安慰或成為救贖時，我們便會發揮自己改變的能力。

第九章

無關李爾王

我一直瞞著各位一件事，就是我讓自己的故事跳過了一項關鍵發展。我在日落之後許久才去中央公園跑步的原因很多，其中一個我之前沒有提過，卻是主要原因，我晚上才會在城郊散步走向草木之間，而不是明智地走在可靠的傳統人行道上。是這樣的，我墜入愛河了。

你大概可以說是我自己決定要陷入愛河的。有些專門探討這個主題的書懷疑：我們是真的被愛情沖昏頭，或者根本就是自願入甕的；是愛找上我們，還是我們就佇立在那裡，張開雙臂，心臟敲擊出歡迎愛情的呼喚聲，等待愛情投進我們的懷抱。對我來說，兩者皆是。我沉浸在渴望擁有愛情的那種飽滿情緒中，一邊品味著那種心情，一邊又被嚇到向後退。我的心需要多一點活力，我的腦子裡需要少一點自己。

因此，在二〇一九年三月中旬，在酷寒的夜晚，我在紐華克自由國際機場的一座航站大樓外踱步，等待我的新伴侶抵達。她的名字是蕾根，五歲，體重大約五十磅，我知道她的體重，是因為航空公司要求填寫各種數字資料及醫療資訊，對狗籠的尺寸也有嚴格的規定。我一一照辦，遵守航空公司的指示及獸醫的建議，力求讓蕾根平安、鎮靜、愉快地來到我身邊。我為另一條生命負起責任，覺得自己有善待她的重責大任。在她出現之前的十八個月裡，我體會到人生有很大一部分是我無法控制的，但她的福祉有很大一部分是由我決定的。我是她的主要決定性因素，一個寄居在瑕疵人體內的神明，她的獨眼仙人。我決心讓她的生活裡充滿運動、冒險、耐咬的玩具。這是我遊說我老弟哈利的說詞，我就是挖他的牆角把蕾根爭取過來的。

哈利住在洛杉磯城郊，跟那邊的一個邊境牧羊犬救援組織領養了蕾根，當時她才十二週大。我第一次見到她是在視覺障礙發生大約六個月後，之後每年都跟她見面兩次左右，都是在我去洛杉磯工作或遊玩、寄住在哈利家的時候。我喜愛蕾根，她那全然的信任、來得又急又快的熱情、純粹的喜悅。當她一眼看到許久不見的熟人，便會興奮得要發狂，從脊椎動物變成無脊椎動物，身體成了一坨顫抖的明膠，將狂喜化為聲音從嘴裡發出來。那尖叫聲不能算短促，也不能算長。人類總是把情感藏在心裡，以免洩漏太多，露出弱點。狗狗不會，蕾根不會，她沒有防備之心，她很老實。

而且漂亮！她濃密的毛髮以黑色為主，但有一道道的白色斑紋，完美對稱，簡直像是畫家親手描繪上去的。她的四隻腳掌都覆著白毛，像是向腿部延伸至少六吋的長筒襪。她的吻部尖端長著白毛，與蓬鬆尾巴的尖端一致，像一對圓括號。我覺得她胸前那一抹白毛像中世紀的胸甲，橫跨腹部的扇型白毛則是蝴蝶形狀，這蝴蝶只有在她翻身露出肚皮讓你撫摸的時候才看得到。她常常對我亮出那隻蝴蝶，我經常撫摸她。

她有西班牙獵犬的細長吻部，豺狼的輪廓，全面戒備的站姿相當威嚴，我是指她跟松鼠對峙的時候。但是當她懶洋洋地拖著腳步，或是滿屋子扭來扭去嬉戲時，模樣又實在呆頭呆腦。半是君王，半是小丑：這就是我的蕾根，一隻犬科動物便包辦了一整座宮庭。

還是很守規矩的宮庭。哈利的妻子希薇雅，與四個孩子想要養小狗狗的請求妥協了（他們家已經有兩隻貓了），條件是新來的狗狗必須接受完善的訓練，而且是由專業人士負責指導。蕾根大致上就是這樣磨練出來的。她會聽從指令坐下或趴下，幾乎照辦，除了偶爾不聽話的時候。平時叫她別動她就不動，叫她來她就來。她不會咬壞東西，接受的其中一項訓練就是不能急切地咬人的手，很多狗狗就是這樣子，明明是要咬走零食卻連人的手都咬了。所以有時候，你得把骨頭放在她嘴裡兩、三次，她才會咬得夠緊、才能帶回她的狗床，狗床是她最喜歡堆放垃圾的地方。在她累壞之前，她常常把骨頭塞在狗床的折縫處。幾天後、幾週後，你會看到骨頭還在那裡，被她忘得一乾二淨。

她知道我是定期出現在她加州住家的訪客，會帶她去健行，走很遠的路。對於我這樣的東北部人，沿著山徑，在哈利住家附近的峽谷走一走是很驚喜的體驗，陌生的植物有不尋常的綠色調，偶爾還可以瞥見浩瀚的大西洋，所以我會選擇長達幾英里的路線，帶著蕾根和狗我們兩個飲用的水。她的腳步穩到不可思議，有著無邊的好奇心，耳朵像無線電望遠鏡一樣，轉向我根本聽不見的音源，她翕動著鼻孔研讀空氣中的無字天書，她就跟風景一樣迷人。當我在哈利家住了幾天要返回紐約時，她是我最捨不得道別的對象，因為那是最真誠的道別。直到我們下一次見面之前，我都不能用電子郵件、簡訊、電話來跨越我們之間的距離。我無法告訴她，我很想念你，等不及要再見到你。

我是徹頭徹尾的愛狗人士。在成長過程中，我們家養過好幾隻狗（先是一隻布列塔尼獵犬，然後是兩隻阿拉斯加雪橇犬，再然後是一隻混種的史賓格獵犬）我寵愛每一隻，比我的三位手足都更寵。在我逼近三十歲之前的五年，我住在底特律地區，跟戀人養了一隻巨大的德國牧羊犬。分手時，我搬家到曼哈頓，接受了《紐約時報》的工作，於是我應他要求把狗留給他。我太在乎狗狗了，無法堅持讓她從郊區這間有著用柵欄圍成院子的大房子，搬去一間小小的套房式公寓，沒有院子，沒有露臺，什麼都沒有。從此之後，我身邊便沒有狗，但我始終都想要再養一隻。

時間一年年過去，想要養狗的渴望越來越熾烈，而我在《紐約時報》的工作時間也越來越能夠由我作主，大部分工作都在家裡完成。我看著上西區的快樂城市狗狗，意識到我嚴重低估了幅員遼闊的各個公園、附近的遛狗場數量、近在咫尺的大量狗玩伴。在夜晚，當我窩在床上，累到不能閱讀任何需要用腦筋的東西，卻又沒累到能夠入睡時，便會瀏覽領養狗狗的廣告跟網站，看看各個品種的優缺點。我會想像有一隻匈牙利獵犬蜷縮在我的床腳邊。不，換成惠比特犬還是柴犬，或是三者的混種！我不數羊，我數狗。

但我猶豫不決，我舉棋不定。出遠門的時候，狗怎麼辦？當我出門吃飯，回家後會想要窩在沙發上，還是一躍而起，拿了狗繩就走？我有在死氣沉沉的冬季出門散步的耐心跟勇氣嗎？湯姆有嗎？他跟我常常討論這個話題，我們差一點就付諸行動了，又說服彼此放棄，決定等到更方便的時機再養狗，一個合理的時機。但時機永遠不對，因為我們被寵壞了，對時間的看法既愚蠢又傲慢，時間不可預測、沒有彈性、不是無限的，延後一件事通常意味著永遠不會去做。當我走出中風的陰影，開始意識到未來在未定之天，而歲月使人衰老，我便不願意繼續消極，也不想懶散，不想再延宕任何事了。

大概也是想要填補湯姆留下的空虛。早上喝咖啡的時候，公寓裡太安靜；晚上鑽進被窩時，床太大了。但他不在了，照顧狗狗的工作必須由我一個人完成，或是由我跟我請得起的遛狗員一起搞定，而這提高了挑選狗狗的難度，得找一隻不會太麻煩的狗：不能是需要學習規矩的幼犬，不能是因為行為問題而開放領養的成犬。我得研擬好對策，就在我這樣盤算時，哈利說他的四個孩子有三個去上大學，而他必須待在公司的上班時間也縮短，所以他跟希薇雅搭著飛機跑遍美國，甚至離開美國的頻率也比以前高。他們每三、四週便要把蕾根送去別處寄宿，有時一寄就是幾週。

「所以呢，」我告訴他，在話說出口時才冒出一個點子，「你應該把她讓給我。」

我搬出各種理由，還說我沒那麼常出遠門。我列舉出具體情況：我經常跑步，蕾根可以跟著去，藉此消耗她的精力。她喜歡跟人一起睡在床上，我會允許她上床，而哈利跟希薇雅則把她安置在床邊的角落。她的毛髮適合寒冷的地區，而他們住在美洲大陸的炎熱角落。她本來就認識我，所以搬家不致於太傷心。況且，我會溺愛她。他們知道我真的愛她。

他們也知道我需要援助，但我沒有提，至少不是透過言語表達，沒有明講。但我相信從我的嗓音、我的眼睛，他們看得出我的需求。當時的我非常講究生活上的怡然自得，而他們對舒適的追求並沒有那麼高，這點他們也很清楚。我想，到頭來他們是憐憫我。

無所謂。我可以善用憐憫。憐憫可以幫我實現目標，跟別的手段一樣好用。憐憫讓我得到了蕾根。

) ( ) ( ) (

在此我又要老生常談了，就像丹尼跟小傢伙。狗狗是預防寂寞的良藥，狗狗注定深情。然而這樣的傳統觀點，對於像丹尼跟我這樣的狗主來說偏離了事實，因為重點是無條件的愛。以我個人來說（我敢打賭，我也能代表丹尼這麼說），我更想要付出無條件的愛。儘管以我的能耐，大概不能及時精確地拿捏情感交流的動向，但事後回顧，我確定我想要成為情感交流的主導者，而非接受者。既然我的身體能力出了問題，我便想要好好發揮情感的能力。

要發揮我的情感能力，我可以另外訂立一個良善的特殊工作目標。我可以去教書，或投入某種志願工作。以上任何一項或全部，都是符合我人生處境的明智之舉，因為以上任何一項或全部，都有可能提供寵物可以給我的一切，辦到一隻狗狗可以為我做到的事，辦到蕾根給我的一切，也就是在我的處境惡化時，抵銷或減緩我的驚慌與痛苦。蕾根帶我走出自己的框架。既然我必須挖空心思與精力去照顧她的福祉，那我對自己的福祉也不能放水。她激發了我的慷慨之心，抵消了與慷慨之心對峙的軟弱無力。

即使這些都略過不計，能夠跟一條生命建立一份新關係依然是一項恩賜。這條生命有各式各樣的怪癖跟才華，令我大開眼界。對於蕾根，我還有很多要認識的地方。她的每一個小地方，我都興趣濃厚。

她比我想的還要聰明許多，這在兩個地方特別明顯。一個是遛狗場。她來到我身邊甚至不到一週，我便發現每次我們走到遛狗場關著的柵門時，她都會彎到柵門可以打開的那一側，不會到柵門與圍牆固定起來的那側，每次都是。柵門的兩側看起來其實差不多。我沒有用肢體動作透露哪一側才對，因為就算我把狗繩放得很長，她領先我足足六呎，依舊認得出該走柵門的哪一側。

遇到不曾見過的柵門，她仍然可以跟已經走過一、兩次的柵門一樣，挑出正確的那一側。即使前面沒有剛剛走進柵門的狗狗也可以，所以不可能是單純地模仿其他狗狗的行動。即使是造型完全不同的柵門也可以。在最初的五次，我以為那純屬運氣。但連續十次、十五次、二十次都沒走錯邊？結論只有一個：她已經掌握了這些活動柵門的基本結構跟機制，至少能夠根據柵門的外觀，預測柵門會從哪一邊開。

我的蕾根，半是工程師，半是時尚評論家。後者是她腦袋靈光的第二條線索。在她來到我家的第一週，便察覺了可以從我的穿著判斷她的命運。要是她看到我穿上運動短褲或長褲，便一副興奮的模樣，腳步會有一點雀躍，我走到哪她就跟到哪，要是我動作慢了，甚至會哼哼唧唧。她腦袋上彷彿有一個對話泡泡寫著：「我們要去散步了！散步、散步、散步！動作快啊，老爸！」

但如果她看到我穿上襯衫、西褲跟西裝外套，那便是另一回事，讓她陰鬱的事。她知道我即將背叛她（要把她獨自扔在家裡了），於是採取相應的行動。她會待在我房間裡或就在我房間外，看我更衣。她會僵硬地站在那裡瞪我，琥珀色的眼睛滿是控訴與絕望。然後她會消失蹤影，幾分鐘後，在我準備開門離去時，她必然會橫躺在大門前，緊緊抵著門板，一道狗狗路障。

或許這是她最後一搏的懇求：「帶我去吧。」也或許是要引發我的罪惡感：「既然你要這樣傷我的心，就得跨過我的身體才出得去。」我從來不必真的跨過她的身體，儘管她想讓我難受，卻不想惹我生氣，會在我可能發火之前收兵。在最後一刻，當我走近大門，將手伸向門把的時候，她便不擋路了。

這是何等的演技！在加州，她跟兩隻貓咪同住，牠們對她沒有多少感情，但她顯然習慣了牠們、思念牠們，以致每次我們在曼哈頓的街道或中央公園遇到貓，她都會演出一場大戲，引來旁人的注目，停在半路上，讓我尷尬不已。我應該先打個岔，跟任何困惑或懷疑的讀者說明，對，紐約城的街道上真的有貓咪，而且不是流浪貓。我是指寵物貓，不常見，但確實偶爾看得到：主人將貓咪抱在懷裡的話，可能是要去寵物用品店或去看獸醫，也可能純粹是在炫耀。有的貓窩在主人大腿上，主人則坐在褐石建築前面的臺階上放鬆；有繫著牽繩的貓咪，當事貓似乎跟我一樣，覺得被人牽著走很怪異；有的貓坐在娃娃車上，待在用拉鏈固定的罩網內，被人推著在公園裡走動。蕾根常常遇到坐娃娃車的貓，以致有一段時間，她看到任何娃娃車（任何尺寸跟娃娃車相近的有輪大行李箱都算）必然會聯想到貓咪，她會拚命拽著狗繩，想要看一看坐在裡面的貓咪寶貝。

拽著牽繩不算什麼，當她真的看到貓了，那嗚嗚哭叫才厲害。她想跟貓咪連絡感情，但當局勢越來越明朗，她看出我沒打算讓她親近貓咪，就會提高音量，叫聲的性質也會變，聽起來不再是情感上的受苦，而是肉體真的在劇烈疼痛，最後就成了刺耳的厲叫。

假如我放她去見貓咪呢？我家附近的寵物店有店貓，名叫派克，蕾根曾經拖著我過去找牠，我便防備十足地試探牠的反應。我讓牠靠近派克，越來越近、越來越近，近到鼻子碰鼻子，這時沉默無聲的蕾根顯然情緒太激動，猛地向後彈了幾吋遠，重新嗚嗚哭了起來。然後她掉頭走到高級狗食的走道，用嗅覺評鑑她看到的每一袋包裝精美的狗食。她眼睛向後瞥，但身體向前走。她想從派克（或從我們遇到的所有貓咪）身上得到某種她找不到或說不上來的東西。

也或許她只是沉浸在自己的戲碼裡。這是我在中央公園經歷了一次不相干的事件後的想法，當時她正在跟另外兩隻狗狗玩耍，其中一隻行為突然變得凶暴，齜牙狂吠。蕾根一瘸一瘸地離開牠們，左前腿似乎不能動，無法施力，懸在地上幾吋的高度。等我趕到她身邊，另外兩隻狗狗的家長也匆匆過去，被她的樣子嚇到，急著想幫忙。她癱倒在路面，翻身仰躺，可憐兮兮地哀號，而我們三個人則撫摸她，把她的左前腿檢查了一遍又一遍，要找出讓她痛成這副模樣的嚴重傷勢。正當我們尋找那個行蹤成謎的傷口到底在哪時，她耳朵一動，突然抬頭，然後咻——地衝向附近的一道欄杆，躍了過去，差一點點就逮到在柵欄另一側、正往樹上狂奔的松鼠。她不哭了，腿也不瘸了，完全沒有任何復發跡象。給蕾根一座奧斯卡吧。

蕾根每天生活的起點跟終點幾乎都是中央公園。早上九點之前，我們通常會在那裡消磨七十五分鐘，晚上九點之後再待上六十至七十五分鐘。在這兩個時段，平時夠乖巧的狗狗可以不繫狗繩，所以我想把握這段時間。蕾根的行為符合管理鬆散、執行也鬆散的標準，儘管不是沒有瑕疵。但她不像許多個性友善卻熱情過度的狗狗那樣，蕾根從不衝向陌生人，不會撲向他們，在人家身上聞聞嗅嗅、滴口水。

但要是誰的口袋很深，一手插在口袋，還飄散出一股淡淡的肉味，她就會自動上前，坐在那人旁邊，身體靜止不動，仰著頭，用交易的眼神注視人家。她認為穿著寬鬆外套出現在公園裡的人就像是糖果自動販賣機，會掉落零食，而她的經驗也證明她是對的。一次、一次、又一次，她拿到零食了，還會外加這一類稱讚：「這麼漂亮、這麼有耐心的女孩我怎麼抗拒得了？」幸運女神對美女微笑，那有禮貌的美女呢？幸運女神會笑逐顏開。

除了偶爾會追著松鼠跑，蕾根從不離開我超過五十呎，通常會待在更近的範圍內，她必須確保我沒跑掉。萬一她真的找不到我，比如她可能忙著跟一隻特別漂亮的杜賓犬拔河，一時沒顧上我，她便會瞪大眼睛，身體不安地晃動，轉著頭四處張望。等她終於看見我，就會三步併作兩步飛撲而來，臉上的表情寫著：「剛才的世界變得好可怕喔，幸好現在所有的溫暖跟安全都回來了。」她是一部感恩的卡通，是對救濟的嘲諷，不知道為什麼，我總會想像她用慢動作跳到我懷裡，背景音樂是桃子與香草（Peaches & Herb）樂團的經典名曲〈重逢〉。蕾根跟我，是完美的一對。

好啦，不盡然完美，但也差不多了。我們跑步就跑得不順，她不滿意我們勉強的步調與單調，不滿意她不能停下來嗅聞消防栓、燈柱、樹幹，我後來才曉得這些東西相當於狗狗版的網路，上面的每一泡尿都是一封電子郵件或推特留言。

撿球也不是她的強項。趁著狗繩剛剛解開不久，我會掏出口袋裡的球，她會稍微蹦跳一下，擺好姿勢，等我扔出球而她去追。但天曉得她會怎麼做，也許她會目送那顆球飛向遠方，也許她會像一顆子彈般衝過去把球撿回來，也許她衝到一半便拐彎去檢視附近一隻德國牧羊犬的腹部。也許她會跑到球邊，撿起來，但決定拿遠一點，離開我，到公園的下一片空地。也許她會失手，球會意外掉進水溝或渾濁的裂縫裡，誰都不敢伸手進去撿。你永遠猜不到結果如何。

我發現有兩個方法可以提高她撿球的成功率。一個是用啾啾球，這種球被狗狗咬在嘴裡時，會發出介於啾啾與咻咻之間的響聲。在其他狗狗在場的情況下扔球給她撿，其他狗狗也會追過去。她喜歡搶先，至少會跟其他狗狗較量一番，等她搶贏了，便會神氣活現地蹦蹦跳，以越來越快的節奏，越來越用力地咬球：啾、啾、啾、啾！她會欣喜若狂，一臉跩樣。可愛極了。

另一種撿球的輔助方法，則是把球扔到兩、三呎高的柵欄另一邊，她得躍過柵欄才能撿。她也喜歡這項挑戰。要是我一連幾次都把球扔到柵欄後方，基本上她就得不斷跨越障礙物，撿球的成功率還會上升。她沉浸在自己的運動技能中。她喜歡炫耀。

但我是不是把她擬人化了？不只是她對撿球的想法，還有她的所有心情？有可能。關於我們這樣子是太看得起狗狗，還是太看不起狗狗，還有我們對狗狗的分析主要是投射，還是觀察，都引發了激烈的論戰。但我很確定蕾根擁有這幾個特質，包括洋洋得意，或是以四條腿擺出得意的姿態。

想必就是如此，即使不是在跟我玩撿球遊戲，她偶爾也會脫離我們行進的路線，奔向附近的柵欄，飛躍而過又飛躍回來。她顯然享受騰空的滋味，也許跨越柵欄有一種突破界線、到柵欄另一端一探究竟的美妙滋味，即使只有幾秒。但為什麼她在起跳的前一刻往往要跟我對視一眼，跳完又立即往我這邊看？那是希望我會讚嘆的期許。一種誇耀。「看看我，看看我的本事。」

所以我看了。我也讚嘆了。不只是她飛騰的壯舉與傻氣的性格，而是這傻裡傻氣的一刻令我多麼快樂，澈澈底底、完完全全的快樂。我可以沉浸其中，讓那份快樂包圍我，忘了在別處的挫敗與恐懼所帶來的一切不良影響，這個隱密的小天地唾手可得，始終如此。要進入這個小天地，不見得要有狗狗，不見得要有柵欄。但是需要你用心，要敞開心胸，要謙遜，要體認到也許我們擁有微小事物就夠了，而平凡的事物可能很不平凡。蕾根不用做心理治療，不必多想，就陶醉在生命中。而這協助我效法她。

二〇二〇年，新冠疫情來襲後，上西區的狗狗數量似乎變多了，新來的狗狗遞補了跟隨主人離開城市的狗狗。每次散步，蕾根跟我都會遇見新面孔，我是指跟她一樣高大的毛茸茸新面孔，新狗狗的吻部會湊向她的某個部位。有一隻幼年的黃金獵犬是來自這裡的名犬繁殖業者。有一隻成年的拉不拉多混種狗是從一個救援組織出來的。「坐下！」「停下！」「來！」「來！」整座城市都是馴犬學校。

「領養寵物在新冠肺炎時代成了全民運動。」尼克．鮑嘉登在《紐約客》二〇二一年六月號的文章裡寫道，標題是〈疫情寵物何去何從？〉。

「獸醫遭到猛烈衝擊。」他又說。「沛可的業績上升十一%，嚼嚼上升四十七%*，摩根史坦利公司預測寵物照護產業的規模會在未年十年裡變成幾乎三倍大。」鮑嘉登說他對動物救援及領養組織的詳細調查結果，其實挑戰了領養寵物的人大幅增加的觀點，但他寫道，大家對寵物的興趣無疑是提高了，對寵物的依戀也增加。

「疫情下的寵物熱潮，似乎主要是為了尋求關注。」他解釋道，提到這導致「直昇機飼主」爆增，他們過度專注在寵物的「每個腫塊跟跛行，更別提每個鐘頭的心情變化。」但怎

---

* 沛可（Petco）跟嚼嚼（Chewy）都是販賣寵物食品及用品的公司。

麼會這樣？致命的傳染病怎麼讓人滿腦子都是狗舍、乾飼料、毛孩？

有些答案顯而易見。因為政府的命令或為了規避風險而自願關在家裡的人，想要一個外出的正當理由，一個待在外面的動機，一個抵抗孤立的手段。一隻狗狗與照顧狗狗該做的一切，滿足了這樣的需求。況且，不該養狗的原因不外乎是你上班時，狗狗會寂寞、無聊、煩躁不安、可能會拆家。你得花大錢雇人遛狗，狗狗才能在白天出去上廁所。然而在疫情下，這些原因都消失了。沒人進公司，每個人白天都在家。要是你擔心自己必須密切注意狗狗的動態、隨時在場，才能盡快讓狗狗學會規矩的話，現在正是前所未有的大好時機，你可以密切注意狗狗的動態、隨時在家。

新養的狗狗也是促進情感連結的媒介，不只是你跟狗狗的連結，還有你跟人行道上、遛狗場裡、公園裡狗狗最多的坡地上所有飼主之間的情感連結。你的狗狗踩著輕快的步伐去認識其他狗狗，你就在一旁跟那隻狗狗的主人閒聊，要不是有狗狗，你們原本不會有交集。你可以在六呎的距離外跟對方說話，隔著口罩的布料或紙料，感覺比在餐廳或商店安全，因為任何室內空間的通風都比不上大自然。你重拾了一些在疫情下所不容許的正常生活與禮儀。以前，狗狗是橋梁。現在，狗狗是橋梁。

早在疫情來臨前我便覺得很有意思的一件事情是，我會利用蕾根、別人會利用他們的狗狗，充當跟別人破冰的工具與自己的分身，滿足我們的社交欲望，把自己沒有的外向性格轉嫁到狗狗身上。

「可以讓牠過去打個招呼嗎？」一個帶著黃金貴賓犬的女人會這樣問，而牠的狗狗可能一副對蕾根很感興趣或興趣缺缺的樣子（狗狗是否感興趣根本不是重點）。當她走過來，開始聊起惡劣的天氣或糟糕的市長，或最近她工作了多少個小時，根本沒注意到她的狗狗跟蕾根扭成一團，彼此的狗繩纏在一起，讓牠們動彈不得，看起來像兩隻困在魚網裡的大魚，顯然這位狗主人的醉翁之意不在酒。

我跟她一樣惡劣。我會跟蕾根說話，然而那些話其實是講給附近的帥哥聽的。我對蕾根說的內容，是在替自己打廣告。

「妳不曉得該怎麼看待這麼多狗狗，對吧，因為妳早上來這裡的時間通常都比現在要早很多，不然就是晚上才來。」我表面上是在對蕾根說話，但我真正的目標是在旁邊的男人，他在聚集了很多狗狗的草地上跟他的小獵犬玩耍。我是在樹立自己的形象，宣告我是認真的狗爸爸。「沒關係的，寶貝。去交交朋友。」那隻小獵犬的主人是不是充分注意到了我有照顧人的天性？我讓蕾根幫我助攻的策略是否奏效了？

除了這類情況，牠可以促進我的身心健康嗎？一般而言，狗狗都對我們有益嗎？許多這方面的科學研究結論互相矛盾，沒有定論。當一個上了年紀的人需要照顧一隻每天都得遛上幾次的狗狗，心血管必然會隨之健康起來，這是理所當然的。但養狗還有別的益處嗎？

哈洛德．赫佐格是西卡羅萊納大學的心理學教授，檢視過人類與寵物的關係。當他撰寫相關的文章時，會避免太過籠統的斷言，但在珊迪．拉莫特一篇CNN.com的文章裡，他說：「研究一再顯示，有寵物在身邊的人，好心情會增加，壞心情會減少，由此可知，與寵物互動可以立即得到生理及心理上的短期效益。對此我毫不懷疑。」所以，我們帶狗狗去老人活動中心、兒童醫院之類的地方。狗狗會帶來歡快的氛圍，牠們帶來活力。

但那不見得是長期的效益，至少科學說不是。在同一篇CNN.com文章中，塔夫茨大學人類與動物關係研究所所長梅根．米勒說：「很多養寵物的人會想，『啊，寵物對我們只有好處。』」但她接著說，真相「有點複雜」，所以她不認同「寵物是否對我們有益」這個問題。更好的問題是：「寵物對誰有好處？在什麼情況下有好處？」

疫情。疫情便是適當的情況，但不只因為狗狗可以振奮我們需要提奮的心情，在人際交流被打壓、被禁止的時候促進人際交流。狗狗很適合那些在封城期間與別人斷絕往來、以度過公共衛生危機的人，原因就跟蕾根很適合一個有點年紀、擔憂以後可能會失明的男人一樣。狗狗可以讓生活變得多彩多姿，放大蓄勢待發的生命力，或是滿足你對這兩者的渴望。

當然，養狗很麻煩（狗狗會生病、會掉毛，會把塵土帶到地毯跟家具上，還得經常牽出去遛遛），然而即使這麼麻煩，卻可以讓太過空虛的日子變得充實，讓安靜得過分的生活有了聲響，讓太過冷清的地方有了動靜。雞飛狗跳也是一種充實，雞不飛狗不跳的人生就太怯懦，過度控制事態的發展了。

此外，我從蕾根身上學會了一些道理。真的。我知道有些人會覺得這很蠢、很迪士尼，我絕不是說她教導我、提醒我的事不能從別的管道得到，我的意思是，她教導或提醒我的事，都是我必須學習、必須被提醒的事。

我已經提示過其中一項了，就是我描述她從柵欄上飛躍而過的興高采烈。狗狗擁有喜悅的天賦，絕大部分人沒那個本領，包括我。當牠們洋洋得意、玩得過癮、沉浸在舒適中，那都是純粹的，是全心全意的。牠們不會忍不住去想一小時後可能會面臨的壓力，不會自尋煩惱地回顧一小時前的困境。對，這可能有一點算是無知便是福，儘管如此，卻仍然是個榜樣，絕佳的榜樣。這仍然值得效法。

狗狗也擁有極簡主義的天賦。什麼事能讓蕾根心滿意足？遇到對她有好感且傳遞好感的另一條生命。偶爾去拜訪（沒有更好的字眼）投緣的朋友（我是指毛茸茸的那一種）。與她的飢餓感差不多同時出現的簡單餐點。照表操課，因為反義詞是混亂。可以讓她沉沉入睡很多個鐘頭而不受干擾的溫度、軟墊、平靜。

人類的需求顯然更多（我立刻便想到網飛、雀巢咖啡機、高級的潤膚乳液），我們貪得無厭，當我看著蕾根，便會收斂一下那放肆的需求清單，調整為比較理智的要求。隨著飢餓的節奏攝取基本的飲食、拜訪人類同胞、好幾個小時不被打擾的深眠，對我們確實大大有益。而其他許多事物，其實是多餘的。

最重要的是，狗狗擅長隨遇而安，至少有些狗狗是。我會把蕾根塞到出租車的後座，她會輕微焦躁個兩分鐘，顯然不明白為什麼突然讓她搭乘陌生的交通工具，還有她會被帶到哪裡去，然後她便會認命。她會伸展身體，擺出最舒服的姿勢打個盹，讓車子像搖籃一樣輕輕搖著她入眠。

我們第一次在猛烈的暴風雪之後出門，她的腿陷入雪地八吋，僵在原地差不多二十秒，茫然失措，然後她便解除僵滯。不管出門有多瘋狂，不管有多困惑，她都要去公園，所以她全力邁出艱難的步伐前進，每走上幾步，速度便快上一些。僅僅幾分鐘後，她的慌亂便全面化為決心。遇到出乎意料、有待解決的情況，她會迎難而上，因為放著不管便會永遠困在原地，那是她無法接受的。狗狗不會坐困愁城，那是人類會做的事，而且做得很出色。

我在人生的早期階段，便精通下定決心又打破決心的技藝，而且不只是在新的一年開始時，即使不是每一天，也是每一週。我放棄節食，沒打開我發誓要看的書，沒拜訪已經太久沒關心的住在外地的朋友，我會編造藉口，將這些決心封印起來就扔到一邊，結果就掉到另一個時區去了。我不是沒把承諾當一回事，我是軟弱，但我守住了自己給蕾根的承諾，那些她顯然根本不知道我許下了的承諾。

一天至少三小時的戶外活動：這是標準、是目標，我認為要是一隻狗狗絕大部分時間都待在高樓上的兩房公寓，看不見在街道上來來去去的人車，便需要至少三小時的娛樂活動。我將其中的四十五分鐘發包出去，雇人在下午帶她出去遛遛，剩餘的時間則由我自己來，為了方便記錄、為了負起我的責任，我在她的項圈裝了一個小配件，主要功能是充當GPS追蹤定位裝置，以防走失，但也可以拿來當作健身手環，記錄蕾根每天走了多少路，並確認她有劇烈的運動。我可以看到她心率超過一百八十，在大部分日子裡，她會突破兩百。等到這成了慣例，她便覺得理應如此。我留意到要是哪天難得一次特別輕鬆，比如說不到一百五十，她便會坐立不安。

但她來我家僅僅兩個月後，一件怪事發生了，我對她的決心跟我東倒西歪的身體起了衝突。我的右脛骨莫名其妙地腫脹發紅，一碰就痛，要是我讓它承受體重，也就是走路（站立也是），就會痛得更厲害，每一步都刺痛。難不成我扭傷或骨折，卻沒有在受傷時立刻察覺？如果不可能的話，這又是怎麼回事？我打算等待問題自己消失，但我的朋友艾麗把我拖去急診中心，急診醫生說我大概是嚴重的皮膚感染，原因不明，導致皮膚的周邊部位全部發炎。醫生開了抗生素給我，說可以消腫止痛，三到七天就會痊癒。但與此同時，蕾根還是需要出門散步。

所以我去遛狗。然而我的腳一踏出去就疼得令我皺眉，我找出合適的步調，摸索出右腳要怎麼安放在地上才最不痛，然後強硬地轉移思緒。而我繼續走，我沒有別的選擇，至少，沒有我能夠接受的選擇。天天讓人來遛蕾根兩、三次是我不能輕鬆負擔的奢侈，況且，每天早晚帶著牠享受不用狗繩的散步，是我們之間的親密時光。所以，差不多四天後，我便跛著腳、皺著臉，皺著臉、跛著腳，暗自取笑自己這德性多麼可笑、多麼有看頭，左半邊的生理機能完全正常，右半邊（一隻沒用的眼睛，一條沒用的腿）則爛得可以。

我說過，我決心善待蕾根。我的心思主要放在我給她的疼愛是否完善，沒在管她對我的愛有多美好，而我萬萬沒想到、也無法預見，有她在的日子居然如此痛快，甚至是心滿意足。我得破解適合她的健康飲食之謎，滿足她有時挑剔的口味。在她鬧肚子的時候連忙帶她去看獸醫，解除不適。找到一條特別能夠激發她興致的健行路線。看著她在狗床上安詳地一口氣睡上幾個鐘頭，顯然我挑對了狗床還擺對了地方。在養蕾根之前，我很疑惑有的狗狗明明問題一大堆又惹人厭，狗主人卻寵愛有加，但那是因為我對這些關係的評估標準完全錯誤，重點不在於狗狗是不是豐沛的喜樂泉源。

不，那是奉獻之舉。我拿不出腦部影像之類的科學證據，我猜，這是無法進行科學研究的東西，不然就是昂貴到不可能進行的研究，但我敢打賭，我們說「我愛你」的時候所湧現的血清素或多巴胺，會超過聽見「我愛你」的時候。沒有別的話語更令我們開心，沒有別的宣告更崇高。

在遛狗場，蕾根只跟狗狗們跳躍玩耍一會兒，就會朝著我占據的長椅過來，像倒車一樣向後退，將臀部安放在我的兩腿之間。她喜歡從我雙腿之間的安全空間檢視周遭的動靜，從容不迫地將腦袋轉向左側，再轉向右側，左右來回移動。我感覺得到她的沉著，我感覺得到她的滿足，我用手指梳理她的毛。「我愛妳。」我低喃。

早上在家裡，當我起床泡咖啡、上網很久之後，她還窩在房間裡。她知道我敲打電腦鍵盤的聲音代表沒她的事，不必起床，等聽見我拉起外套拉鍊的聲音，或鑰匙叮叮噹噹的碰撞聲再起床就可以了。我回房間拿我擱在床頭櫃上的一本書，看到她已經向上發展（給自己升了一級），從床尾挪到被我拋下的枕頭堆去了，腦袋靠在其中一顆枕頭上，左前腿掛在另一顆枕頭上。她察覺我在看她，尾巴就搖得特別快，每次要請求我、拜託我、用念力要我別生她的氣，尾巴都會那樣搖。傻孩子，在床單上留下幾根狗毛又沒關係。我湊過去，親吻牠的頭頂。「妳清楚我有多愛妳，對吧？」我說。她的回應是慌忙閉上眼睛。

衝著好玩，我做了狗狗基因檢測。我覺得她不像純種的邊境牧羊犬，很好奇她還摻雜了什麼其他血統。我拿棉棒在牠嘴裡擦了幾下，將樣本寄去化驗中心，幾週後收到檢測結果：她完全沒有邊境牧羊犬的血統，一半是澳洲牧羊犬，大約五分之一是西伯利亞哈士奇，剩下的是一點點的拳師犬、傳統的英國牧羊犬、斯坦福梗犬、比特犬跟「超級混種」，意思是他們化驗不出來。「妳的基因真是亂七八糟耶。」我告訴她，她的耳朵豎起來，歪著頭。「但我愛妳。」

有人問我：「為什麼取名『蕾根』？你喜歡李爾王？」對，我答覆，但假如我取名的靈感是莎士比亞，李爾王那兩個不忠誠的女兒的名字我是絕對不會採用的，我會選擇忠誠的珂狄麗亞。其實蕾根的名字是哈利的小孩取的，他們只是覺得好聽罷了，但那不是我告訴別人的說法。我跟別人說，她的名字來自《大法師》的那個小女生，因為她跟其他狗狗嬉鬧時的叫聲就像電影中的惡魔。那聲音很可怕、醜陋、不屬於這個世界，我跟所有聽過的人都覺得害怕。「我要用聖水幫妳洗澡。」我告訴她。「但那是因為我愛妳。」

也因為我愛她，有一回在公園裡，她極其難得地跟另一隻狗狗打架時，我本能地出面隔開兩隻狗狗，想保護她的安全。結果另一隻狗狗咬住我的右手，因此見了血。狗主脫口而出就是「對不起！」接著一聲「對不起！」是她的狗狗先開打的，她被整場風波嚇到，眼淚都快滾下來了。

「我沒事。」我安撫她。「妳又不可能未卜先知，妳不是故意的。」我這樣說是因為這十之八九是事實，大概是事實，可能是事實；因為我沒流太多血；因為傷口不必縫；因為木已成舟。為此發火、惱怒、責怪別人，只會延長雙方的尷尬。

況且，我完全不知道她的看板寫著什麼，一點概念都沒有。

「我沒事。」我又一次堅稱，忍著右手的抽痛，一邊在那怪異的緊繃時刻，想著有沒有可能我的心胸比以前開闊，成了一個更好的人，還有這是不是有一部分要歸功於蕾根。「真的，我會沒事的。」

第十章

當蛋殼如雨下

我在中央公園最喜愛的地方是峰頂岩，在園區西側，介於西八十三街跟西八十四街之間，被吹捧為園區最高的天然制高點，但我覺得緊鄰一一〇街下方的北方森林有幾個山頂，應該有資格挑戰這個說法。還有，夾在德拉科特劇院跟漫步區其中一側之間的眺望臺城堡也更接近天空，但那是人造的，顯然不能算數。那裡人也多，在此之前我都不知道峰頂岩上面人這麼多。

其實在蕾根進入我的生命之前，我根本連峰頂岩都不知道，沒什麼好說的。我知道眺望臺城堡（只要你在那附近就不可能沒看到，就像如果你在雅典閒晃，不可能不會不時瞥見帕德嫩神廟），但不曾花時間走上石砌的階梯，從那裡看看城市風景。

雖說漫步區就在園區中央，但我以前不會進去。那裡有點像島嶼，草木叢生的斜坡有的止於園區主要湖泊的蜿蜒湖岸，有的止於湖岸附近。我在中央公園那一圈六英里長的道路跑步的那些年，不曾注意到旁邊有幾條進入北方森林的步道，也不知道沿著步道可以走到一個有道瀑布在溝壑間汩汩作響的地方，遠離曼哈頓的塵囂，讓人甚至忘了這是在市區。有蕾根在，我才後知後覺地認識了城堡、漫步區、瀑布。我暢快地徜徉在這些地方。

至於峰頂岩，天氣晴朗時，從正確的位置往西邊一看，不僅可以看到哈德遜河，還可以看到河對岸的紐澤西。你可以看著太陽沉落到地平線下，綻放紅色、紫色、粉色的光輝。一百八十度的轉身後，漸漸濃重的暮色讓曼哈頓上東區建築物的燈火更加明燦，而你腳下的樹梢，會從高低起伏的綠色地毯變成一條無形無狀的黑色毛毯。這是一場從不間斷的演出，永遠不會讓人失望的大戲。

秋季，東方的樹梢地毯是黃色、橙色與猩紅色的。這條地毯到了冬季會消失，樹葉會凋零，剩下骨架子一般的枝枒，然而這當中蘊含著一份禮物：在峰頂岩南邊的那一片林木現在有了巨大的空隙，中城那些細細長長、超過七十層、八十層、九十層樓高的摩天大樓會像變魔術一般出現，彷彿布幕落下，或帷幕拉開，讓那幾乎無可匹敵的壯觀都市景致呈現在眼前。

這一切距離我的公寓只有幾分鐘的腳程。這一切向所有人開放，而過去的我沒有接受。我匆匆進入園區運動，只沿著慣常跑步路線，跟騎單車、跑步的大隊人馬混在一起，不然就是去德拉科特劇院觀賞〈公園裡的莎士比亞〉演出，來回一律走直線。而當計程車載著我從連結上西區跟上東區的低窪橫向道路之一匆匆通過，我曾經瞥見公園的一些區塊。但我沒有探索園區，不了解園區的雄厚資本：那麼多林木、那麼多草地、那麼多高處、那麼多低處、那麼多廣場、那麼多紀念碑、那麼多隱蔽的角落、那麼多裂隙。

迎接蕾根到來還不到六個月，這一切便翻轉了。蕾根來了不到一年，我對中央公園已經瞭若指掌：隨便把我扔到那八百四十三英畝園區裡的任何一點，也就是從五十九街到一百一十街那兩英里半長、半英里寬的長方型園區的任何一處，我都說得出我人在哪裡，知道從那裡到公園裡的任何地方要怎麼走。我知道中央公園跟人一樣有情緒，只是情緒更豐沛，且絕大部分很美好。這些情緒取決於季節、天氣、時辰、光影的色調，還有來運動、閒晃、玩音樂、遛狗的紐約客及遊客人數。園區可以讓你心跳加速或減緩，可以為你注入精力或釋放壓力，依照你的需求提供具有療效的靈藥。

園區裡視野最佳的地點我全知道，不光是峰頂岩和眺望臺城堡，漫步區西南角落有一小片很容易錯過的泥土空地，那裡擺著兩張木製的長椅，一副閒置的樣子，做工也粗糙，彷彿是用空地周邊那些小一點的樹跟大一點的灌木扭成蝴蝶餅的造型。那片空地的遠端是湖，在湖的正對面、由林木完美框在中間的是聖雷莫大廈的華麗石砌塔樓，建於一九三〇年，是最多人垂涎的中央公園西區樓房。從人行道近距離欣賞聖雷莫大廈只能看到零碎的片段，因為那裡跟紐約市的許多經典建築一樣，周邊大樓林立。但是從漫步區看過去，除了最低的樓層會被擋住外，整棟大樓一覽無遺。在清晨，當太陽剛剛上升到從東方最高的樹梢探出頭時，陽光會灑落在聖雷莫大廈上，讓它從淡淡的灰變成淺淺的金，發著光。

綿羊草原是開闊得不可思議的草場，天氣暖熱的時候是野餐、日光浴的超級熱門地點，然而我知道在牧場南側邊緣處，有一條沒什麼人跡、晚上沒有照明的小徑，從那裡眺望中央公園西側最漂亮的那一片住宅，可以看到特別大片的範圍。我知道中央公園動物園旁邊有一條向公眾開放（不須入場費）的寬闊步道，那裡看得到海豹在甜甜圈形的水池悠游，在池邊的岩洞休憩。我知道在動物園的北側，在幾百呎高的陡坡上，有一座類似眺望臺的結構體，詳細的園區地圖很貼切地將它標示為「適合做夢的樹屋」。從底下只看得到它的一部分，那裡大概有附近摩天大樓的四分之一高，而那些大樓簡直就像在你伸手可及的地方。

但我的用意不是展示中央公園的非凡，這點很多人都寫過了。重點是我身邊就有如此的美景，我卻滿腦子別的事，心不在焉，甚至懶得注意。中央公園本質上就是公共場所，免費向所有人開放，卻被這麼多人無視，正是因為它始終都在，所以被晾在一邊，因為太容易親炙，所以不被珍視，總想著等明天或下週或下個月的行程有空檔再來走走吧。

我們有多少人會認真探索自己居住的市鎮或地區，找出最宜人的綠地或最高明的設計？我們有多少人知道別人最常去的地方是哪裡？他們去那裡做什麼？加入他們的行列是不是能讓人灌飽活力、得到慰藉或至少有一些娛樂效果？我們有多少人注意天氣的變化、作出應變的措施，不是因為想知道要不要穿外套、戴墨鏡或帶雨傘，而是因為千變萬化的天氣很有趣、令人著迷？

我們有多少人會留意這些事？我開始留意了，所以在一個深秋的夜晚，當我帶蕾根到中央公園，我注意到地面的落葉跟掛在枝頭上的一樣多，形同一張魔法地毯：落葉被踩得沙沙響，釋出獨一無二的香氛。將樹葉颳得飄零而下的勁風，也將仍然掛在枝枒上的葉片吹得颯颯搖晃，聽起來像在咯咯輕笑。我依稀記得以前聽過這樣的自然樂曲，在我還不會用心聆聽的時候，而這令我心安。有些現象是萬古不變的。季節的更迭便是其中之一。

我把中央公園講得太浪漫了，這點我承認。我略去了老鼠沒說，在炎熱的夏日，尋歡作樂的人潮留下垃圾，塞滿了垃圾桶不說，還滿溢到周邊的地面，在夜晚引來老鼠大軍。我略去了紙屑，園方收拾的速度實在應該再快一點的。我略去了所有水域的顏色沒提，狀態最佳的時候是黑色，最可怕的時候則是像藻類那種滑膩、噁心的綠色。

然而這一切都不能抹滅，中央公園的存在本身便是奇蹟，強力抵禦著從公園四側進逼的水泥叢林，在一個似乎與自然無關的地方冒出了一片大自然。沒有什麼美景比大自然更被忽略，從未得到適當的關注、充分的欣賞。我們這些自命不凡、剛愎自用的人類，更是可恥地將一切視為理所當然。沒有比大自然更能撫慰人心的事物了。

我思忖起每次離開紐約，前往就在城外的西徹斯特郡看爸爸，然後帶著蕾根探索他家附近的自然步道。我思忖起當我去紐約長島東側，到薩格港找我的朋友喬爾跟妮可，在他們家小住，採樣參觀了在短短車程範圍內的幾座公園。雪松岬郡立公園的盡頭是一座海灣的曲折海灘，所以跟蕾根在林木間走了一、兩英里路以後，就可以沿著水濱再走上幾英里，直到沙丘半島的尖端，那裡的海濱野草長得很高，然後再回來。

有時我會在內心進行對話，前面提過，那是我的禱告形式，但對話內容會改變、會演化，會反映出我個人行動與成長的寫照。我比較少祈求自己堅強，比較常讚嘆自己的堅強，以及我要如何尊重並保存這份堅強。這些靜默的對話讓我覺得自己牢牢扎根在大地，要是外境突然颳起了風雨，我大概比較不會被颳倒了。我也會這樣跟蕾根說，甚至說出聲音，而我會說服自己，牠的目光表達出認同之意。

有時我會在我們走路時唱歌。我一向是地下歌手，在暢行無阻的高速公路上引吭高歌，但關鍵在於「地下」：每當旁邊有車我就會停口，彷彿唱歌是件壞事。即使是現在，只有在我判斷沒人聽見時才張嘴唱歌。但我知道，顯然拐個彎或是到林木的另一側就可能遇到人。有時我會被別人撞見，那又如何？我這輩子出過的洋相，遠遠比被別人聽到我跟著艾美·懷斯唱〈回歸黑暗〉嚴重。

或是讓別人聽到我扯開嗓門唱出〈月亮姐妹〉的高潮段落。這是史蒂薇·尼克斯的作品，收錄在佛利伍麥克樂團的《牙》專輯，這歌很符合她巫女似的神祕形象，與她相得益彰。在冬季尾聲的一個夜晚，我用iPhone播放這首歌，樂聲從我的耳機傳進耳朵，帶著蕾根在晚上十點左右進入中央公園，裡面幾乎沒有別人在。一團溼潤的霧氣籠罩著曼哈頓。我的臉上感覺得到那團霧氣，甚至可以嘗到它的味道，那團霧遮住了中城那些摩天大樓的中段，所以高處的樓層像是飄浮在半空中，模糊的長條狀光影似乎沒有跟底下的任何事物相連。我跟著史蒂薇一起唱，然後按下暫停鍵，因為除了我的音樂聲，四周幾乎一片寂靜，在這狂亂的城市裡難能可貴，我不願錯過。沒有警報聲，沒有叫嚷聲，一片靜悄悄。我聽見自己一腳踩在淺淺的積水中，我聽見蕾根的喘息。

她在我前方幾十呎處。許多城市的狗狗在夜晚會配戴發亮的項圈，但蕾根不需要那種東西，我一眼就能看到她的白筒襪，像活塞一樣在黑暗中移動。她往這邊跑、往那邊跑，而我又一次播放起音樂，繼續歌唱，四下無人，所以沒人會包圍我們、擋住我們的去路，至少我沒看到別人。

〈月亮姐妹〉之後是〈天使〉，也是史蒂薇的歌，裡面有一句反覆出現的歌詞是她一慣的隱晦風格，但在那一刻，我卻覺得意涵清晰可見。史蒂薇與我一起唱道：「於是我輕輕閉上眼睛，直到成為風的一部分，我們有時都渴望成為風的一部分。」這音樂，這公園，這霧，這風。閉眼或不閉眼，我確實都是風的一部分，在那當下，我別無所求。

)(　)(　)(

我開始欣賞生命中的富饒，不限於戶外。記得有一天我在家裡走動，細看書架，粗略地估算我還沒看、或沒看完的書籍有多少，也許有幾千幾百本。答案是至少三分之一。那是我以前想看的書，現在仍然想看。只是我閱讀的動機沒那麼急切，一有別的書籍吸引住我的目光，呼喚我的名字，原本想看的書就被擠掉了。就算我停止添購書籍，書仍然會多到我看不完，因為即使把還沒看的書都看完了，也可以回頭閱讀幾十年前看完卻幾乎已不復記憶的書。我的生活不僅是塞得滿滿的，而且塞得太滿，起碼，等我仔細盤點完畢，就已經是太滿的狀態了，未看的書暗示了真相。

除了實體的收藏，我學會了辨識那些值得我停下來細細品味的特殊時刻，加深那些時刻的體驗，並精進這樣的嶄新能力。我把可以變成儀式的活動都變成儀式，比如雞尾酒時間。雞尾酒時間不是每天固定一次，也不是隔天。舉行的時間沒有一定。喝的也不見得是雞尾酒，更常是白葡萄酒，偶爾甚至是艾普羅調酒，我才不在乎有多少人嘲笑這一款將普羅賽克氣泡酒、艾普羅利口酒、蘇打水調配在一起的酒，你知道為什麼嗎？因為它有夕陽的色澤，又好喝。

每次我暢飲雞尾酒，不管是七點半（當然是晚上）或六點半（有何不可）或五點半（極其罕見），我都努力從容不迫（有個時髦的說法叫「抱持正念」）地把小細節做到盡善盡美：挑一支外形順眼的酒杯，挑一支握起來舒服的高腳玻璃杯，準備一份我期待已久的休閒讀物，打電話給聊得來的人，約一個相處很愉快的人一起消磨時間，而不是跟不得不見的人見面。酒也必須靠得住，必須是喝起來保證爽快的酒。也許一週一次，我會允許自己喝一杯（或兩杯）馬丁尼，因為我迷戀調配的過程，那搖晃的步驟。而且很少有哪一款雞尾酒可以在我啜飲第一口的時候像馬丁尼一樣帶來席捲我整個人的戰慄浪潮。沒有比馬丁尼更能夠沖淡白晝、為夜晚增色的飲品了。

寶貴的時刻。有時我會遇到在人生中經歷過令人焦慮的轉折以及足以粉碎自信的變故的人，當我跟他們交流，他們提起有些事物讓他們意識到自己的脆弱，思忖起以前從沒想過的死亡，「寶貴的時刻」的說法或概念便一次又一次出現。我跟很多這樣的人聊過，當你敞開自己，就像我寫文章談論自己的視覺受損、有失明風險時，你會發現世界也向你敞開。你透露自己的脆弱，別人也會跟你一樣坦承不諱，而你所走過的歷程，也將因為別人與你分享的相似歷程得到肯定。

那是我的朋友多麗最令人敬畏的才華之一。天啊，帕金森氏症給了她多少折磨：顫抖、摔倒、臉部與身體的扭曲、腦部手術、將某種跨接線植入體內、精細地調整電流的強度，從那些跨接線輸送到腦部、按時更換那些跨接線的皮下電池、有時帕金森氏症會讓她的嗓音變得含糊不清，聽不懂她在說什麼的家人只能滿臉挫敗。而我的老天啊，她數算的卻是自己的福氣，不是受到的侮辱，這就是她恪守光明的辦法。

我不是要把她描述成聖人，也不是在說她像鄉巴佬，不明白受了什麼苦、被剝奪了些什麼才自以為幸福，她很清楚自身的處境。她告訴我，在帕金森氏症的初期階段，有時她會陷入純粹的暴怒，養成了一個沒讓先生艾瑞克知道的奇怪習慣。「我們住在維吉尼亞的諾福克時，我藏著一支『暴打鍋』。」她在其中一封長篇大論的電子郵件裡解釋道。「每次我自憐自艾、生氣，或只是感到手足無措的時候，就會去後院（挑艾瑞克不在家的時間）拿起那個鍋子，狠狠地砸向地面，砸得渾身舒暢。我想，那讓我成為更好的妻子、母親，大致上也成為更好的人。我沒有讓自己的困擾變成別人的負擔，沒有衝著我的先生發脾氣，只是有了一塊被敲打得很細緻的土地跟一支凹凸不平的鍋子。」多麗跟艾瑞克遷移到新城市的新家時，雇用了搬家工人來幫忙，工人將所有物品一律裝箱。艾瑞克在新家拆開其中一個箱子，看到了那個奇形怪狀、幾乎要爛掉的鍋子。他舉起鍋子瞪著看了一會兒，然後向多麗抱怨：「這個鍋子被工人砸爛得很澈底，對吧？」

「暴打鍋」是多麗的例外行為，可以讓她不暴走。在她寄給我的絕大部分電子郵件跟臉書訊息中，都是心平氣和的多麗。多麗也是隨興所至的，原本是在跟我聊一場機智問答比賽，後來變成在講亞馬遜的智慧語音助理（Amazon Alexa）：「今天很好玩！我贏了HQ機智問答遊戲！我跟兩千五百位（大概啦）參賽者要瓜分十萬美元的獎金，一人四十元。贏了就是爽。我們已經對著Alexa吼了一天了。我看人工智慧鬧革命的日子也不遠了。我請Alexa播放馬克・華伯格與時髦夥伙樂團（Marky Mark and the Funky Bunch）的歌。結果它說：

『我找不到浮誇的歌。』要嘛我遇上了真正的人工智慧，不然就是亞馬遜對我的音樂品味有意見，還預錄了他們的評語。」

在二〇一九年的一個週末，她跟艾瑞克路過紐約，我們便在距離我家大概十條街的地方共進早午餐。之後，愛狗的多麗問能不能去我家一趟，她想見見蕾根。她看過蕾根的照片，喜歡得不得了。艾瑞克不太想去，我很快便明白了原因。走這趟路對多麗來說太辛苦，而她那天又不是處於最佳狀態。當我們穿越十字路口時，多麗狠狠摔了一跤，但她爬起來，笑一笑，繼續邁開腳步。當她雙手撫過蕾根的毛髮，瞧她的神態，顯然見到蕾根就如她所料，非常愉快。多麗清楚日常生活裡的幸福之光都在哪些地方，不論她的動作再怎麼不協調，她總是朝著幸福之光前進。

有一回她寫信給我，說她拒絕「被自己沒有的東西困住。我的人生守則是盡力過好每一天。我的藥可能哪天會失效，或是起床時整個人都超級僵硬，或因為任何原因而不舒服。但日子總會過去，每個人（不管有病或沒病）都會有爛透了的日子。」

艾瑞克．迪渥斯（Eric DeVos）也這麼說。在我那個中風倖存者臨時社群裡，他是經歷過失明恐懼或正在經歷那種恐懼的人之一，紐澤西人，已退休。他在十年前，大約六十歲時，有了跟我一樣的經歷：右眼視覺突然出現反光，但他的眼疾不是NAION，而是腦膜瘤，是一顆壓迫到右眼後方那條視神經的良性腦部腫瘤。醫生說可以放著不管（不致命），若要切除的話，便得承受任何手術都會有的風險，外加腦部手術特有的風險。但腫瘤會長大，最後會奪走他雙眼的視覺。他不是可能會失明，是注定要失明。

他要醫生動手術。為了切除那顆腫瘤，醫生切開他右眼上方的頭骨。手術超過六小時，他醒來時頭痛欲裂。但手術後右眼的視覺恢復清晰，左眼的風險也一併解決了。

之後他脫胎換骨。他度過了不知道手術結果如何、不知道以後會面臨什麼處境的日子，從此更懂得欣賞人生裡的一切。衰老漸漸侵蝕了他的健康，一個又一個健康問題與手術浮現，卻讓他更感恩人生裡曾經有過的順遂，以及目前生活裡仍然正常的那些事。他有舒適的住家，沒有財務問題，還有喜愛的家人，他對這一切看得比以前更清楚。

在我們的一次對話中，他列舉了日常生活裡的幾個奇蹟。「我太太的臉。」他說。「我女兒的臉。我三週大的外孫女的臉跟我女兒三週大的臉一模一樣呢！外孫女會直視我的眼睛，用她的小鼻子碰我的鼻子。棒極了。」

在我中風兩年多一點，在新冠肺炎來勢洶洶而開始封城前不久，我租了車，打算從曼哈頓開到紐澤西中心，我妹妹愛黛兒住在那裡，而她的女兒貝拉當時是高中的高年級學生，要在那裡演出學校的戲劇。講得精確一點，是音樂劇。是《媽媽咪呀》，天啊。

一般而言，我不愛看音樂劇。此外，我覺得阿巴合唱團那幾首歌的影響力未免太大了。其實電影版的《媽媽咪呀》（儘管有梅莉．史翠普跟克莉絲汀．巴倫絲基）我大概三十分鐘就離場了，能撐到三十分鐘還是因為看到二十分鐘時，我費了好一番功夫才說服我的三個同伴別看了。所以，想到要看一場製作經費比電影版低很多的《媽媽咪呀》，而且是坐在體育館硬邦邦的金屬椅子上看，我實在興奮不起來。但去看外甥女貝拉就讓我興奮了，以前都沒聽過她唱歌呢（根本不曉得她對唱歌感興趣）。而後她讓我讚嘆，她的聲音清澈、有力、可愛，動作很有自信，絲毫沒有她那天稍早在簡訊中跟我透露的、緊張得要死的樣子。我聽著聽著，眼淚湧上了眼眶。我心愛的人有著深不可測的才華，還有出人意表的膽識。

儘管那一場週六夜晚的表演深深打動了我，但對我意義更重大、留存在我心裡更長久的一刻，卻發生在第二天。我租車不只為了去看貝拉的演出，也是為了在隔天早晨，將獨自前來的父親送回他在西徹斯特郡的住家，然後我要留在他家，在他與妻子分居的期間照顧他，這在之前的文章裡已經提過了。也提過他的腦子已經太糊塗，無法照顧自己。所以星期天早晨十一點左右，我們離開紐澤西的普林斯頓，展開九十分鐘的車程，大半時候是在以醜陋聞名的紐澤西收費高速公路上。

曾經外向、魅力十足的父親如今已不太說話。天曉得這趟車程要如何度過，九十分鐘說不定會宛如九十小時，幸好現代科技與不現代的歌曲救了我。我租到的車子夠新穎，車上音響系統可以連上我的iPhone播放音樂。爸爸對此很感興趣，覺得這樣的發明實在太神奇，即使他已經見識過十幾次。

「看好囉。」我對爸爸說。然後吩咐Siri語音助理：「播放法蘭克．辛納屈的歌曲。」辛納屈的名曲從音響流洩，一首接一首，每一首都是驚喜，因為那是Siri為我們挑選的歌曲，不是點播的。爸爸跟著哼，甚至唱了幾首歌的幾個小節，我也是，我不再想著我們還剩下多少路程，會結束得多快或多慢，我不急。

我高興得很誇張。高興我發現了原來有時候，這麼簡單就能逗一個人開心、讓這個人舒適自在。高興我重新記起了，一個人眼中的稀鬆平常，在另一人眼中可能是新大陸，而分享這樣的事物，可以讓人生變成永不止歇的互贈禮物。最高興的是我們在這一刻心靈相通。爸爸跟我的距離不是只有將近三十歲的年齡差，我們在感性方面、政治傾向、選擇承擔的風險、所建立的生活，更是相差十萬八千里，而這些分歧還因為他的認知能力退化而進一步擴大。但我們都認同辛納屈，我們在〈夏風〉中吐露心聲。

「這是我的最愛。」我說，在〈帶我飛向月球〉結束、〈夏風〉一開始播放的時候。

「我也是！」他說，口氣很驚訝。

隨後的車程更愉快。〈夏風〉播完後，在曼哈頓的天際線出現我們眼前的那一秒，〈紐約紐約〉便響起了。我們根本不是在車上，而是在電影裡。「開始放出消息。」辛納屈唱道，這時，在紐澤西高速公路右側的遠處，就是他心愛的城市，是他這一趟長征的終點，很少有哪一座城市像這一座這麼忙碌擾攘，承載著那麼多憧憬，耀眼燦爛。當再一次看見這座高聳的城市，我心想，這是我的城市。我在那一片鋼鐵、石頭、磚瓦、水泥的叢林深處建立了自己的家。有一個信箱上寫了我的名字，有一個房間內擺放了我的閱讀椅，有一個櫥櫃裡收著我的西班牙煙燻紅辣椒粉跟蒔蘿。

〈紐約紐約〉結束後，爸爸說他一向很喜歡辛納屈跟一位女歌手的二重唱，他想了想女歌手的名字，沒記起來。

我也苦苦思索，突然靈光一閃：「艾拉．費茲潔拉？」

「就是她！」他說。

我笑了。「好，爸，看我的。」於是我吩咐Siri播放艾拉．費茲潔拉的歌。所以呢，陪著兩位法蘭克（我爸跟我）返回家裡的人是艾拉，不是法蘭克．辛納屈，是艾拉的〈我的搞笑情人〉，是艾拉的〈你讓我心動〉。我很多年沒聽她的歌了——音準完美的絲滑嗓音。為什麼？因為人生有太多的美好，一旦珍寶累積得太多，某些就不見了：被遮擋、被掩埋、被遺忘。你得提醒自己記住那些珍寶。

當你遇到像我跟爸爸當時在車上的那種時光，你得好好把握。那一趟車程的醍醐味不只是我很開心，也在於我認出了那一份幸福、給它適當的標籤、回味再三、記在心裡，於是它成了我的收藏品，日後有需要的時候就可以拂去上面的灰塵，重新溫習。

那時我在爸爸家住了兩週，後來疫情變得險峻、封城令嚴格執行時，又住了五週。我冒險出門買菜跟其他必需品，但爸爸八十四歲了，比我脆弱得多，需要注意安全、待在家裡、謝絕訪客。我很難過他的生活變得如此單調，活動範圍只有臥房、廚房、客廳，他會在客廳一個鐘頭接著一個鐘頭地看電視。我烘烤雞肉，我燒烤羊排，我們打牌——要挑他從很久以前就熟悉的牌種，才比較不會弄錯規則。他的八十五歲生日來了又走，復活節快到了。在這兩個日子，我們兄弟姐妹無法安排過去那些熟悉的慶祝節目，儘管他是受之無愧的主角。我好不容易學會充分珍惜那些寶貴的時刻，宇宙卻把那些時刻從他手裡（還有我手裡）搶走了。

所以我考慮起怎樣策畫這樣的時刻。我想得更深入：我們可以怎麼做才能給他一些消遣、讓生活有點意義，但染疫的風險為零或很低？我有了一個點子，在復活節週日，我為我們父子倆烤了羊排，吃完後便請他上車，讓他坐在乘客座，讓蕾根橫躺在奶油色的皮革後座上，我們三個展開一個小旅行，搭著爸爸寬敞的黃褐色凱迪拉克，去拜訪他的過去。

儘管爸爸有時會遠離在西徹斯特郡的出生地，但他這輩子大半時候（包括現階段的人生）都住在童年老家的方圓十英里內，他從中得到一份平靜，甚至感到心滿意足，這是我們必須擁有重心的重要理由。他了解穿越街道、將車停在停車場、進入餐廳吃飯的體驗，構成了他活生生的相簿，記錄他如何活到今天的歷程。他清楚翻閱這一本活相簿帶來的特殊安慰。

在那個復活節週日，我們開車去看他土裡土氣的老家，他的父母就在那裡養育他跟他的兩個弟弟，每年聖誕節，他們都會在前院的草坪架設一個巨大的育嬰室：一個木棚，瑪利亞、約瑟跟其餘的隨從都在木棚裡或木棚周邊，從十一月底待到一月初。（用熟石膏塑造的耶穌寶寶要在聖誕夜的午夜才會加入他們的行列，奶奶會一言不發地演出耶穌誕生的戲碼，從她房間梳妝臺的抽屜取出耶穌寶寶，放在木棚裡鋪了乾草的搖籃中。）然後我們開車到他跟我母親買的第一棟房子，一間樸素的科德角式小屋，我在那裡住到七歲左右。

接著我們去看他跟媽媽擁有的第二間房子，是第一間的三倍大，那是他決心要在這個世界奮進不懈的標誌。「還以為我們會永遠住在那裡呢！」他提醒我。但接連的升遷讓他離開了紐約將近十五年，而癌症奪走了媽媽，早在他們還不應該天人永隔的時候。我們在復活節週日的小旅行，將這些往事都帶回來了。他笑著搖搖頭，往事點滴在心頭。

他提出最後的要求：能不能彎去媽媽在少女時代住的房子看看？他們高中時代約會的時候，他都是去那裡接她的。我連他能不能找到正確的街道都懷疑，更別說是正確的屋子，但就像許多失智症患者，他存在腦海幾十年的記憶，比半小時前才剛剛看過的資訊或聽到的話更鮮明。他找到了地址。然後他要我把車停在正對面的路邊，讓他看一會兒那間房子。

陪在他身邊、凝視他，我看出在媽媽過世後的二十年裡，他退化的頭腦對他無比仁慈，將一段經歷了高低起伏、平凡無奇的美好婚姻，變成最蕩氣迴腸的羅曼史、一則童話故事，他可以隨興所至，反覆播放故事裡的重要篇章與場景，以回應並安頓他自己的哀痛。我看見他在我們一起坐在車上時任由腦海重播往日場景。我看見他在這麼晚期的人生階段，跟我（以及他自己）相處時已經夠自在，可以允許自己回味往事。而我看見他回味往事的心情不是悲傷，那是感恩。

我收下這一刻，希望從中學習並矢志不忘。這是親暱精緻的一刻，我把這一刻收進了紀念品的寶庫。等寶庫裡的收藏品夠多，你便有了一面抵禦絕望的強大護盾。

當我前往希臘的希俄斯島（乳香園與神經學的希望搖籃）時，在行程中跟人聊起一件與注射乳香藥劑無關的事。那天，我跟來自雅典的特約攝影師瑪麗雅．梅羅波羅邊吃午飯邊聊天，《紐約時報》雇用她為我的專欄拍攝照片。

我們跑完了島上的一個行程，正在去另一個行程的半路上，彎進了一間海濱餐館，除了我們兩人，還有她隨行的助理，以及一位希俄斯島乳香業的代表，他幫我們導覽行程。那是他挑的餐廳，也是他點了老闆說最新鮮的海產：蝦、紅鯔，其他的我想不起來了，但這一回還不錯，非常不錯。

瑪麗雅跟我還在互相熟稔的階段，她問我曾經去哪些地方出差，還有我平時旅遊會去哪裡，我也問了她相同的問題。那就像我們各自攤開一張黑白的世界地圖，開始把去過的國家塗上顏色。我不曾做過這樣的盤點，覺得自己的清單很壯觀：巴西和波札那、冰島和以色列、挪威和荷蘭、葡萄牙和波蘭、沙烏地阿拉伯和南非、突尼西亞和土耳其。我給一個國家又一個國家上色。

「你沒去過俄國嗎？」瑪麗雅問。

「不不不，我去過了！」我立刻說。我只是還沒提到罷了。「我去了聖彼得堡。」我告訴她，我在中風之前一個月，應《紐約時報》之邀，搭上波羅的海郵輪，成為他們的講師陣容之一，其他講者大部分是《紐約時報》的作者，他們在船上的時間都跟固定的人一起廝混，到了各個停靠站才散夥，郵輪先後停靠在斯德哥爾摩、哥本哈根、赫爾辛基，以及行程裡最精華的聖彼得堡。

「你們沒去莫斯科？」

那裡也去了。但要不是瑪麗雅提起，我都忘了，不只是在那一次對話裡忘了，而是在那之前許久便不復記憶。這實在誇張，因為我不但去過莫斯科，還在那裡有了一場狂野的冒險。十多年前，我有個朋友在《男士時尚》（Men's Vogue）雜誌擔任資深編輯，這一家存在時間不長的雜誌社資金充裕，決定要派一位作者去體驗（並撰文介紹）展開太空旅行之前的幾個準備步驟，目的是引起更多民間企業、一般民眾對太空旅行的興趣。他選擇的作者是我，我預約了「零重力航班」，從紐約市的拉瓜地亞機場飛到海上，然後讓飛機以「拋射線」下墜，在三十秒的急遽下墜過程中便會出現無重力狀態，讓十多位乘客在掏空了所有東西的中空機艙內飄浮。然後我去了莫斯科城外的星城，一個位於森林裡的肅穆園區，是俄國太空人接受培訓的地點。星城的鎮山之寶是一組巨大的奇妙裝置，據說是世界最大的離心機，可以將人（在那趟行程裡，就是我了）放進去，然後機器會旋轉，讓裡面的人嘗嘗太空人所承受的巨大重力，習慣那好幾倍的重力。

我被牢牢固定在一塊直立的板子上，就像《沉默的羔羊》電影裡押解殺人魔漢尼拔・萊克特那樣。然後一群剛剛打過照面的俄國人，便把那塊板子跟我推進機艙。我讚嘆了一下那機器，薄弱的意志力很快便令我顫抖：萬一他們把我扔在裡面就不管了怎麼辦？萬一他們把我轉得太快也太久呢？離心機開啟了，我感受到機體在轉動，然後是兩倍重力加速度的肉體壓力，之後是三倍、三・五五倍。我想起了當你嚴重鼻塞，鼻塞將你的臉頰跟額頭都繃得死緊的那種感覺，只不過這個緊繃感的影響範圍是我的整張臉，並遍及我的脖子跟胸膛。

我向瑪麗雅描述這些體驗，忽然感到羞恥。一個人要忘恩負義到什麼程度，才會在見識完這麼新奇、這麼古怪的事情以後幾乎忘得一乾二淨，多年以來不曾回味、重溫？我反省了一下，然後想起了菲拉格慕領帶。

三十八、九歲時，我住在華盛頓特區，幾年下來胖了幾十磅，多餘的肥肉始終減不掉，腰圍大了差不多六吋，臉都圓了。我不再做愛。多半時候，除非又一次需要安置我擴展的身材，否則不買衣服，避免試穿的屈辱。再說，我才不要為了只穿一陣子的衣服買單。我哄得自己相信，哪天或哪個星期我就會瘦下來，我沒理由購買很快就要淘汰的衣服。

領帶就不一樣了：選購時不需要試穿，瘦了照樣貼合你的尺寸。不時買個幾條，是在不體面的日子裡維持體面的手段（聲明儘管外表慘不忍睹，但我沒有放棄，仍然注重儀表）。買領帶是投資未來，又不會在當下讓我不舒服。買領帶是一種消遣。雖然我不常打領帶，所以不需要很多，但領帶可以收藏很久，對吧？今天買的領帶，十五年，甚至二十年後都還可以用。

我住處附近的男士服飾店有賣菲拉格慕的領帶，款式特別齊全，那柔和的用色和渦紋設計深得我心，而且隨時都有好幾款在打折。每隔幾個月我就會鎖定促銷區，一次買個兩條、三條、四條。不久，我就有了六條領帶，然後是十二條，然後也許是十五條。再然後，我就不買了。儘管我跟自己說這不是浪費，我是在收藏領帶，準備日後配戴。以後就不必選購漂亮的領帶，因為現在都買好了。

在希俄斯島上，我跟瑪麗雅聊起莫斯科和聖彼得堡，意識到這些在我的地圖上塗了顏色的國家，其實可能就像領帶：囤積起來，供我長期使用。我對旅行的態度，也許有一半、也許有四分之一跟領帶一樣，在囤積了旅行經驗之後，就不太會去翻動我的心靈衣櫃跟抽屜，將裡面的寶物取出來。但寶物就在那裡，隨時向我開放。從今以後，我可以善用這些寶藏，那是莫大的安慰。

我沒有大幅放慢步調的打算，目前還沒有。看看我的人生經歷，尤其是如今我更深入思索、檢視別人的人生經歷，我看得出勇往直前的最佳方式正是勇往直前，但命運隨時可以讓你慢下來。難道這不是疫情給我們的眾多教訓之一嗎？自從疫情來襲，大家就不太能幫地圖塗上更多顏色。有好長一段時間，地圖上只有他們原本就塗好的顏色。

我們常會可憐「活在過去」的人，對他們不以為然。但我想，現實情況比我們想的更複雜。前塵往事可以是我們的寶藏與療傷止痛的香膏。但要從這些寶藏獲益，要從這些香膏得到療癒，感恩是必要的條件。感恩是我覺醒的根源，從自以為是走向感恩的旅程，是最滿載而歸的旅程。

二〇二〇年的電影《游牧人生》講述一群浪跡天涯的人，在美得令人難以忘懷的一幕中，一位名叫史汪琪的流浪者（不是虛構人物，由本人親自飾演）說起了她如何安然接受自己的老邁與致命的腦癌。「我今年就要七十五歲了，我覺得這輩子過得挺不錯的。」她提到自己「划著獨木舟跑了很多地方」，飽覽美國西部的景色與野生動物。她記起其中一段河道，說她划過一個彎角之後，「看到懸崖峭壁上有幾百個燕子窩，四處都是燕子在飛舞，河面上有燕子的倒影，看來就像我跟燕子一起飛翔，牠們在我下方、牠們在我上方、牠們在我的四面八方，小小的燕子寶寶孵化了，蛋殼從上方的懸崖峭壁落到河裡，就像從天而降的雨落下，小小的白色蛋殼就在河裡漂流，實在美不勝收。我覺得夠了，我的生命完整了，即使在那一刻死去，我完全沒意見。」

她在那些燕子之間鮮活無比，而那些燕子在她心裡同樣也鮮活無比。

第十一章

終極祕訣

在二〇二〇年春末，疫情爆發大概兩個月時，我打電話給一位老朋友，她獨自住在一個很遠的州，我關心她日子過得怎麼樣。當時，許多超市外面大排長龍，裡面的貨架空空如也，而我的意思是：她的衛生紙夠用嗎？她的工作安全嗎？她會不會寂寞、悲傷，還是在追哪一部可以解決這兩個問題的精采戲劇作品？

她聊起自己在全食超市貨架上的莫札瑞拉起司附近，向男人賣弄風情。

她年逾六十，總是嫌棄自己的年紀不利於在職場上推銷自己、不利於她的新陳代謝、不利於她跟男士交往。但在疫情期間卻有個優勢：這年紀讓她有資格在全食開始營業的四小時內進去購物，這個時段保留給年長的顧客，由於上了年紀，他們感染新冠肺炎的風險較高，更應該避免人擠人，需要能夠維持六呎的社交距離的購物空間。

「法蘭克，」她以雀躍的語氣告訴我，「我總算知道要上哪裡找同齡的男士了！」

她一向不愛酒吧。也不愛交友網站。但超市的起司區？這完全符合她的喜好。

「而且不會有年輕小姐吸引他們的目光。」她說。「不用跟年輕女人競爭，口罩可以擋住皺紋，不用煩惱化妝的事，我可以把全部的力氣用在打點頭髮。」她的頭髮很美。

「有一次，」她接著說，「貨架附近只有我跟一個身高超過六呎的健壯男人，我弄掉了一塊亞爾斯堡起司，心想也許他會幫我撿。」他沒撿。根本沒注意到。

「我大概需要研究一下釣男人的技巧。」她嘆道。

我說，除了技巧，或許也試試格呂耶爾起司。

我告訴她，我很懷疑利用弄掉起司來釣男人是不是可行的求偶儀式。我提到口罩的作用是雙向的，看不出對方是不是配得上曼切戈起司的男士。我半正經半開玩笑，因為我知道她正經的程度只有三分之一。她不是真的想要賭一把高乳糖的愛情（但要是真的遇上了，她一定會吃乾抹淨）。她是在艱難的時局下插科打諢，喘口氣罷了。當然，這也可能真的帶來交友機會。不過對她來說這是需要淘氣一下的時期，而她就是淘氣了一下。

掛斷電話，我想起在五年多前的一個下午，我在一位外科醫生的候診室，他正準備從我的背部切下一塊深紅的肉。我當時將近五十歲，已經明白衰老的儀式之一，就是身體開始長出你寧可不要的多餘東西（毛髮、痣、肥肉），而移除這些東西有時不只是為了虛榮，還是為了活命。以我當時的病情來說，一個癌症寶寶在我的兩塊肩胛骨之間誕生了，要是放著不管的話，它可能會長大，變成棘手的癌症青少年。

一男一女坐在我對面，兩人的年紀看起來都不低於七十。從他們的對話，聽得出才剛認識，不過卻都身經百戰，熟門熟路。就治療癌症來說，他們都是常客。

「網球打太久了。」女人對男人說，指著脖子上一道細微的痕跡，假裝那是陽光留下的凶殘印記。

「高爾夫。」男人說，碰碰眉毛上一道類似的凹痕。「應該戴帽子的。」

她輕輕拉了一下裙襬，亮出緊鄰著膝蓋下方那一條鋸齒狀的紅腫，這讓她有了露露玉腿的藉口。

然後她伸出手，碰了碰男人前臂的一塊痕跡，顯然也是手術刀的傑作。

「整理院子。」他說，頗有男子氣概。她的手指在那片皮膚徘徊不去。他任由她撫摸。

這讓我想起《大白鯊》裡，有一幕是鯊魚獵手在互相比較傷疤，只是這兩位病友不是在跟深海怪物對抗，他們是在跟造反的身體對抗。

手術疤痕就這樣被他們倆磨平了，用其他標準來衡量呢？我看著他們將搗蛋的細胞變成可以和平共處的回憶，將病痛變成調情，我不禁覺得他們的格局其實擴大了，這是一種慈悲，某種奇蹟的夥伴。當我們肉體的肌肉日漸無力，情感的肌肉卻強健起來，更擅長從悲劇裡認出喜劇，從挫敗裡認出進步，從壞的認出好的。

我們成為擅長挑選觀點的大師，這是終極的調整，是所有祕訣之中的祕訣，是順應變化的基石。芭芭拉在全食的舉動，與這兩位老年病患在癌症中心的行為，讓他們對自己承受過的苦難、仍然在面對的挑戰、歲月理所當然的摧殘，都可以因而改變。抱持正向的觀點是多麗、胡安·何塞、米格爾·內里都精通的技藝，他們各自的調適手段都屬於這個範疇。當我想像每個人披掛著的廣告看板，也是同一回事。這是一種從新的觀點檢視一件事的技巧，換一個評估事態的角度，明白你可以把那些事情放在更適宜的框架下，當你做到了，局勢便不再陰鬱，有時還比較有趣。

我想，曾經駕馭過一定苦難的人，會比較早開始調適自己。但這種技巧是每個人隨時都能用到的，一般而言，到了越後面的人生階段，這種技巧會更加重要，足以讓一群柔弱的超市口罩老人，演出一部洛克福斯起司浪漫喜劇。

⁂

據我所知，觀點有三個互相重疊的基石。一是從前因後果來看待你經歷的事情的能力：要意識到廣告看板的存在，明白別人的看板內容與你的看板內容是恰恰相反的。而另兩個基石呢，一個是把局限砍掉重練的能力，局限不光是局限，還有一個基石則是重新塑造你對失去的概念，計算你失去的事物可不是簡單的減法。

唐娜．馮巴根是北卡羅來納的退休心理學家，她察覺失去並不光是減法。小時候她就患有嚴重的氣喘，長大成人後她罹患慢性疲勞，據說是氣喘治療造成了壓制免疫系統的副作用，兩者可能互有關連。醫生常常無法判定導火線，但她只要做了太多事便會累，如果跟太多人一起廝混，什麼傳染病都有可能染上，腸胃還會嚴重不適好一段時間。

真是苦難的故事，對吧？但她的說法可不是那樣。她絕大部分的挑戰確實是負擔，然而到了她口中卻不是負擔，而是影響力，是她要把時間用在哪裡、要如何雕琢人生、要做哪種人的決定因子。她覺得這樣的人生還不錯，很合她的味口。所以她給人生路途設定的框架、她採取的觀點，是她的人生路途很特別，而非困難重重。

「比如，我看得非常清楚，以我的家庭與背景來說，要不是從小就有氣喘，我不可能成為心理學家。」她這麼告訴我，指在加拿大安大略的勞工階級地區長大成年的那些年。「我媽媽在喜互惠超市當收銀員，爸爸是造紙廠的化工技術員。其他小孩在跑跳玩耍，我則坐著看書——漫畫書、任何我拿得到的讀物都看。我真的很擅長閱讀。」

因為她擅長閱讀，所以學業成績很好。因為學業成績很好，她待在校園的時間夠長，拿到了心理學的博士學位。有了這份學歷，她做起了心理諮商工作，許多要克服創傷經驗的人向她求助。她自身承受的挑戰讓她更能夠理解他們的挑戰，而她自身的挑戰是永久的。她告訴我，有時她需要睡個午覺，面對病人才能有充足的專注力。

她還說：「在我開始工作、建立家庭以後，我必須很努力讓自己接受事實，就是我真的不太能擁有社交生活——只顧得了工作跟家庭。我實在擠不出額外的時間跟精力了。」她讓丈夫帶兩個女兒上教堂，星期天早晨需要拿來休養。

她也不參加晚間的大型聚會。「我有一、兩個非常要好的朋友。」她覺得這樣的親密友情適合她。「但閒聊真的激不起我的興趣。以前就沒興趣，未來也永遠不會有興趣。」如果這不是她的健康狀況塑造出來的脾性，健康狀況也加速了她作出這樣的評估。無論如何，她很滿意。

她的精力有限，必須斟酌使用精力的時間、地點、用途，因此她不得不在所有生活層面排出優先順序，包括相對膚淺的事務。「化妝。」她說。「我不化妝。」化出美美的妝不必費多少力氣，但跟化妝對她的重要性相比，花那點力氣就不值得了。後來她便不管髮型了，但她確實會染髮，因為她在乎髮色。「說穿了就是我對時尚跟儀表仍然有一定程度的在意，所以決定搞清楚怎樣花最少的力氣，達到讓自己滿意的最低標準。」

她說這是從健康瑕疵而來的安排。我認為也跟年紀有關。我聽年長的親友這樣說：「我只要有這些就夠了，真的，有這些我就滿足了。」他們是在說，放下不必要的、瑣碎的事物。

絕大部分人在疫情來襲時不得不這樣做，許多我認識的人很訝異自己並不懷念那些被放棄的活動，也很訝異原來過去的活動那麼多。要是他們夠幸運，沒有失業、沒有失去摯愛的人、財務損失不大，便會發現崩塌、受限、與世隔絕的生活起碼有幾個好處。民生物品的取得方式有了新措施，他們的生活品質沒有下降，而是重新建構。不能花那麼多時間跟一大群人往來，便表示你能跟一小群人相處的時間變多。不能進公司上班，但也不必通勤了。用

Zoom開會或許不理想，但需要飛機、機場、公事包才能開的會也並不理想。

工作、愛情、生活都有許許多多不同的角度。路有很多條，交通工具有很多種。一種不行就換一種，即使你真的因而犧牲了什麼，卻也可能是你未來想長久維持的改變，有時結束是新的開始。我在前面章節提過，有時受到限制或失去什麼，反而讓你去試驗原本不會嘗試的事、學會原本不會有的技能、得到原本不會有的見解。只管允許這樣的前景出現，精煉這樣的觀點。

戴文．珀森便是箇中翹楚。我在二〇一九年的《紐約時報》偶然看到一篇關於他的報導，大標題是：「我是很怪，但我拿得出成果：你在地鐵見過這位巫師嗎？」當時他三十三歲，住在布魯克林，常常穿著綠色長袍，戴著綠色的圓錐型帽子，自認為是專業的巫師。身為巫師，他會帶領一群人做冥想，其中一種稱為巫術時間冥想。「他對人群演講。」文章的作者瑪麗．皮隆解釋道。「他主持婚禮，他解讀塔羅牌、執行催眠，他製作一個播客節目。」

這些都很有意思，令人發笑。但在他的故事中，最引起我興趣的是他如何得到巫師的招牌扮相：他蓄著一把長長的白色鬍子，這造型雖然適合巫師，但放在這麼年輕的男人身上卻很奇怪。原來，這把鬍子跟他的關節疾病有關，醫生開的藥物有個副作用，就是令許多病患的黑色毛髮變白。他告訴皮隆，當醫生解釋副作用的時候，「我在他的診間跳踢踏舞」。珀森當時正在研究巫師，便決定把藥物的副作用當成禮物：大自然贈送的潛在扮相。羅患關節疾病不是好事，但他的白鬍子是很吉利的招牌。

金姆．錢伯斯也因不幸而蛻變。我以前便應該聽說過她的，在二〇二〇年年初，我翻了記者邦妮．徐剛上市的書《我們為何游泳》（Why We Swim），因為從九歲到十七歲，我每週都在游泳池消磨十二至二十五小時，是個優秀的游泳比賽選手。《我們為何游泳》有一章專門介紹錢伯斯，說她是「馬拉松式長泳的世界頂尖選手之一」，提到錢伯斯：「持有好幾項長泳的世界紀錄，包括在二〇一五年創下的紀錄，成為第一位從法拉隆群島獨自游到金門大橋的女性，全程三十英里，她在即將午夜時進入漆黑的水域，從惡名昭彰的紅三角出發，那可是有大白鯊出沒的地區。」錢伯斯也是：「史上第六位游過七大洋的人，相當於開放水域版的爬完七大洲最高峰。」

這本身是很了不起，但要是考慮到她「在二〇〇九年時因截肢差點失去一條腿，為了復健才以成年人的身分開始游泳」的話，她的成就就更加驚人了。她是在舊金山的公寓外受了腿傷，當時她穿著高跟鞋，在樓梯上沒走穩就滾下樓梯。醫生說，那條腿的機能注定是無法挽回了。「她花了兩年時間重新學會走路。」徐寫道。「發現她是曠世奇才的長泳健將都沒花那麼久。」而她也發揮了自己曠世奇才的本領。要不是摔了那一跤，她不可能發掘自己的泳技。她在這一頭碰壁，便改從不曾涉獵過的另一頭找機會。她沒有因為腿傷悶悶不樂，而是穩健地施展她剩餘的才華。

錢伯斯是在三十歲左右開始海泳，那個年紀做得到的改變，未必是我五十幾歲右眼罷工的年紀做得到的，也跟你六十幾歲、七十幾歲、八十幾時做得到的事不一樣，衰老必然會侵蝕你的體能。但我們都有許多個版本的自己，第一版損壞了或遭到扼殺，便可以用第二版、第三版、第四版的自己來挽救我們，這樣的觀念並沒有年齡限制。再不然，生命也有多如繁星的選項及可能性，你在某些地方碰壁，便會被推到其他地方去。

這方面我有過實際的經驗，然而卻忽略了，直到視覺受損才重新看見。我是指年輕時如何順應自己的同性戀者身分，儘管我平常容易自憐，擅長小題大作，但我不怨自己的命，不罵老天，沒有自暴自棄地一輩子沉浸在屈辱中，自我放逐，我幫自己規畫了新人生。我心想，我不會有兒女（在那個年代，絕大部分同性戀男女都沒有），決定把這當作一種解放。沒有後代的話，那我的收入水準便不是那麼重要，因為要靠我的薪水吃飯的人沒那麼多。我不必管城郊的吸引力，只因犯罪率低、學校好就住在城郊，我可以是大都會的居民。我在城市裡會受到歡迎，所以城市便是我要待著的地方。這便是我拍板定案的事，可以拍板定案總是好的。

我們得按照取捨的標準來作選擇，同性戀就是我取捨的標準，用標準釐清方向。以我鎖定的職業來看，必須跟許多不遵從主流思想的人打交道，所以不必太擔心別人批判我跟他們不同，因而刁難我，我認為自己的性向需求不是懲罰，而是有用的篩選條件，可以縮小選項範圍，也是自我定義的媒介。全然的自由本身可能很專橫，不那麼自由的話，我便會有更多的依循。當然這絕不公平，這是徹徹底底的不公，所以我奉獻了一部分的事業與不少的文章，來探索世人對同性戀者的憎恨與歧視（同性戀者承受的損失不只是夢想被粉碎，還被折騰得遍體鱗傷）。為了理應不必爭辯的事情而爭辯，主張我們應該擁有跟異性戀者一樣寬廣的機會。然而就在我振振有辭的時候，就在我抗爭的時候，我同時讓那寬廣的機會也向我敞開了一大半，因為我不是只想憤怒，我也想要快樂。

這一段往事與思維在我中風之後又回來了，不是立刻，而是在我努力控制情緒、鎮壓恐懼的時候。一眼閉上，另一眼便睜開。這不是事實，而是觀點，話雖如此，觀點的正確性不因此減少。而觀點以最細微、最蠢笨的方式化為現實，這些現實披露了規模更大、更明智的人際互動狀態。我常常在晚上帶著蕾根到中央公園散步，其中一次我帶了新的iPhone手機，大概是設定不完全或有誤，以致想聽的有聲書不能傳送到我的耳機。想聽音樂也不行：那一夜沒有〈月亮姐妹〉、沒有〈天使〉。令我百思不解的是，唯有播客是正常的。但「唯有」

是個錯誤的字眼，因為播客百家爭鳴——有NPR、有CNN、有《紐約時報》、有TED演講，更別提還有許許多多免費的有聲紀錄片系列，我用手指在小小的手機螢幕按下正確的按鈕，便可以接收到數位資料。我在峰頂岩可以聽，在綿羊草原也可以聽。

我們逼近六十歲的人喜歡批評世界如何走下坡，說我們運氣好，在世界仍然美好的時候退場了，然而那是有原因的。政治對立嚴重，獨裁政府散發頑強的魅惑，環境災難，氣候變遷，那是一種立場，以下是另一種：科技日新月異，用前所未有的速度推動了教育與娛樂。世界從來不曾如此多元，我們也不曾如此容易接觸到形形色色的事物。在疫情期間，電影院停業，但我們仍然有電影。音樂會沒了，但我們仍然有音樂。我們有許多種形式的書籍：實體書、電子書、有聲書。我們只是切斷了跟人的見面往來，其他形式的人際連結依然深刻，連結始終都在。

以上是我的觀感（或者應該說，我領悟到這樣的觀感），儘管我不擅長使用科技。我的科技能力糟透了，因為技術太糟，我處處撞牆。我透過出租車的儀表板操作Apple Play一切正常，可是過了休息站便突然停擺。我的iPad重新開機就連不上網飛，而我找不到原因。所以我放棄Apple Play，改聽傳統的廣播，結果你知道怎樣嗎？我聽到一個右翼的脫口秀，有許多關於社會學及人類學的精采觀點——比我會細心收藏的播客風格更有趣，對我的工作也更有助益。我沒有上網追劇，終於把之前下載完便放著沒動的科林・哈里森的驚悚小說挖出來看，享受了心跳加速的歡樂體驗。無論如何，我都贏了。我贏，是因為我允許自己贏。或者說，憑意志力讓自己贏。無論如何，那都是勝利。

陶德．布雷宏也用相同或很類似的濾鏡來看世界。我們在二〇二〇年年初用電子郵件筆談，後來用電話交流，那時他四十二歲，與妻兒住在多倫多，為加拿大國家盲人協會做資訊科技的工作。他的工作並不是意外，陶德從孩提時代便有視力問題，時而惡化時而改善，把醫生都考倒了，一直不能給他確切的診斷。「不明視神經疾患」成了他耳熟能詳的詞彙，醫學界用這個漂亮的詞彙來解釋他們想破腦袋也想不通的病因，是言詞版的聳肩。他的眼疾跟我的一樣涉及神經，但揪不出殘害神經的罪魁禍首。大學時代，他的中央視覺足以應付閱讀、操作電腦，不需要特殊的輔助工具，但他的周邊視覺不健全，中央下方的視野也缺了一塊，以致有些事情對他來說很困難，或根本做不到。

他的視覺逐漸衰退，到了二〇一三年，他在三十五歲上下的時候，便無法辨識紙頁上或電腦螢幕上的文字。當時他已婚，是兩個男孩的爸爸，小兒子還不到六個月。這令陶德很鬱悶，他是在嗜書如命的家庭長大的，這下子他永遠不能為二兒子念故事，也不能繼續為年僅三歲的大兒子念書。「這聽起來不是什麼大事。」他告訴我。「但對我很重要。這大概是我遇過最重大、最艱難的一件事了。」

他有了手杖，然後有了導盲犬。兩者都在昭告天下他是盲人。這引來了不少在他看來覺得有趣、好笑的反應，於是將這些反應改編成段子跟笑點，用在業餘的單口相聲喜劇表演中。陶德一向喜歡單口相聲喜劇演員。所以在二〇一九年年底，報名了多倫多第二城喜劇團的單口相聲喜劇課，二〇二〇年一月開課，兩個月後結業，要在一家喜劇俱樂部表演五分鐘的段子。

他告訴我，剛開始上課時，他本來沒打算拿失明來作文章，是自然而然冒出了點子。失明是他念茲在茲的事，他會思索別人又發表了什麼關於盲人的蠢言蠢語，意識到既然他思來想去都是這些事，可見真的很在意，只是平時不願承認罷了。但他也意識到，他可以重新塑造這些氣惱與挫敗。他可以把那些事情當作黏土，捏出造形，當成上臺演出的段子，當觀眾笑到前翻後仰，揉捏那堆黏土的解放效果全寫在他滿臉的喜悅上。

我看過那一段表演，因為他寄了影片的連結給我。我沒能聽到他全部的笑話，因為觀眾頻頻爆出響亮的大笑。他棒極了！開場時，他以誇張的姿態拿著手杖，一邊走向麥克風，然後以非常、非常慢的速度將手杖折疊起來、收好，讓人再一次注意到他的手杖、突顯他是盲人。最後，聰明又詼諧地轉身面向觀眾，說道：「各位真是男的帥、女的美啊！」

接著，他談論起他對失明相關用詞的困惑：「法定盲人？不曉得耶，我沒填寫過任何文件，也沒做什麼特別的事啊。」他問道，與其把他們這樣的人稱作「視障」，是不是應該改成「視覺不便」？才不呢，那是說不通的。「視覺不便⋯⋯我想到的是一個視覺正常的人在海灘上，而我脫掉上衣從他的視線所及之處走過去。」他說。「那個人的視覺才真的被造成不便，搞不好都視覺創傷了呢！」

他談論起有時候小朋友會詢問父母，為什麼那個人要拿著一根手杖，他們的父母會壓低聲音說：「因為他看不見。」而他想告訴這些家長的是：「儘管大聲說啊——我已經知道我看不見了！」有的人會問他怎麼有辦法刮鬍子，也是愚昧到令他驚訝。「我們來測驗一下。」他指示觀眾。「各位，閉上眼睛。你們找得到自己的臉在哪裡嗎？」

陶德找到了自己的論述跟觀點。視力被奪走以後，照顧小孩、工作等等都需要付出額外的心力，他傷心了一段時間，有過一些恐怖的經歷。然而當中也有荒謬之處，有引人入勝、逗趣的角度，可以打造成舞臺上的笑哏，即使不上舞臺，也能與之和平共處。

總有人主張，失去了多少事物，便能得到多少相同分量的事物，但那不是我要推銷的觀點。我根本不相信有那種事（我不認同這種主張的武斷，不認同我們可以計算事物的分量，不認同這條算式的條理分明）。不管我們有什麼花俏的精神手段，不管費了多大力氣，我們能夠承受的失落情緒都是有限度的。但我確實相信，我們可以決定自己要不要被這些限度壓垮、動彈不得。我們可以不要只把失去當作被搶劫，也可以重新定義那些失落。

瑪姬・菲德爾跟她的丈夫鮑伯，是我母親在世的最後五年裡，跟我父母最交好的夫妻檔。在母親過世以及後來鮑伯過世後，瑪姬還會寫電子郵件給我，不僅關心一下我父親狀況如何，還會聊聊她對新聞的意見，對我在《紐約時報》專欄文章的看法。我喜歡收到瑪姬的消息，她實在機智過人，態度極為正向，耀眼奪目。她難得參加跟爸爸有關的活動，但每次在那種活動見到她，總是讓我很高興。她讓我覺得自己跟媽媽搭上線，跟罹患阿茲海默症之前的爸爸搭上線，跟老爸老媽都還在的那個時候的爸爸媽媽搭上線。她讓時光倒流。

瑪姬現年八十九歲，退休前是教導英語作為第二語言的英語老師，此外也做志工。她很了解失去的滋味。她的五個兒女裡，有一位在五十三歲過世。九個孫字輩裡有一位在兩歲殞落。二〇一七年年初，鮑伯告別人世。他們結婚超過六十五年，生活大小事都緊密交織。在許多場合裡，她不是瑪姬，而是鮑伯跟瑪姬裡的一半，或瑪姬與鮑伯裡的一半，他們是一組的，然而他們已經不再是一組了，只剩下回憶。

瑪姬說，她沒怎麼想過老了以後的生活，認為自己不一定會有老年。「我母親五十四歲就走了。」她說。「坦白說，我沒料到自己可以活到這把年紀，我沒有可以參照的對象。鮑伯的父親五十七歲過世，他們兩個都說過退休以後要如何、要去哪裡玩，而他們兩個都沒有活到退休，我們要記取他們的教訓，不要拖拖拉拉。想做什麼，就趁著還能做的時候去做吧。」

她說話時，我記起一件很久沒想起的事。二〇〇三或二〇〇四年時，我住在羅馬，擔任《紐約時報》羅馬分部的主管，她跟鮑伯跑來羅馬，邀請我跟他們一塊去特拉斯提弗列，在他們最愛的館子吃飯。那是在臺伯河靠近梵諦岡的那一側，街道特別狹窄，鋪著粗糙的鵝卵石。瑪姬跟鮑伯在那些年裡經常去羅馬，去到已經有自己最愛的地方了。「回顧以前的事真的很不可思議，我們真心想做的事，都一件不漏地做完了。」

所以祕訣就是，把握你可以火力全開的時機火力全開，想涉獵的領域全面涉獵，想走的路全部去走，等到你時日無多，不得不放慢步伐的時候，便可以品味這些往事。我在希俄斯島向希臘的攝影師細數自己的旅行經驗時，便察覺自己明智地、不經意地做到了這件事。但光是緬懷往事並不夠，不足以讓瑪姬滿足，甚至這也不是她心滿意足的主要因素。瑪姬不會滿腦子想著自己的生命裡少了什麼，她專注在仍然留在她生命裡的事物，以及她還可以在生命裡增添些什麼。這才是她喜歡的算式，是她堅守的觀點。

她在曼哈頓的猶太博物館當解說員，每次為了新的展覽研讀資料的時候，都很欣喜於獲得的知識。她保留了跟鮑伯在林肯中心大都會歌劇院的會員資格，每一季開始時便將節目表寄給她的孫兒孫女，讓他們各自挑選一場表演，陪她去看。她的兒孫們時常使用她家後院的游泳池，在她家寬敞的露臺烤肉，而她告訴我：「只要天氣稍微暖和一點，每個週末都會有一堆人跑來我家後院。」她也喜歡這樣。她喜歡每年兩次的度假，兩個假期都不是長途旅行，也都不奢侈。一個是只要一小時車程就能到的一座湖泊。她喜歡那裡的湖光山色。另一個假期是去尼加拉瓜瀑布地區，因為她喜歡那一帶在那個時節綻放的花。

她分享了最近一次去湖邊的度假行程。「我划了獨木舟。有生以來第一次。」

「真的假的？」我說。「妳八十六歲耶！」

「就是八十六歲。」瑪姬說。

「那妳喜歡嗎？」

「我愛死了。我很會游泳，常常游。所以我就想：『最糟的情況是什麼？不就是我翻船掉進水裡，然後要嘛自己游回岸上，要嘛就是有人來救我？』我划得很順，直到回碼頭才出問題，我沒辦法從獨木舟裡爬出來，沒辦法從船身裡站起來。碼頭上那些十幾歲的小孩們還幫我出主意。最後，我發現唯一的辦法是讓獨木舟在碼頭旁邊翻船，於是就讓獨木舟上下顛倒了。」不久後，她便從水面下扭著身體鑽出來，沿著獨木舟游回水面上。

「總是會有辦法的，是吧？」我說。

「永遠有辦法——對。」

瑪姬喜愛的事情太多，足以填補喪失摯愛後所留下的空白。而在喪失之餘，她有了新發現。她告訴我，當鮑伯逐漸走向生命盡頭，她意識到自己根本不知道一個人的日子要怎麼過。她的意思並不是她不懂得如何照顧自己、照顧房子跟帳單等等，這些她都會，她是指社交方面。瑪姬與鮑伯、鮑伯與瑪姬的行事曆是他們不假思索便安排出來的，有許多社交活動是因為鮑伯，鮑伯在當地一家赫赫有名的律師事務所擔任要角，而那間事務所跟他同名。她意識到這一類的社交邀約會消失一部分，或許是絕大部分，有些人將不會再主動找她。瑪姬可以主動發起這類活動嗎？她可以獨自出席以前鮑伯一定會同行的場合嗎？

她領悟到她大可放下一切焦慮，她可以做她該做的事，就是自己主動開口。「我不能坐著等別人主動。」她說。所以她不會枯等，而主導局勢讓她覺得很爽。

她補充道：「我很自豪。」

我告訴她，她證明了即使是八十幾歲的人，也能夠培養我所說的「新肌肉」，也許超過八十幾歲都不成問題。

「我覺得你說得很好，對。」

我提醒她，我從我奶奶最愛的格言之一取了開頭四個字，當作我二〇〇九年的書名，那是一本關於家人與食物的回憶錄。「天生豐滿的人，死時就不會是平平板板的身材。」我說。「就跟很多事情一樣，這話既真也非真。我想妳死時可以是平平板板的身材，因為妳可以發展出新的肌肉。」

身體變弱了、人老了，必然會失去一點什麼，但有些東西最好是主動捨棄。像是自我意識，至少是強烈到會扯人後腿的那種自我意識；不切實際的期待，這通常很殘酷，無法成為催化劑；憤怒，因為憤怒帶來的消耗大於挹注。我看得出瑪姬放下了許多事物。

我在候診室見到的那一對男女也是，就是在我背部動了小手術的那位醫生的候診室。但願時光能倒流，我就會要跟他們要電話號碼，追蹤他們，了解他們在那一刻之前的經歷，以及他們在那一刻之後的發展。但願我能知道那一場對話是怎麼結束的。我沒聽到，八成是因為中途被叫進去看醫生。也許他們在我聽到的最後一句話之後便沒再交談。

也或許他們交換電話號碼，沒隔幾週便一起去某處度假了。也許那會是他們這輩子最愉快的假期，不是因為海水很藍（恕我直說，也不是因為陽光燦爛），而是因為這場假期發生在他們都竭盡全力品味愉悅的時候。

第十二章

砸開一顆心

我中風時，跟鮑勃．克里已經做了大概五年的朋友，跟他吃了很多次晚飯、喝了很多酒。他喜歡龍舌蘭酒，酒精下肚後，他會顯而易見地放鬆起來，儘管他原本便不是真的需要放鬆的人。他在政治領域之外是很直率的人，對人沒有防備心，相當健談，樂於回答我扔給他的任何問題，比如他幾十年前怎麼有機會跟黛博拉．溫姬交往，當時她可是電影巨星呢！這也是我在一九八〇年代中期就注意到鮑勃的契機，那時我在念大學，對好萊塢的關注程度不亞於政治。鮑勃那時是內布拉斯加州的州長，戀人溫姬讓許多人相當意外。他告訴我，《親密關係》的大部分劇情是在內布拉斯加州拍攝的，在宣布電影即將於當地拍攝的新聞發表會上，他見到了參演的演員，包括溫姬。剩下的就是費洛蒙的功勞了。

當比爾．柯林頓在一九九二年贏得美國總統選舉，鮑勃臉不紅氣不喘、毫不遲疑地跟我分享他的內幕消息，宣布他要爭取下一次的民主黨總統提名。鮑勃總是讓我覺得，問他什麼都行。然而直到中風以後，我才第一次問起一件帶給他帶來最多改變、意義重大的人生體驗，就是他在越南作戰時右腿受了重傷，失去最下面的一截。

從我第一次見到鮑勃時看見的風波，就看得出他不凡的性格與直率。那是二〇一二年，婚姻平權在全國辯論最熾烈的時候。紐約州根據前一年的立法，讓同性婚姻合法，而華盛頓州、馬里蘭州、緬因州、明尼蘇達州則要在十一月投票表決，選民可以直接用投票表態。鮑勃抽出時間從紐約返回內布拉斯加州，競選美國參議院的席位。他是民主黨提名的候選人，民主黨認為，共和黨在內布拉斯加州的支持度這些年來越來越高，而派出鮑勃跟共和黨競爭的勝算最大。

共和黨使出渾身解數，要滅絕民主黨的希望，肆無忌憚地給他貼上一張投機政客的嘴臉，曼哈頓格林威治村的波西米亞人，那裡是著名的左翼地區。但眾所周知，鮑勃在內布拉斯加出生，在內布拉斯加長大，拿內布拉斯加大學的學位，在越南服役、領到榮譽勛章後返回內布拉斯加，內布拉斯加第一大城奧馬哈有一座以他為名的橋。他在內布拉斯加當州長、成為內布拉斯加兩位參議員之一的時間共十六年，直到二〇〇一年年初離開參議院為止。他直到快要六十歲時才搬到曼哈頓，接受了新的工作，成為新學院的校長。

但在二〇一二年的競選活動中，強調他的進步派立場，或是任何會讓人覺得他就像競爭對手所講的一樣冷血無情的事物，都絕對不符合政治利益。因此，當一位追蹤鮑勃選情的朋友告訴我，在競選期間，鮑勃在內布拉斯加巡迴演說時，時常主動說他支持同性婚姻，我聽了其實很意外。我的朋友給了我鮑勃的連絡資料，我直接連絡他，說我要寫專欄文章介紹他的立場、說明他注重的要點，希望能在近期內讓我搭機到內布拉斯加，當面採訪他。他立刻答應，說會交代屬下連絡我、跟我敲定時間。

確實有人連絡了我，不過是通知我鮑勃講錯話了，無法配合採訪。抱歉。

我的直覺反應是，鮑勃的屬下是為了保護他而阻撓我的採訪，降低他支持婚姻平權的立場所引來的非議。我直接連絡鮑勃，表達我的惋惜。他說，我可以採訪他，他會解決問題。大約一週後，我搭機到奧馬哈，晚上我們便在下城的一家餐廳喝酒。儘管有一位隨行人員守著我們，但鮑勃趕走他了。

他明言自己堅信同性戀者是天生的，說道：「你想，頭腦正常的人會選擇在內布拉斯加當同性戀嗎？」他說同性戀者應該擁有完全的權利，結婚的權利絕對包括在內。這是他長久以來深信不移的事，早在一九九六年，在參議院，他便對《捍衛婚姻法案》投下反對票，那個法案規定婚姻關係是一男一女的結合。他在參議院的民主黨同志大部分都投下贊成票，包括喬．拜登。最後比爾．柯林頓簽署通過了法案，但代表內布拉斯加的鮑勃，在那個根本不是同志人權溫床的州反對那個法案。他告訴我，從以前到現在，他都相信自己的立場是人道、正當、正確的。

我把這些全都寫進專欄文章裡。鮑勃的參議員選舉結果不出所料，敗北了。

此後我們一直是朋友。

二〇一七年年底，我跟他說起右眼的損傷，他說那將會挑戰我、改變我，對我的影響會比我預料中更長久，大概也會更有意義。他屬於會不時提起我視覺損傷的朋友之一，會詢問我的病眼怎樣了，關心我狀態如何。他比大部分人清楚我眼疾的近況，而對於眼疾毒害我思維的可能性，他比別人更敏感。但我直到中風幾年之後，才探究起他多年前的受傷經驗，他承受的痛苦比我還大很多、很多，我問他有什麼領悟。我們首次聊起他在越南受的傷與受傷之後的影響。

⁂

事情發生在一九六九年三月中旬。他跟一群海軍海豹部隊的夥伴在逼近一個越共營地時，遭到敵軍的猛烈炮火攻擊。一枚手榴彈朝著鮑勃方向扔過來，在他腳部附近爆炸，他昏厥了。他說醒來時主要的感受是「幾乎都要慶幸自己活著了」。他很快明白右腿的傷勢很嚴重，「腳跟沒了，還少了幾根腳趾。」他被施打了大量嗎啡，先送到日本的野戰醫院，之後送到費城的醫院。在後送的途中，他看著從右腿的石膏模裡露出來的剩餘腳趾越變越黑，因為供應右腿下方血流的動脈報廢了，以致缺血。他明白那是怎麼回事。

「我腦筋還夠用。」他說。在費城，他對即將幫他動手術的醫生說：「能保住多少算多少，你盡量吧。」

醫生必須截除鮑勃的右腳掌及腳踝。鮑勃安裝了取代那些部位的義肢，他說：「痛得要命。當你第一次要把腳放到義肢硬邦邦的凹槽上，而你的斷肢斷面都是柔軟的組織跟疤痕，你就曉得這不會輕鬆。我搭飛機回內布拉斯加，在歐海爾機場轉機時，老先生們輕鬆超越我走在前面。在那之前兩週，我還是海豹部隊的一員。」

後續還有更多痛苦（大量的痛苦，且歷時長久），還有許多醫療方面的調適，但最主要的是缺少了一部分肢體，衝擊了他的自我形象。「那讓我覺得自己是怪物。」他告訴我。

「那種感覺持續了多久？」我問他。

「一直沒消失。」他回答，所以儘管配戴義肢絕大部分時候都會痛，他卻討厭取下義肢，即使是在家。「我現在就有一點點不舒服。」他說，我們在格林威治村，在他最愛來吃午飯的餐廳之一，他坐在雅座的對面。「要是把這隻腳卸下來，我會舒服很多，舒服超過十倍。」

「那你多常拆掉義肢？」

「晚上，在我睡覺的時候。」

「但你回家以後不會拆？」

他說他不喜歡那樣坐著。「我還是有一些殘餘的難為情。」他說。「即使是在我老婆跟兒子面前。」他重新跟我說了一遍他以前提過的事：他跟溫姬的戀情（他跟溫姬交往過，恢復單身以後才認識他太太）給了他很大的震撼，因為這位超級名人，這位飾演過約翰·屈伏塔跟李察·吉爾心上人的女性，完全不介意他肉體的可怕缺陷。他把那描述為「一份禮物」。

不是只有輕微的疼痛或不適讓他始終記得自己的缺陷，還有物流安排。他訂不到在可能弄溼的情境下配戴的義肢，所以他訂了第二副義肢在洗澡時使用。但那一副比較笨重，收納盒也是。每次出遠門，他都得決定是要把它留在家裡，然後在淋浴間被迫搖搖晃晃地站著，只用左腳支撐身體，還是把第二副義肢也帶去，忍受這一份多出來的重量。

從越南回來後的那些年，然後是那幾十年，他常常去探望在軍事醫院的截肢患者。「他們說你以前可以做的事，將來也都可以做，那是個天大的謊言，所以到時候不要失望。如果你想知道以後你做不了什麼事，我可以給你一份清單，這不是世界末日。話說回來，你以後可以做到一些你原本不能做的事，因為你已經脫胎換骨了。」

他為我說明他的改變：「我看得出別人痛不痛，因為我清楚疼痛的滋味，我知道要怎麼調整自己，才能看出別人的痛苦，我們都是咬牙硬撐的。而我看得出來，我看他們的臉就知道了。」當他們深深陷入黑暗，需要被人拉出來時，他看得出來。當他們在黑暗的邊緣，努力抵擋墜入黑暗的誘惑時，他看得出來。他看得出來是因為他很熟悉那樣的黑暗，有時他會跟這樣的人見面或談話，他會問：「你還好嗎？」

對方會說：「我不好。你怎麼知道的？」答案很簡單。

「我也會陷入那種狀態。」鮑勃對我說，後來又補充：「多一點慈悲不是壞事。」

在我聽他說這些話的當下，還有我後來進一步思索他這番話的時候，我在想，苦難是否可以刺激我們活得更深刻，促成新的人際連結進而建立新的大家庭。我們的人道精神往往會被無災無難的日子掩埋，苦難卻能從中挖掘出我們的人道精神，予以強化。我思忖起我們的脆弱，不論是年紀輕輕便因為病痛而脆弱，或是年長以後因為衰老而脆弱，這份脆弱會不會是一扇門或一座橋？

這便是尚－多明尼克．鮑比在一九九七年的回憶錄《潛水鐘與蝴蝶》探討的概念，這部回憶錄後來由朱利安．許納貝執導，成為二〇〇七年一部動人又令人難忘的電影。鮑比是雜誌社的編輯，中風後出現所謂的閉鎖症候群，即使頭腦完好如初，身體卻不能動彈，不能說話。但他確實可以控制左眼的眼皮，於是利用眨眼跟人溝通，他的回憶錄就是這樣寫出來的。他也可以閱讀，熟人開始寫信給他，在信裡揭露他們如何以各自的手段，奮力追尋苦難的本質及生命的意義。「奇妙的逆轉發生了，」鮑比評論道，「最能夠鎖定這些根本問題的人，通常是我只有粗淺認識的人。他們的閒話家常遮蔽了他們不為人知的深度。是我以前瞎了、聾了，還是真的要在苦難的強光照耀下，才能照出一個人的真實本性？」

作家雷諾茲．普來思將一九九四年的回憶錄取名為《重生：我打敗了脊椎裡的惡魔》，有一部分就是基於他在病中的覺悟。一九八四年，他走路開始不穩，醫生發現有一顆腫瘤纏住了他的脊髓。手術及輻射治療救了他一命，但從此得踏上漫長的復健之路，疼痛長久不退，從此不能正常步行，需要坐輪椅。在《重生》中，普來思描述癌症、對死亡的恐懼與療癒工作，如何令人感到謙卑、釐清人的思緒。並說在罹癌後的這些年，日子在許多方面都比以前美好。「病痛帶來了更多收穫，我也付出更多——更多的愛與關心，更多的知識與耐心，以更少的時間做更多事。」他寫道。他在人生的最後階段確實很多產，作品比以往更多。

我的朋友多麗很確定帕金森氏症讓她更有同情心，不光是因為她生病的事實，也因為病情的本質，還有她在生病後所得到的待遇。我見識過別人是如何對待她的：在餐廳，同桌吃飯的人往往比她更能得到服務生周到的服務，她的動作讓病情一目了然，同時也讓她失去了聲音，服務生不會用心聆聽她的聲音，因為她的聲音可能很輕柔。她告訴我，她已經很習慣別人向她的同行夥伴詢問她的事，彷彿她不但不會說話，也沒有功能正常的腦袋。

然而她畢竟是多麗，她從中找到正面的意義。「帕金森氏症讓我更了解黑人、穆斯林、西班牙裔或同性戀者在這個國家的處境，你不知道別人會如何對待你，不知道別人對你的膚色（以我來說，是身體障礙）會有什麼反應。」她寫道，隨後添上一句：「我因為說話的聲音或外表就被邊緣化了，這是我最接近邊緣人的體驗。」

她總是在檢討自己是不是夠無私、夠體貼，儘管這是她從大學以來不曾改變的個性（我記得這樣的她令我感動，有時甚至令我慚愧），如今的她絕對蘊含著更大的力量。當她遇到壞事，她的第一個反應或最強烈的那個反應，就是思索會不會波及身邊的人。二〇二一年春季，她跟先生從威斯康辛州的麥迪森搬到加州的沙加緬度，她先生在那裡找到了令人振奮的新工作，我在二〇二一年六月下旬寫了電子郵件關心她的近況，她回信道：「我抱著箱子從後門出去，然後僵住了。我的意思是我的腳停住不動，但身體還在向前。總之，我學會了把擦傷、疤痕、瘀青當作走路的一部分。我的前臂有一條大約八吋長的擦傷，兩條小腿各有一塊大概兩吋的刮傷。我太拚了。我的家人已經這樣跟我講了很多年。我忽視他們的懇求，認為我在追求值得努力的目標。但今天我不這麼想了，我意識到自己說不定會害死自己，或者萬一撞到頭的話，我會受重傷。」

「我沒有考慮自己的行為會如何影響我心愛的人。」她又說。「儘管帕金森氏症讓我更加善待這個世界，卻讓我對自己的家庭跟一些朋友有了自私的盲點。我以為要是我『勇往直前』，他們會以我為榮，不會注意到我的病。結果，我卻讓他們感到擔憂跟挫敗，怕我要是受了傷又治不好的話要怎麼辦。」她並沒有錯。她的勇氣令他們提心吊膽，而這當中有一些愚蠢的驕傲，甚至有一點狂妄自大。然而這就是她領悟的道理？她大可哭訴自己面臨的障礙與傷痛，但她卻在講這些？這已經不只是慷慨了。我總是絞盡腦汁還想不到該怎麼描述多麗在大學時代的笑容，我也想不到該怎麼描述她現在綻放的光彩才能如實呈現。

⁂

我在二〇二〇年年初知道賽勒斯・哈比布這個人。當時他僅僅三十八歲，時任華盛頓州副州長的首任任期即將接近尾聲。他也是失明者。但這兩件事都不是我注意到他的原因，也不是我在知道他以後，這麼急著想跟他談談的原因。我想問他的，是放著前程似錦的政治生涯不要，卻宣布在年底卸任之後……要成為耶穌會的神職人員。

我第一次在電話上跟哈比布長談時，最初幾分鐘，他說明了按照耶穌會的規定，要如何才能取得聖職：濟弱扶傾、獻身神學教育等等，為期十年或更久。他們要達成的項目比一般神職更多，條件也更嚴苛。他不但要宣誓守貞，還要守貧並服從命令。最初兩年，他要在洛杉磯跟其他的耶穌會修士一起過清簡的生活，甚至是刻苦度日，在為貧民開設的流動廚房、安養中心等等地方做志願服務。在他擔任副州長的那些年裡，尋求他意見的人從來就沒有少過，他們服膺他的判斷、聽從他的命令，他知道等他切換到耶穌會的生活，感覺一定會很震撼。

「我養成了一種優越感，我會直接插手一件事情，說道：『我們為什麼不這樣做？』那來自地位、頭銜，以及擁有一批手下。」而他很快便發現，那即將有著翻天覆地的轉變。有一回，他去洛杉磯看了一下即將進駐的房子，他不明白他們何必那麼辛苦地打掃環境，提議用掃地機器人減輕他們的負擔：「我說：『我們是不是可以捐一部Roomba掃地機器人給這個協會，那就可以把吸塵的時間拿來做別的事？』其他修士的態度大致是：『老兄，那不是重點。這對你來說，會是很有趣的轉換。』」

他作了心理建設。但他告訴我：「我不認為那限縮了我的世界。在我看來，那是在縮小自己。當我不那麼緊盯著我的形象、我傳遞的訊息、我的連任競選、我的募款流程、我的法案議程，把這些事情都縮小，也就打開了更多空間，讓上主可以在你身上下功夫。」

哈比布說，以他為例，外人給了他額外的大量關注與讚揚，說他斐然出眾，說他是開路先鋒，說他儘管在八歲失明卻做到了這件事、那件事，而這些助長了他的那堆「我」。他是美國第一位當選州政府公僕的伊朗裔美國人。

他在三十五歲成為華盛頓州的副州長，而且是極其罕見在政壇登上如此高位的盲人。在那之前，他還有一長串的優異表現，包括拿下羅德獎學金。

他生在美國，父母是伊朗移民。他是獨生子，仍在襁褓中便確診視網膜母細胞瘤，那是一種不尋常的癌症，患者大部分是兒童。他在三足歲之前移除了左眼視網膜（為了盡可能長久保住右眼及視覺），也做了放射線治療及化學治療。他跟我描述那段經歷時，重點放在父母為他所吃的苦。他說：「在兒童癌症病房走一遭，像我父母那樣看到一排又一排的兒童病床，每一床都掛著點滴，心知肚明你的孩子將會加入他們的行列，那滋味大概就跟地獄差不多吧。」他也說自己幸運，能在八歲之前保住視覺，讓他累積了大量的視覺記憶，可供日後翻看。

他學會了點字，在西雅圖近郊就讀公立學校。他的父母堅持不能給他特殊待遇，凡事比照其他小朋友。哈比布常常說起，當他的母親蘇珊·阿敏妮得知校方只准他待在操場的外圍，免得他因失明而受傷時，便去了校長辦公室，聲明她會親自告訴他操場的格局，要求校長允許他去操場玩，從此以後不得有任何限制。她說，手斷了還能接回去，要是喪了志，那可不好辦。

哈比布大肆閱讀通俗小說、正經的文學與歷史，有的是點字書，有的是有聲書。他說：「書本讓我看見世界，用作者的眼睛看，或用敘事者的眼睛看。」他有頂尖的學業成績，拿出比同儕優秀的表現可以保障他不被人輕視，或是被邊緣化。

他操練鋼琴、空手道、高山滑雪。

他進了哥倫比亞大學攻讀比較文學及中東研究，贏得羅德獎學金，之後進了耶魯念法學院。後來他以政治人物的身分公開演講時，將這些經歷濃縮成一句「從點字到耶魯」。踏入政壇是另一種證明自己的方式，是另一種競技場，凡是懷疑他這種人可以爬得多高的人，他都要讓他們跌破眼鏡，政壇也是另一道階梯，永遠都有更高的一階可以爬——這是他登上政壇之梯時就明白的事，但他沒有找到自己尋求的平靜與喜悅。

從政對他而言還有別的意義。政壇給了他一個機會，讓他可以用政府官員的身分發表言論，推動他贊同的改變，跟其他屈居弱勢的人分享那些曾經造福過他的機會。

但政治也是一種競賽，一種急就章。他不僅在二〇一二年第一次競選華盛頓州的眾議員就當選，之後二〇一四年第一次參選華盛頓州的參議員也當選，再然後是二〇一六年第一次參選副州長就當選。在大家印象中，他的募款能力令人不可思議。欣賞他的人認為他會在政壇爬得更高，他們說他很可能是未來的州長。

但別人越常講這種話，他越彆扭。他的朋友李．強森．高柏是他在哥倫比亞大學的同窗，說哈比布看到其他的政治人物擠到電視鏡頭前，詳細規畫他們的政治之路，他卻覺得倒胃口。「你每走一步路，好像就有另一步你非走不可的下一步路。」高柏說。

哈比布回憶道：「我跟紐約一位頂尖的文學經紀人討論寫書的事，這些東西全寫在我的作者簡介上，那是我的身分。」他覺得自己被美國政壇的「名人文化」吸納進去，那是一種與為民服務無關的文化，他覺得自己被驕傲吞噬了。

「有多少種詞令，」他說，「可以用來說一個人是明日之星？」而他對成為耀眼的新星又變得有多執著？他有多放不下別人對他的言語評論？

他在二〇一九年夏天爬到吉力馬札羅山的山頂。他說，這才是他恨不得拿下的成就。但在登頂前的最後一段路，他的身體出現異狀，每走十步就要暫停腳步。「我心想：『要是我沒登頂，別人打死也不會相信那是因為支氣管炎或高山症，他們只會認定那是因為我是瞎子。』」他說。「我沒公開過這件事，因為故事裡的我很虛榮，我害怕被公眾唾棄，那是比死亡更令我害怕的唯一一件事。」

另一件事逼得哈比布不得不重新評估自己變成了怎樣的人，思忖自己在往哪裡前進。二〇一六年年底，他二十四歲的時候，父親過世了，哈比布被悲傷淹沒，任何世俗的成就（等級再高都不會比死亡高）都不能緩解他的哀慟。這也讓他記起了確實有一種沒得商量的極限：死亡。

「曾經有人說：『說你的心被打碎，其實就像在說你的心被砸開了。』」他回憶道，又說他被砸開的心將這個問題放在思緒最前端：「我體驗到的是真正的喜悅嗎？這是我想走的路嗎？」

儘管他在童年時、大學時，信仰都不是特別虔誠，現在他受到天主教的教誨與信仰吸引，而他在教堂的一位靈性顧問推薦他閱讀《平凡見神妙：耶穌會士提供的生活指南》，作者詹姆士·馬丁神父是聞名全美的耶穌會神父，也是位暢銷作者。哈比布讀了這本書，看見另一種助人的形式，一種更不一樣的安身立命之道。在這種安身立命之道中，許多他嘴上的話語、他腦海裡的思緒都不是以「我」開頭的。階梯消失了，而他攀爬的標的不是更大的榮耀，是更廣博的慷慨。

他認真考慮了很久，判斷這種安身立命之道是他需要的，於是在二〇二〇年三月宣布不在十一月競選連任，不繼續當副州長，他很快便會卸下公職，成為羅馬天主教的神職人員。那份聲明稿有一部分是以第一人稱角度說明自己的決定，那是他在耶穌會雜誌《美國》發表的論說文。「我漸漸相信要更加投入社會正義，最好的辦法是讓自己的生活別那麼複雜，貢獻生命來為世人服務。」他在論說文裡解釋道。「而我也知道，我們的時代充斥著消費主義、不信任、兩極化，許多美國人渴望見識到超然、喜悅、慈愛。」那許多的美國人包括他。

我問他，是否真的能接受守貞的誓約。他說他以前談戀愛的時候從來沒有結婚生子的衝動，所以不覺得這一項對神職人員的約束有什麼可怕的。

我問他的母親，他是不是樂於服從命令的個性。她告訴我：「其實我調侃過他，說我倒要看看他怎麼遵守服從命令的誓約。我只能說，祝耶穌會成功吧。」

我問了他的朋友們對此事看法，是不是很驚訝？

他們並不驚訝。其中一位是羅南．法羅，是他在耶魯法學院的同學。法羅說：「哈比布一向深切自省，也許那跟他的信仰息息相關。他是一個踏上旅程的人，而他養成了一種沉靜、專心的特質，這是我不見得預料得到的發展，因為他爬上的是明亮耀眼、超級雄心壯志的階梯。對賽勒斯．哈比布來說，這是非凡之路。」

我在二〇二〇年三月下旬到四月上旬之間，訪談了哈比布、他的母親及朋友們，寫成《紐約時報》在復活節週末刊登的專欄文章。一年後，在復活節即將到來之際，我又一次連絡他，追蹤他在前一年八月搬到洛杉磯跟其他修士共同生活之後的狀況。

他告訴我，其實他人在華盛頓州的塔科馬城外，住在方舟之家旗下的社區執行為期三個月的「任務」，方舟之家是一個協助智能障礙者的國際組織。他在耶穌會的修士培訓期間，必須做這類服務工作，然後在十一月進行三十天的靜默反省。在那三十天，他不能收看新聞和社群媒體，因此不知道總統大選的結果，要到再下一個禮拜日，他參加神父主持的彌撒，神父祝福總統當選人喬．拜登堅強而幸運，他才知道消息。即使是在那時候，哈比布也不曉得重新計票與互相攻訐的爭議。他從政治人物變成政治鴕鳥，而那似乎很適合他。

他瘦了二十七磅，又說那本來就是他應該減掉的體重。他的睡眠品質空前良好——許多個夜晚都是不間斷的八小時。「我真的很快樂。」他告訴我。「從國中以來就不曾這麼平靜、這麼安然自在了。想想真可怕，因為上一次這樣是三十年前。」用國中當分水嶺，是因為他在國中畢業便開始煩惱要怎樣才能在高中脫穎而出，進入他精心挑選的大學。到了大學，依然要脫穎而出，才能爭取他想要的下一步，諸如此類，無止無盡。生活因為追求抱負而忙碌不堪。後來生活就只剩下忙，別無其他。他說，直到加入修士的行列，他才察覺自己喪失了「心無旁騖，專心思考當下正在做的那件事的能力」。他說，即使是去度假，他都要在心裡盤點自己的事業進展，為社交生活或感情生活而苦惱，並且規畫下個月的工作。他無法從這些煩憂抽離出來，正視此時此地在他眼前的事物，而他嶄新的宗教生涯正在教導他這麼做。

這也讓他意識到：「關於快不快樂的問題，我大半時候都是讓別人替我回答，絕大多數時候，我會本能地想著別人會怎麼評價我的經驗。我會說：『對，爬吉力馬札羅山真的很好玩。』因為別人看到我去爬山，會想著那應該很好玩。」他說，他滿腦子的想法「跟實際上的各種感受並不一致」。他永遠忘不了：「法蘭克·布魯尼會怎麼看我，《紐約時報》的讀者會怎麼看我，華盛頓州的人會怎麼想，我媽會怎麼想。我腦海裡的獨白並不是我內心的感受。那是我想像出來的人在說話，是我想像中的旁觀者。」

但現在不會了。他學習關掉那些聲音，並且成功了。「我受夠了。」他說。「以前我總是努力揉捏自己的心，以便符合別人期待的樣子。」

你不一定要成為宗教組織的一員，也不一定要禁語三十天才有這種境界。哈比布的經歷跟我們最切身的部分並不是走向神職之路，而是他在投入宗教的過程中，親手敲碎了自己的自尊。這跟他的視覺障礙有關嗎？我相信如此。我相信視覺障礙可能推了他一把，讓他開始深思（思索自己在世界上的立足點、自己對別人的責任與義務、這一切的意義），就像鮑勃·克里的腿傷、多麗的帕金森氏症都刺激了他們的思考。磨難會砸開一顆心，破裂可能蘊含著一種美，碎片中也是。

第十三章

藝文表演船與拖船

喬．拜登宣布要角逐二〇二〇年的總統大位之前，我不是只寫了一篇專欄文章說他年紀太大不適合參選，而是兩篇。

此外，我也列出除了年紀以外的理由。我提到他之前兩次競選總統期間的缺乏紀律，兩次都管理不當，一再失策，可見沒有競選成功的本事。我斷言選民（尤其是民主黨選民）偏愛向前看的候選人，而不是向後看的，還說了為什麼拜登給自己樹立的形象，絕對會是一個準備重現歐巴馬政府，一切回歸過去的人。但有些論點只是我翻來覆去的怨言，哀嘆他從政太久，活力大不如前，青春的光輝澈底熄滅。總歸一句話：他的顛峰時期已經過了。

事實上並沒有，至少要看你如何定義顛峰，定義有無限多種，是否「顛峰」取決於你觀看的角度。已經跨越顛峰的拜登，在二〇二〇年十一月的投票日時是七十七歲，隔年一月宣誓就職時是七十八歲，擁有許多顛峰時期的拜登所沒有的優勢。

跨越顛峰的拜登擅上唱反調的人。他在民主黨初選中抵抗反對者，當他在愛荷華州的黨團會議拿下第四名，一週後在新罕布夏州拿下第五名時，他的反應不是驚慌失措。他的信心沒有瓦解，他的競選組織沒有崩潰，沒有陷入互相指摘的風暴。他看起來沒有受到打擊，也不害怕。他繼續跑行程（去了內華達州，表現比在愛荷華州、新罕布夏州來得好，去了南加州，輕巧獲勝。那是末路的起點，踏上末路的是他的競爭對手），之後他每戰皆捷。

在隔年夏天的民主黨全國大會，拜登又一次抵抗唱反調的人。在全國大會第四天晚上的高潮，在他的重大演說之前，許多訓練精良的觀察家（包括現場的人）都好奇他這一口氣是不是還夠長、力量夠不夠大，足以撐到最到後一刻而不減速，不會走得東倒西歪。他做到了。

他延長的政治生涯並不是處於最迅疾、最閃亮、最靈敏的狀態，這是當時七十四歲，絕對不是法拉利的唐諾・川普想要利用的一點。但拜登截長補短，又夠聰明，表明他願意為了爭取黨內的總統提名，踏上漫長的長征，以便各界評估他這個人。在一個飽受疫情摧殘，因為持久不消的亂象而倒退的國家，他是毅力與樂觀的典範。

他經歷過個人悲劇。在他三十歲之前那幾年，年輕的妻子跟女兒死於車禍。他的壽命也比另一個孩子博要長。博・拜登是德拉瓦州總檢察長，是民主黨的明日之星，然而他在四十六歲便死於腦癌。拜登也曾在政壇上飽受羞辱，在歐巴馬政府擔任副總統的八年期間，他被詬病為太囉唆、太傻氣、太迂腐，有充分的理由相信他扛不起民主黨在二〇一六年的野心。他們支持的是希拉蕊・柯林頓。原本拜登應該無以為繼了。

但川普在總統任內的騷亂帶來了一個機會，養出了拜登的胃口，他將機會擴大到極致，在競選之路上展現出沉穩的一面，充滿耐心、穩健、言語簡潔，這些都是他年輕時一直缺少的特質。這些特質違反了一般人的老舊觀念，認為我們到了他的年紀，習慣與性格傾向將會更牢固不被輕易改變，所以沒辦法教一條老狗玩新把戲。

但拜登學會了新把戲。

他曾經是個話多的人，出了名的一張嘴就能把全場人的話都講完。二〇一二年在北卡羅來納州的夏洛特，民主黨全國代表大會期間，我記得自己跟幾位《紐約時報》的專欄作家與他共進午餐。那頓飯遠遠超過預定的時限，因為拜登無法遵守任何時間限制，至少當他暢所欲言，沉浸在所有人目光中的時候就不行。大會結束後，我們不光是讚嘆他容易親近、熱情洋溢，也讚嘆他的饒舌，隔年他造訪《紐約》大樓，跟一小群編輯以及包括我在內的作者們見面，他能言善道的本領依然沒變。當他回答我們的問題時，每個答案大概可以發揮五到十分鐘，說個沒完。

我追蹤他在二〇二〇年的競選活動，然後在他就職總統的最初幾個月，觀察他在華盛頓的一舉一動，讓我不斷讚嘆，在我看來，他是美國現代政治史上最驚人的性格轉換典範。彷彿丑角一般過度熱情的氣質消失了，因為太熱情而造成的許多失態也一併消失。以前他大言不慚，現在他虛懷若谷，不把心思用在個人的抱負與成就，而是專注在美國的希望與需求。他不再是藝文表演的船隻，而是拖船，謙卑地要把我們從危險的水域拖出來。每一天、每一週，他拖著我們前進、始終拖著我們。他埋頭苦幹，言語謹慎，精準鎖定在該用心的地方。

他的治國之道完全取決於記取教訓。在很大程度上，他做的事、說（或沒說）的話，得益於經驗（歲月累積）的寶貴效益。例如，許多歐巴馬政府的官員在事後回顧時，相信二〇〇九年的大型經濟刺激方案太拘謹，救濟貧苦民眾的機制對受眾來說不夠一目了然，也沒有妥善宣導。因此拜登要推動一．九兆美元的美國救援方案法時，便在全國舉行一系列的公開宣傳活動，以解決這項問題。有些歐巴馬政府的官員認為他們浪費太多時間，試圖讓共和黨願意稍微支持歐巴馬醫保法案，但那是不可能做到的。而拜登通過了美國救援方案法，在並未拿下參議院或眾議院任何一張共和黨員支持票的前提下。

這一道算式跟他平時對自己的描述並不一致，他常說自己致力於兩黨合作，願意妥協。但他認為美國歷史在當下的篇章與共和黨的阻撓都令人擔憂，需要新氣象。所以他做了不一樣的事，突然間，大家談論起漸進式的分水嶺，美國人民與政府的關係迎來了轉捩點，蛻變的一刻出現了。那一刻是美國史上就職年紀最高的總統帶來的，是他在年紀一大把才改造自己之後做到的——幾乎絕對是因為他改頭換面的關係。

當我的人生階段進入新篇章，對老化有了之前沒有的思索與體會，便在我最常寫文章評論的美國政壇觀察老化的優勢，看見許多鮮明的證據。美國政壇是名副其實的老人政治。在民主黨初選中，名次排在拜登後面的人是伯尼．桑德斯，比拜登大一歲，跟南西．裴洛西相比則小一歲半，裴洛西的公眾聲望在川普的總統任期內攀上顛峰，川普上任時她七十六歲，卸任時她八十歲。

她跟川普針鋒相對的能力，可能是所有政治人物中最強的一位，原因包括她沉著而剛強，是在各種爭鬥中打磨多年才會有的那種特質。顯然，她的戰鬥力是跟著皺紋一起累積的，是長期以來飽經風霜的成果。就像拜登。她站在道德的制高點，經歷過大量的愛、大量的喪失、大量的重新振作、大量的找出前進的路。她了解制度的運作方式，懂得如何操作制度。

裴洛西到了七十五歲的尾聲時，是她公認最呼風喚雨的時候。露絲・貝德・金斯堡在八十五歲尾聲，是她公認最受歡迎的時期。她在二〇二〇年九月過世時八十七歲，在最高法院服務超過二十五年，當時一位朋友寫信給我：「金斯堡在六十歲得到她那一行的最高職位，然後在她八十幾歲時成為代表人物，這實在是不可思議，對吧？」

不可思議？才沒有。但耐人尋味、值得思考？絕對是。在她受到的各種評價與分析中，這是比較受到忽視的一項人生特質——人生的走向。我認為這主要是她有太多可以評價與分析的地方。但我想，那有一部分是因為我們的國家對青春不可自拔，有時不能體認到，長者的成就是拜歲月之賜，反而認為那是跟他們年紀不相符的表現。有時，要等上很久才等得到最佳的機會：機會跟機緣一樣，不是你能計畫的事。

年輕有無可爭議的優勢，在腦力與外表上都是。「我們二十幾歲時，神經突觸的傳導速度最快，工作記憶最強。」《大器可以晚成》的作者里奇・卡爾加德在二〇一九年這麼告訴國家公共廣播電臺。他引用了一項備受尊重的二〇一五年研究，那項研究檢視了每個年齡層的最佳能力，每十年算一個年齡層。儘管二十幾歲的人有優點，二十幾歲之後的人也有出色的地方。「在我們三十幾歲、四十幾歲、五十幾的時候，」卡爾加德解釋道，「我們開始建立以前沒有的各種技能：執行力、管理技巧、同情心、冷靜的能力。這些都是我們會養成的東西。」

那六十幾歲跟七十幾歲的時候呢？「智慧開始大顯神威。」卡爾加德說。

當然，這些都不是必然。不是每個人都適用。但我在拜登、裴洛西、金斯堡身上看見的，確實像極了智慧。我看見他們的才華各有千秋，但有重疊的部分，比如有長遠的眼光，必要時可以沉得住氣，對一個人或一件事的考量層面夠廣博、足以作出正確的評估，接受最穩當、最可靠的慰藉，從你已經累積了這麼多資歷的事實提取勇氣，知道你大概還可以再接再厲，至少還能前進一點點。我從瑪姬・菲德爾的話語裡聽見的、感受到的便是智慧。這也是我在《紐約時報》的一篇文章看到的觀點，作者是一位六十好幾、快七十歲的人，而他文章的內容正是我在五十幾歲的最後幾年開始感受到的。

文章標題是〈為何年老很美好，即使在疫情期間〉，作者是鮑伯・布洛迪。我們一般相信六十五歲以上的人，會因為在統計數字中，長者感染新冠肺炎的致命風險最高便向恐懼低頭，但他拒絕採信。他沒有質疑長者的脆弱程度，沒有駁斥那些恐懼。但他闡明了自己心目中的真相，他相信真相可以凌駕一個險惡的時期，不會被嚴峻的局勢削弱。他將這個真相稱為「史上最重大的骯髒小祕密」，定義為：「老化在許多方面都讓我們比以前更好。」

他說自己「現在年紀夠大了，明白人生就像整個自然界一樣循環不息。」不順遂的一週或一天不會再讓他陷入混亂，因為他經驗夠豐富，知道「明天很可能就沒事了。」「我年紀越大，」他又說，「也越能夠自在地做自己。我們的本色一度被稀釋，而現在變得濃稠。我學會了接受自己的真實樣貌，接受自己的局限等等。年輕時折磨我們的那些不確定的事（我們的身分認同、我們在社會上的角色、我們的處世之道），大致都成了往日雲煙。現在我很確定自己喜歡什麼（清靜、獨處、閱讀、電影、籃球）、不喜歡什麼（噪音、人群、冰上曲棍球）。」這段話適用於拜登，適用於裴洛西，適用於我。或者說，以我目前的進展速度，是幾年後的我。卡爾加德說四十幾歲、五十幾歲的人會培養同情心與保持冷靜的能力，我這兩項表現都漸入佳境，精通以後，智慧便近在咫尺了。

他沒有提到強納森．勞赫二〇一八年的作品《大人的幸福學》，但他歸納出來的許多行為模式，跟這本書探討的內容是一致的。勞赫大量採訪了五十幾歲或更年長的專業人士，也反思自己，證明絕大部分人在揮別了四字頭的年紀、邁向老年之後，會經歷美好的轉變。

心滿意足的感覺會扎根，不是他們終於找到祕方，也不是總算懂得奉行金科玉律，而是因為呢，成熟就是這麼回事。這是意料之中的發展，是可預測的。「壓力在五十歲左右之後消退。」勞赫寫道。「情緒調節能力會提升。」

勞赫引用一位學者的研究，列舉五十歲以上的人精通的心理及情感習慣：「活在當下。天天隨遇而安。品味正面的事。負面的事不要想太多。有容乃大。不過度反應。訂立切合實際的目標。把生命中真正重要的人與感情放在第一位。」學者調查了不同年紀的人對自己、對個人處境的感受，發現長輩們把這些列為幸福的要件。「請人為自己的生活滿意度打分數，六十幾歲跟七十幾歲的得分是最高的，八十幾歲的分數則稍微下降一點點。」勞赫寫道。

蘇珊．貝爾寫過一篇絕佳的文章，發表在南加州大學經營的網站，提到勞赫參考了一些調查，查核同樣幾位研究人員的姓名，得到相同的結論。貝爾提到加州大學爾灣分校的心理學教授蘇珊．察爾斯，以及南加州大學的心理學教授瑪格麗特．加茲做過一項極為重要的縱向研究：「證據顯示，憤怒、焦慮、壓力、挫折等等負面情緒，並不是隨著年齡遞增，實際上是遞減。正向的情緒一輩子都保持穩定，比如興奮、自豪、冷靜、高興。只有年紀最大的族群正向情緒會出現極小幅度的下降。」她是指八十幾歲與更年長的人，不是六十幾歲、七十幾歲的人。

貝爾提到另一項研究，指出正向的場面與刺激似乎更能夠吸引長者的注意力與專注力，至少他們有這樣的傾向，就跟勞赫說的一樣。這些人會調節他們接收到的訊息，所以嬰兒笑著抬頭的畫面，在他們大腦占用的空間就會比較大，會超過墓園之類的畫面。「這也會影響記憶。」貝爾寫道。「長者比年輕人更會記住正向畫面，年輕人比較可能記住負面的畫面。」貝爾曾經調查過孱弱的病人，發現病情不一定會讓人不滿足，不論你是可能還不懂得心滿意足的年輕人，還是已經掌握了滿足之道的長者。

「我們相信要是生病了或需要坐輪椅，生活會很痛苦。」貝爾寫道，「但一個又一個研究證明，那不是事實。」

諾伯特．舒瓦茲是南加州大學的心理學及行銷學教授，他說一個人幸福與否，不是取決於這個人的身體狀況或能力，而是看這個人專注在什麼事情上、重視什麼、是不是把握住到手的機會並做出一番成績。他告訴她：「很重要的一點是，你要明白不論你生了什麼病，全都並非一天二十四小時都是病人。每天的大部分時候，日子仍然是愜意的。太陽依然升起，你會跟朋友消磨時間，食物仍然美味。這些事都跟原來一樣宜人。」

勞赫的書作、貝爾的文章及這個主題的其他著述，強調我們心滿意足的程度，取決於我們所接受的情況、期待、評估目前處境的標準。很多年輕人仍然在焦慮地尋找自我，一如鮑伯．布洛迪那篇《紐約時報》文章的描述。他們不知道自己該接受什麼、該期待什麼。許多人仍然忙著累積成就，累積的過程可能很累人，也可能令人興奮，他們還沒在這個世界建立穩定的財務實力，財力通常是隨著年齡而來。對於他們正在為自己打造的未來，他們充滿恐懼：那個未來可以提供最低限度的保障嗎？行得通嗎？

長者知道第二個問題的答案是可以，因為他們抵達了那個未來。他們正在那個未來生活。累積成就的歲月結束了，沒必要焦慮。受挫是難免的，但他們不會誤以為那是生死存亡，而他們在堅忍不拔中所建立的基本自信心，也不會因此動搖。

安東尼．佛奇是美國老人政府的一員，在深入政壇與人生之後，能見度與知名度都在最高點。他七十九歲時，新冠疫情剛開始，川普總統每天召開新聞發布會時，他也會一併亮相。他八十歲時，川普卸任，右翼越發強力將他妖魔化，抹黑他是戴著眼鏡的魔王，蓄意粉碎自由，不想挽救生命。他在國會的聽證會上遭到極度保守、嘩眾取寵的國會議員攻訐，保守派也媒體抨擊他。他收到死亡威脅，他的家人也收到了。

我在二〇二一年七月跟他談話，當時反佛奇的熱潮似乎達到頂點。他笑瞇瞇的，聲音沉穩，我問他，假如相同的情況發生在他三十幾歲、四十幾歲，甚至六十幾歲時，他是否會跟現在一樣，可以輕易保持冷靜。

「天曉得，但大概不行。」他告訴我。「我不想使用不貼切的比方，但我想這個大概可以：看看正在作戰的士兵。上過沙場的士兵知道打仗很危險，但他們也知道戰事會結束——

他們會打勝仗。」川普上任、疫情來襲時，佛奇已經走過了愛滋疫情，記取了初期犯下的錯誤，許多積極分子原本譴責他冷血無情，後來卻相當推崇他。他也經歷過SARS跟伊波拉病毒，明白當你在病毒證據少得可憐的時候盡力作出最佳判斷，便表示你作出的決定會遭到質疑，你的動機跟你的作法都會被挑毛病。他見識過很多任總統的脾氣，處理過他們的要求，即使他們可能一點都不像川普。所以他有信心，他相信科學、相信自己、相信時間會療癒傷口。這樣的信心只能從歷練中得到，又因年齡而倍增。

他也知道這是他該做的、非做不可的事，因為他比年輕時更了解自己——他清楚什麼能令他心安，什麼不行，而他也從中得到慰藉。以他的年紀，他明白對大部分人來說，比起每週工作六十小時、承受公眾的強勢反對，退休是更合理的選擇。但他說：「我不是躺在沙灘上、啜飲鳳梨椰奶雞尾酒的那種人。我真的不是。從來都不是。」他是要看著事情平安落幕的人，他要完成任務，解決所有問題，可以提供指引就提供指引，而他的指引是我們迫切需要的。

他還可以熬過怒火與惡劣的中傷，因為多虧了他的年紀，他對侮蔑沒那麼敏感，不那麼計較每時每刻的名譽變化。

他捫心自問的不是頭條都怎麼說他，而是美國人如何「盡量早一點擺脫疫情」。他不會痴痴想著可以寫什麼關於疫情的重要論文，拿到崇高的醫學期刊發表，而是思考怎樣讓我們的國家順利度過這一關。他不在乎讚譽，他在乎的是做正確的事、良善的事。他的虛榮心消退了，至少，是轉化為造福世人的形式。「當你年紀越大，一己之私就越來越不是重點。」他說。「追求個人的發展會變得沒那麼重要，更重要的是看看身邊的情況，做出正向的貢獻。」那比自由更宏大、更美好。那是締造幸福。

採訪名人是貫穿我數十年記者生涯的業務項目，始於一九九〇年代初的《底特律自由報》，我以二十好幾、逼近三十的年紀，成為他們報社的首席影評人，那是我在一九九五年進入《紐約時報》之前的最後一份工作。《自由報》是密西根公認的大型晨報，影評人不只寫電影評論，也要寫關於演員的長篇文章。梅爾．吉勃遜宣傳《英雄本色》時我跟他一起消磨了許多時光，我在《二見鍾情》劇組見過珊卓．布拉克，見到勞勃．瑞福則是在他執導的《益智遊戲》上映時。我還跟雪歌妮．薇佛有過一次長時間的訪談，談她在羅曼．波蘭斯基的《死亡處女》中的角色。在二十五年後的二〇二〇年夏天，我為了另一個原因採訪了她幾次，她記得我以前採訪過她，我們氣氛便親切起來。

她所記得的是（講得更精準一點，是她回顧以前的紀錄想起來的），第一次採訪時內心是一片亂糟糟的不安全感。她說話沒有因此變得快速而含糊，沒有哭泣等等，而是敞開心胸，豁出去談她辛苦了好久才建立起自信，即使她演了《異形》獲得奧斯卡提名。那一年她四十五歲。

「我總覺得有點名不正言不順。」她那時候告訴我。「我拍過動作片，拍過《魔鬼剋星》。每次人家說起優秀的女演員，我都覺得自己一腳踩在阿諾．史瓦辛格的世界，一腳踩在艾凡．瑞特曼的世界，也許有一根腳趾在梅莉．史翠普跟葛倫．克蘿絲的世界。」她還說起了她的經紀人山姆．柯恩，柯恩也是史翠普的經紀人，而薇佛自承常常去找山姆，站在那邊哭著說：「可是山姆，我想演《遠離非洲》那種片子。我想演《蘇菲的選擇》那種片子。」她說：「我以前會講這種話，但我什麼也沒做，我從來沒有爭取那種角色的自信。羅曼不得不來爭取我。」她是指《死亡處女》的電影版，那原本是一齣百老匯的戲劇，主角是——葛倫．克蘿絲。

她說，後來導演麥可．艾普特找上她，想請她演的角色真的很類似梅莉在《迷霧森林十八年》飾演在劫難逃的靈長類動物學家黛安．佛西，而她一開始還試圖說服導演，她是錯誤的人選。「我坐在那裡跟他說，他應該找誰。」薇佛說。「我提到黛安．基頓、凡妮莎．蕾格烈芙、茱蒂．戴維斯。我很擅長選角，總是想得到誰比我厲害。」

我在二十五年後跟薇佛重逢，是因為《紐約時報》的時尚雜誌《T》請我寫一篇她的人物報導，準備放在他們的年度特刊《登峰造極人物誌》（The Greats）發表，讓五位傑出人士榮登某種藝文界的名人堂。我也寫了亞歷山德羅・米凱萊的人物專訪，就是那位讓Gucci絕境重生的驚人時尚設計師，屬於《登峰造極人物誌》的套裝內容。由於疫情，薇佛跟我的三次訪談只有一次是面對面，就在她曼哈頓東邊的公寓，其餘兩次用Zoom。她提起我們之前見過，說她重新看了我那時的文章，留意到當時也談到在做心理治療的事，這令她害怕。她說我將從前的她刻劃得很精確，但那個她與現在的她相距甚遠。她說，現在她的性情平穩多了，安定得多也滿足得多。她七十歲。

而我察覺到這不是某種粉飾或推銷。她姿態閒適，笑容不時綻放在臉上。儘管對一九九五年的言論有鮮明的自我批評與懊悔，但在二〇二〇年的話語間，卻對自己今昔的性格差異流露出超然的興趣，不明白人生怎麼會有那些出乎意料的轉折，感恩許多轉折是平安順利的，並放下隨著轉折而來的任何不快。一個小小的不快是我造成的：為了遵守社交距離的規定，我在她家客廳坐在離她很遠的座位，結果那天晚上將近兩小時的訪談內容，iPhone的「語音備忘錄」程式漏錄了絕大部分。隔天我播放錄音檔才發現檔案不能用。我必須請薇佛上Zoom平臺，跟我重錄一遍我們早已完成的訪談。她說沒問題，聲音並不尖銳，也沒有怒氣。只是一個臨機應變的人，明白發怒往往只會讓事情更麻煩，無法解決問題。

薇佛可以心平氣和，並不是因為她過著坐在搖椅上的生活。在我們二〇二〇年的訪談之前那些年，她參演了幾部電影，絕大部分都拍攝完畢，但全都還沒上映，部分是因為疫情。其中幾部對她的要求，跟她以前的作品一樣嚴苛。

她主演的《完美房子》是關於一位小鎮房地產經紀人否認自己酗酒，後來真相曝光的故事。她帶著整部片從開場的溫馨喜劇場景，走向令人淚眼婆娑的結局。她棒極了。（我拿到觀賞試映的機會。）為了複製在《阿凡達：水之道》的角色動作，她必須學習「自由潛水」，就是屏住呼吸、硬著頭皮，深深潛進水底，而不用水肺潛水者的氧氣筒。有很多幕都是在巨大的水缸底部拍攝的。

所以她在佛羅里達州的基威斯特跟夏威夷練習。一個小時又一個小時，訓練軍隊菁英潛水員的教練帶著她練習，延長了她潛在水底不呼吸的時間。她磨練出來的本事，是吸了一大口補給的氧氣以後，能夠在水底撐著超過六分鐘。她也必須學會在一幕又一幕的水底拍攝過程中不瞇眼、不閉嘴（兩者都是你在水底的自然反應）。她繫著配重腰帶，有幾位職業潛水員守在一旁，讓她按照規律的間隔，盡快返回水面喘口氣，再回到水底。

她告訴我，她的主要動力是年紀：她想讓所有的年輕演員都見識一下，上了年紀照樣做得到的事。此外，她說：「我希望老天給我的事物，是誇張到連我都想像不到的事。我不會跟自己說『呃，這不是妳能做的事』或『妳不能做那件事』。讓我來吧！我們走著瞧。」

讓我來吧！我們走著瞧。我想起瑪莉詠．雪帕德的座右銘：只要我們活著，就要動起來。這兩人的行動方針一點都不小家子氣，值得收藏，帶進你的五十幾歲、六十幾歲、七十幾歲、直到最後。用這樣的態度看待每天的每一項挑戰並不壞。

薇佛也讓我想起了南西．魯特，我在二〇一七年九月認識她，大約是我中風前一個月，在波羅的海的郵輪上。那一年十二月時，我們又見了一次面，那是我中風後第一次搭長途飛機，以便去鳳凰城外的她家拜訪她。南西以八十二歲高齡參加那趟郵輪之旅，幾乎全程坐在輪椅上：她在雞尾酒會上向我自我介紹時便坐著輪椅，由一對年輕夫妻作陪，她帶著他們上郵輪，讓他們幫忙她在船上狹窄的走廊行動，郵輪在各個港口靠岸時，也由他們協助她上下船。我跟其他《紐約時報》的講者們會在雞尾酒會上，跟來聽我們講課的乘客交際。

她也滿足了我的虛榮心。「愛黛兒最近好嗎？」她向我問起的人是我妹妹。她從《天生豐滿》跟我的專欄，知道我家兄弟姐妹的名字。

在那一場還是下一場的雞尾酒會後，我便不常見到南西。她會來我的課聽講，每隔三天左右一堂。至於我們這群人差不多每天都有的其他社交聚會呢？她缺席。我始終沒機會問她原因，也沒在郵輪之旅的最後一天跟她道別，所以我跟這趟行程的籌辦人之一要了她的電子郵件地址，在我回到紐約的家後連絡她。

「在郵輪上，」她寫信給我，「我又一次體驗到我們這種『身體受到考驗』的人會讓別人不自在。即使大家都受過高等教育，照樣無視我。」所以她盡量不出現在他們面前。她沒有悶悶不樂，就跟兩位旅伴做自己的事。

我詢問她，如果我跑一趟鳳凰城，能不能跟她進一步討論這個主題，也許會寫成專欄文章。她說可以，我便登門拜訪，連續兩天晚上都帶她出門吃館子。吃這兩頓飯，她沒有坐輪椅；她偶爾可以拋開輪椅，只是得事先服用止痛藥，然後拄著手杖慢慢走。我挪出額外的時間給了前往餐廳的路程，對我來說，這沒什麼大不了的。其實是我的榮幸，因為南西如此積極正向，如此慷慨大方，如此關注每天的政治新聞與書籍，小說與非小說都是她難以自拔的讀物。她喜愛文字。她的病情一點都沒有防礙她的喜好。

她病情的源頭是小時候罹患過小兒麻痺，稱為小兒麻痺後症候群，許多患者是在小兒麻痺之後很多年才出現小兒麻痺後症候群，以致肌肉退化。她退化到需要輪椅，在郵輪之旅前幾年便開始使用輪椅。她注意到每回坐在輪椅上，她便消失了。別人的視線會落在她的四面八方，或穿過她。他們以為關於她的問題，應該向陪在她身邊的任何人提出，彷彿行動不便就等於白痴。

這便是我跟她討論的主題，後來也寫成了文章，即使這年頭的美國人越來越懂得檢視並承認自己的偏見，這依然是盛行的頑強信念。她對這樣失禮的態度很憤慨，然而憤慨歸憤慨，她可是堅決不因為別人看輕她、貶低她就封閉自己的人。不管別人怎麼想或怎麼說，她愛去哪就去哪，她會做她仍然做得到的事，珍惜曾經給她無限歡樂的往日時光。

她靠著輪椅等裝備去旅行，在搭上波羅的海的遊輪之前不久才去了新加坡。她在鳳凰城近郊的住處附近有最愛吃的館子，她時常光顧，即使出門非常麻煩。她也隨時都能從多彩多姿的人生品嘗滋味無窮的回憶，包括在歐柏林學院念書、步入婚姻、為人母親、在國家科學基金會及農業部從事重要的工作。「我有腦子，」她告訴我，「我看得出有的人扔了腦子。」雖然她的丈夫不在人世，她的女兒就住在她家附近。

在第二頓飯進入尾聲，各自喝了兩杯葡萄酒後，我們思忖起她對自身處境的用詞。她都說自己「跛腳」，這個詞突顯出她直來直往、戲謔的性格。她真淘氣。儘管如此，我告訴她，這個詞讓我反感。

「嗯，『殘障』應該不行。」她說。「我也不要說自己『能力不同』。你是作家。給我一個詞。」

「『受限』如何？」我說。「我們都有受限之處。你受到一種很特別的限制。」

當時我覺得貼切，我們都是。但我越想越不對勁，不是受限的概念不對，問題在於那不符合她的真實觀感。「跛腳」對她來說是一種玩笑話，是笑看自己肉身承受的侮蔑，不是無情地盤算自己消失的可能性與被斬斷的機會，她也不強調自己被斬斷的一切與限制。所以「受限」不能套用在她身上，也不適用於我。我們是……重新校準，重新定位。我可以翻遍整部同義詞的詞典，依然找不到適合的詞。她是處境艱難的人，也就是說，她跟別人大同小異，是一直順應變化的人。

疫情嚴重時，我意識到有一陣子沒聽到她的消息，於是發了電子郵件給她。一天過去了，兩天過去了，一週過去了。由於南西本身的健康狀況跟年紀，屬於染疫可能很要命的族群，我開始擔憂。

在我發出那封電子郵件九天之後，回音來了：「我十二月分都用在兩隻眼睛的白內障手術了，剛剛搞定呢。在人生的前八十五年，我都不曉得自己近視有多嚴重——即使戴了隱型眼鏡。但願有適合你的手術！可是法蘭克啊，大腦彌補視覺的能力真的很強，至少我是如此。」

她接著說幾個月前，她「動了手術，將脊髓刺激器永久植入背部」。刺激器跟放在她家客廳的iPod連線，發出訊號，避免大腦覺知到疼痛。「它不肯讓我走路，但現在我小兒麻痺那條腿可以使力了，晚上可以一覺到天亮。」看來她很讚嘆科學的先進，很樂觀。也就是說，即使疫情延燒了那麼多個月，讓她艱苦的處境更艱苦，她的口吻依然顯露出她的本色。

她問起蕾根（就跟她知道愛黛兒一樣，是因為看了我寫的自傳），並且送我們兩個「很多愛」。我打算過幾個月再聯絡她，確保她知道我也回贈很多愛，但我還沒寫，就收到跟著她一起去波羅的海郵輪之旅的兩人之一寫的電子郵件。南西過世了。

我沒問死因，我不要細節。在她離開人世之前，我已經見識過她最重要的一部分，也就是她展現的精神，還有她堅持要擁有的體驗。

)(　)(　)(

拜登去愛荷華州時，我也去了。在民主黨二〇二〇年的黨團會議之前那一週，我做了在二〇一六年及二〇一二年都做過的事，就是跟著幾位總統候選人在州內跑行程，在現場聆聽他們的演講，評估他們與觀眾的連結，詢問選民對美國歷史上的那一刻有什麼期許。那是尋常的作業流程，老掉牙了，只不過這一回不一樣。

以前在大選年去愛荷華，我會在意記者同行們在做些什麼，他們是不是選擇了跟我同一場造勢活動，還是要去其他候選人的競選活動。我會質疑自己的決定，甚至推翻。我晚上會排滿跟工作有關的飯局，堅信要是不盤問一下這位記者同行或那位競選籌備人員，就會錯過重大消息。我從天亮就有塞得滿滿的事情，不是我精力過人，而是因為我沉浸在不安之中。我懷疑自己，以致拖住自己後腿。

這回沒有。我在這一行待得夠久，知道自己手上的素材已經多到溢出來，明白我是一個只能使用有限材料的人，資料收集太多也只是白白浪費，還會耗盡自己的精力。我還發現，斤斤計較同行的想法與選舉活動人員說了些什麼，常常會遮掩住我自己的直覺與想法。

就像我在打電話採訪名人之前總是極度緊張，詢問陌生人問題時會更緊張。我會覺得自己引人側目、很打擾別人。凡是需要採訪我們這一行說的「一般民眾」的工作，我統統都討厭，而在候選人造勢活動會場採訪民眾，完全就是屬於這類的業務。我會磨磨蹭蹭、畏畏縮縮好幾分鐘，給自己充分的心理建設。

但這一回去愛荷華，我出席的第一場造勢活動的主人翁正好是拜登，我很乾脆地上陣了。反正遲早都要採訪民眾，何不早一點解決？這是顯而易見的推論，以前卻鮮少能夠說服我。現在我被說服了，我沒那麼多耐心做那些自找麻煩的行為，給自己挖陷阱。有那麼多不受我們控制、不在預料中的事，何不只管好可以由我們掌控的事呢？

拜登這一場造勢活動是在一所學校舉行的，我走向站在大門內側的一位選民，提出問題，然後挑了另一位大概在十幾呎外的選民問問題。接著轉移陣地，到拜登即將演講的體育館再採訪一位選民。我避開觀眾席，因為聚集在那邊的應該都是媒體人，我彎去旁邊的看臺區，又一次置身在選民之間。我可以轉向左側、右側，我可以向前走、向後轉，採訪任何在我面前的選民，這便是我在做的事。我振筆疾書，在我的線圈筆記本上寫了一頁又一頁。我不會讓自己在愛荷華出差的每一天像二〇一二年、二〇一六年的時候那麼漫長，但我會善用每個小時。如果野心是年輕人的專利，效率就屬於老人。

體育館裡擠滿選民的時候，拜登帶著隨從進場了。他在一張折疊椅坐下，那一排折疊椅就在我所在的看臺區前方，離我不到十五呎。他的後腦杓在我眼前一覽無遺，他剩餘的白髮沒有完全遮住底下的頭皮，頭皮上有幾十年來晒出來的斑塊。那不是電視鏡頭會拍到的部分，也就沒有打粉底、沒有上遮瑕膏，那是一塊比較真實無欺的皮膚。

而那一片皮膚似乎在說，天曉得哪一段人生經歷會給人最豐沛的情感，將人送到他們苦苦追尋的地方，但借用鮑伯．布洛迪的一句老話，當他們的真實面容有了斑點、皮膚也鬆弛，守著自己的本來面目大概會比膚色白淨、緊緻的時候更自在。

拜登聽了一些愛荷華支持者的讚揚，然後到麥克風前演講，他發表的言論比較簡短，但是更堅信不移，不是他以前嘮嘮叨叨時習慣的長篇大論。幾天後，我在另一場造勢活動聽他演講，考量了出口民調的結果，寫了一篇專欄，說他在愛荷華的選情很糟，爭取民主黨提名的整體局勢大概也不妙。民調對愛荷華的選情評估是正確的，對大局的預判是錯的，但拜登對此似乎毫不在意。他專注在內心的聲音。那個聲音他幾乎都能完好無缺地接收到。

第十四章

升空

各位應該看看我搭飛機的樣子。

那完全是在製造水分，是膨脹的天大笑話。從我右眼故障那一刻起，我幾乎立刻被告誡要避免高海拔跟脫水，對搭機的恐懼深植我心，即使後來查到的資料理應可以破除我的恐懼，我卻堅信只有一個辦法可以有效移除風險，確保我不會在飛機上失明，那就是搭飛機的時候，要在身體裡儲備最大量的水分。水分必須超級充足，我要做一顆人形水球。在我想來，如果稀薄的氧氣或者脫水可能危害我碩果僅存的那一條健康視神經，那稀薄的氧氣加上脫水便等於視覺末日。

所以我會在去機場的路上喝一瓶水。通過安全檢查後，馬上再灌一瓶。然後還要買兩瓶水帶上飛機，以便持續用水澆灌自己。我的肚子會喝到圓滾滾，膀胱也是。即使我夠聰明，登機之前一定會去距離登機門最近的洗手間報到，當飛機到了巡航高度那一分鐘，我還是會急著解開安全帶，奔向飛機上的洗手間，並且可以做到不引來空服員挑剔的目光，不會被嚴厲訓斥。而剩餘的航程，由於我補充水分到完美狀態，所以必須不時像彈珠檯的彈珠一樣彈向洗手間又彈回來，以釋放水分。我總是挑靠走道的座位，絕無例外，不管座位再怎麼深入機尾都無所謂，因為要是我坐在靠窗位或中間位，對同一排的旅客就太殘忍了。

我是不是太誇張？當然。堅持維持這麼高的水分流動率，或許迷信程度高於科學成分，但裡面確實摻雜了少許科學，再說這樣讓我感覺安全，於是成了習慣，甚至成了矢志不移的行動。隨著時間推移，我喝水的瓶數與啜飲的頻率下降了，但仍然堅守補好補滿的原則。堅守原則的代價很昂貴：機場書報攤的瓶裝水利潤根本是犯罪；也很不方便，每一趟航班都為了上洗手間，放棄太多原本可以閱讀或操作筆記型電腦的時間。

而且有時候還很痛苦。有些小型飛機的動線規畫讓人不能順暢地抵達洗手間。有些航班的亂流會將我困在座位上，在原訂要上兩次廁所的時間裡都憋著不能釋放，真不曉得是膀胱的壓力難受，還是大腦的驚慌難受。飛機下降時我會讀秒，決心用比短跑名將尤塞恩・博爾特更快的速度從機艙走道飛奔而去，到航站大樓最近的洗手間。我會咒罵自己的困境，確信總有一天我會因此出盡洋相，然後，我會活著熬過去。

在我五十幾歲的最後幾年，由於中風的後續影響，我有了不曾有過的不適及憂慮。拜老化之賜，絕對有其他憂慮正朝著我衝過來（敬請期待）。但願我在這個世界上的姿態能夠更優雅（我很想說「行雲流水」，只不過我確定水分是害我優雅不起來的禍首，所以作罷）。但願身體不要承載這麼多惱人的驚嚇跟感覺。

儘管如此，這具身體依然強壯，也還能動。我與它的不完美和平共處，擬訂了應急計畫。不論姿態如何彆扭或疼痛，這身體都把我送到了該去的地方，它帶著我行走人間。

我在這些書頁間力求誠實，但我確實撒了一個謊，把同一個謊言說了又說。我是指我扭曲並淡化了一件事，但那不是我的本意，只是出於調適機制。我現在要在本書結束之前坦白，我絕對有把事情交代清楚的誠意。欺瞞（我是說善意的那種）是我們的朋友，至少是我的朋友。這個謊言沒有傷害任何人，我只是在自力救濟。

總之，我要招認了：即使這麼多年過去，即使我費盡心機，即使大腦的可塑性永遠存在，仍然有許多日子我會被視覺打敗。我輕描淡寫，部分是因為我仍然不知道該從何說起。當我打字或閱讀時，視線不是鎖定在一個字串或下一行文字，而是在那些字跟文句的四面八方游移，這跟NAION的常見症狀不一樣。眼科醫生沒跟我提過這種現象，沒告誡過我這種事，這是NAION破壞了我一部分的視神經以後，所衍生的獨特症狀。

這本書比我之前的六本書更難寫。寫專欄與其他文章的難度也變高。有時候寫稿子就跟以前一樣輕鬆，或空前輕鬆，當眼睛不造反的時候，幾十年的專業經驗便會啟動。我的眼睛確實會搗蛋，大部分日子不會，大部分文章不會，但在許多文章裡都作怪了。有時工作了幾個小時，自認為表現不錯，回頭確認時卻發現前文不僅有缺漏的字，有些字還拼得亂七八糟，文章的節奏亂了，概念也亂了。我稀爛的視覺，讓思維也稀爛。

於是我從頭來過，修正該修正的地方。重點是我還能夠修正——能夠採取行動，能夠調適。工作只是我的一部分。呿，這我都懂，只是有時候很容易忘記。

身為兒子，我總是在艱難的局面下，持續做到不完美的完美。為了尊重父親的隱私，我不得不省略細節，但爸爸的腦筋越來越糊塗，在我們之間拉開了一道鴻溝，這一道日漸變寬的鴻溝當然也存在於他跟我的其他手足之間。這跟我經歷過的其他狀況一樣令人悲傷，尤其是這無法醫治。我無能為力，只能為此哀傷，記住這不過是在他生命中、在我們父子關係中的最後一個獨立章節，這個章節並沒有抹殺前面的其餘美好章節。

身為兄弟，父親的情況讓我跟其他手足的關係更親密，手足帶給我喜悅，帶給我慰藉，那慰藉不涉及視覺問題的嚴重程度，也不涉及老化造成的身體衰退。我們的情感跟那些外部情況不相干，而是因為我們有話可說，因為我們言語交流時很自在，因為我們有鮮明的相同記憶，因為我們有氣味相投的幽默感，因為他們熟知我這個人的獨特之處，而我也清楚他們每一位的與眾不同。

身為叔叔、伯伯、舅舅，我有幸看著手足們的九位兒女，去認識他們是怎樣的人，而他們在這個令人費解的混亂世界上，所屬的位置又在哪裡。他們一再令我驚喜，畢竟生命本來就充滿驚喜。年紀最大的萊絲麗是我的乾女兒，二〇二一年六月，她在南卡羅來納州的希爾頓黑德舉行婚禮，選擇那裡的部分原因是因為當媽媽還在世、爸爸頭腦還靈光、這九位新生代還沒出生、以及後來有了萊絲麗、然後一個又一個新生代降臨，那都是我們一家人最常去的度假地點。

在萊絲麗大約兩歲時，我們去希爾頓黑德玩，我請她的父母（我弟弟哈利跟弟媳婦希薇雅）幫我一個大忙：能不能讓我從我們租的房子護送她去海邊，成為第一個把大西洋指給她看的人？他們很大方地答應我。我牽著她走了一段路，剩下的部分便都由我抱著。那時候她正在學說話，不只是英文，還有一點點西班牙文，包括「水」這個詞。當我問她，她對那灰藍色的浩瀚大西洋有什麼看法，她回答：「那裡有好多aguas（西班牙文的水）！」當她走過紅毯，當她說出誓言，當她與新婚丈夫查理共舞，她當年的這句評語都在我腦海裡迴盪，往日的樂音融入現在的樂音，變得更加悅耳動聽，這將是我永遠都聽得見、永遠都會擁有的樂音。

我還是老師。是教授！二〇二〇年年底，杜克大學跟我接洽一份工作，他們的公共政策學系想邀請我帶領大學部的新聞學課程。當時我在《紐約時報》工作超過二十五年，後面的十六年都住在上西區的同一棟公寓（住了九年時我換了一戶，但仍在同一棟公寓）。夠了。我渴望改變，想要新的冒險，而新的冒險不只是肯定自己依然寶刀未老，也是給自己投下信任票，相信萬一我真的喪失視覺也應付得來。我查過資料也認真研究過，知道這種缺陷是可以駕馭的，你會走上不同的路，但不是死路。既然胡安．何塞可以從事外交工作，既然大衛．塔特爾可以審理複雜的法律事務，既然陶德．布雷宏可以上臺讓觀眾捧腹大笑，我就可以不靠清晰的視覺來寫作、教書。必要時，我就會這麼做。

杜克大學的教職不僅允許我另外做別的工作，也讓我有兼差的時間，儘管我不再是《紐約時報》全職的專欄作者，我仍然從北卡羅來納的三角研究園區規律地替他們寫稿，只是產量減少。三角是指羅里（Raleigh，北卡州的首府）、德倫（Durham，杜克大學所在地）和教堂山（Chapel Hill），我就是在那裡的北卡羅來納大學完成學業的。二〇二一年夏天，我搬進那裡的一間大房子，房子座落在一條幽靜道路的盡頭，在一片有林木的土地上。我在教堂山的生活節奏比曼哈頓悠閒，那是我刻意的，這便是重點，我收回用在追求個人抱負與成就的精力，去為下一代的抱負與成就而努力。賽勒斯．哈比布說得對：「『我的』及『我』都是牢籠。」只是我安排的逃獄計畫不像他的那麼驚人，而我也比較能夠勝任自己的計畫罷了。

我喜歡新的景色與新的儀式。我想念中央公園，相信蕾根也是。但我給了牠大大的後院，有許多可以嗅聞的植物，有幾十棵可以納涼的樹木，還有裝了紗窗的門廊！通向碼頭！許多郊區民眾眼裡的日常，卻是我眼裡的新鮮事。我跟蕾根搬進新家的第二個夜晚，我拿了高腳杯，給自己倒一杯夏多內葡萄酒，點了一顆香茅味的三芯蠟燭，儘管天氣炎熱還是照樣去了碼頭，那裡有固定在碼頭上的木造長椅，我坐在那裡看著天色變黑。我不時啜一口酒，蟋蟀不時唧唧鳴叫。我頭暈暈的，也許是因為葡萄酒，也或許是暑氣，而那正是我在尋求的感官體驗。

隔天早晨，我開了八分鐘的車到北卡羅來納大學校園的邊緣，找到停車位，幫蕾根繫上狗繩，曲曲折折地走了兩英里路。我們經過我大學一年級的宿舍，那時我有濃濃的不安，與大量的焦慮對戰，沒有能夠撐到五月的信心；經過一座方院，以前我會跟藝術史的助教在方院鋪一條毯子，一起坐在那裡，悄悄看著他但從來沒讓他知道；經過校區的植物園，曾經有幾個晚上，我在那裡偷偷抽了幾支大麻菸；經過一個店面，以前那裡是酒吧，我曾經跟許多朋友在那裡推心置腹。我們會承認自己的擔憂，害怕這輩子都不會有出息。我們會承認自己的疑慮，覺得可能找不到真愛。我們會有漂亮的住家嗎？會在有趣的地方生活嗎？那麼多的未知，那麼多的憂懼。但印象中，沒人擔憂過會不會失明。

我們不能掌控未來的事，但未來的事有極大程度是由自己掌控的，我會把餘生都用在更深入理解這個矛盾並接受這就是事實。如今我的理解深度、接受程度，都超過了二〇一七年十月，超過了視覺莫名其妙變模糊的第一天，超過了神經眼科學教導我那麼多道理之前。

我會孤單終老嗎？我說的孤單是指沒有丈夫或另一半。跟湯姆分手後，我有過一些短期的性接觸，而我很好奇（好幾位朋友也問過我）喪失視覺的怪物會不會更講究觸覺，令我更渴望觸碰也更樂於被碰觸。答案是沒有，我不是那樣。對於戀愛的曖昧，當對方給我的訊號不夠清楚，當對方的姿態自相矛盾而導致浪費時間，我反而會失去耐心。當我終於斷斷續續地跟一位男士交往了大概八個月，那不只是因為他體貼、聰穎、英俊，也是因為他的熱情很明確，不玩猜心的遊戲。但他比我年輕二十多歲，以前我無法接受這樣的年齡差，現在依然不行。他正值追求抱負的人生階段，這我看得出來，也懂得那樣的階段，但那已經不是我的人生階段了。我們現在是朋友。目前，朋友們滿足了我所有的需求。我情願獨自鑽進被窩，高興追什麼劇就追什麼劇（沒得商量，不妥協），直到進入夢鄉。爆米花掉到床上又如何？隔天早晨再收拾就好了。

而我會長時間散步，一邊冥思，無需言語。我二十幾歲、三十幾歲、四十幾歲時太少這樣做。五十幾歲時，我作出修正，有生以來第一次重拾那最簡單、最根本的喜悅。當然，蕾根給了我動力，但不是全部。此外，是我叫牠出門，不是牠叫我出門。我開創了那個動機。事後回顧，當時我很清楚自己在做什麼。

中風後跟牠在中央公園漫步，我察覺到一件以前單純去運動時沒注意到的事。那必然是始終存在的景象，因為我現在隨時都會看到，不只是在中央公園，也在河濱公園。那顯然很稀鬆平常，一直都存在。

我注意到的是坐輪椅的老先生、老太太。其實，他們也不是密密麻麻地聚集在公園，而是這邊一位女士、那邊一位男士，幾乎總是在公園的各個入口附近，靠近周邊的街道（他們被推著走的距離實在無法太遠）。他們身邊總有一個在照顧他們的人，也許是親戚，也可能是看護。他們會兩人一組靜靜坐著，待在景觀好的地方，也許是對著一個池塘、一段河道、一片林木、一群嘎嘎叫的鵝。

第一次察覺這個族群時我有點難過，因為我聚焦在輪椅與輪椅代表的意義。我看著這些老人家的姿勢，大部分都彎腰或駝背。我思索起他們仰人鼻息的狀態（你不可能從中找出積極正向的一面，甚至不可能當作不好不壞的發展），我替他們難過。

但觀察得更深入、思考更多以後，我不難過了。我聚焦在秋季、冬季、春季時蓋在他們腿上的大毯子，看起來很膨鬆、很舒服的樣子。我聚焦在他們散發的平靜氛圍，聚焦在他們在這片豐饒無邊的大地上，在這個黃金地點扎根。他們的活動範圍不像以前那麼廣大，無法獨自出遠門。但他們仍然可以到戶外，至少見到一點點戶外，而這一點點完全不寒酸。看著他們的表情，我想他們很多人都明白這一點。他們有多少人的視力有問題？有多少人失明了或瀕臨失明？

我忖度著這些問題，想著我自己的未來仍然是一個問號，萬萬沒想到我可以跟那個問號休兵。也許我向鮑勃．克里、多麗、賽勒斯．哈比布汲取了力量，或許我也占了便宜，因為我染上的這種眼疾在視覺受到普通程度的損害之後，會有一段漫長的中場休息時間，然後才嚴重受損，而且那還不一定會發生。

我想著在這個繽紛多彩的世界上，我對視覺饗宴有了前所未有的讚賞，然而在最糟的情況下，我的視覺卻將被奪走，這實在太不像話了，也潛藏著一份殘酷。萬一失明，就看不到中央公園變化萬千的光影與色彩，看不到駐守在園區南側、曼哈頓中城的那些摩天大樓，看不到蕾根猛然躍越柵欄，看不到牠停在半空中的那一刻，看不到牠短暫掙脫重力，獨自存在於一個會在瞬間消失的心滿意足小天地裡。也看不到星星。

我用這一雙不可靠的眼睛時時凝視著夜空。我又一次發現了蒼天，想著以前怎麼都不會抬頭，對著天空讚嘆。星星怎麼看都嫌不夠，當我走到原野上、沙灘上、街道上，當稀疏的燈光變暗，讓星星得以現身，我便會停下腳步，凝視天空。我會盡可能拉長那一刻。我會把那一刻吸進體內，讓它永垂不朽，用一閃一閃的星光裝飾內心的帷幕，就像史汪琪用的是蛋殼。

然後我閉上眼睛。我越來越常這樣做。這是一種試膽遊戲，一種實驗，一種沉浸式體驗。我在中央公園的枝葉間，在看得見日落的門廊上，在怒濤拍擊著海面的沙灘上，都會這麼做。萬一這些畫面從我眼裡被奪走了怎麼辦？我的損失會有多慘重？

我不願仔細計算。我為剩餘的一切做了寬鬆而懶散的估算。我仍會擁有枝葉的聲音（它們真的有聲音），而讓枝葉發出聲響的風會拂過我的皮膚。我還擁有黃昏時的鳥鳴，久了以後，我說不定會像史坦利．瓦恩佩爾一樣，成為傾聽鳥語的專家。我還可以感受到浪潮的細微噴濺，如果你靠得夠近、夠專注的話，感覺會很明顯。而我的想像力就跟胡安．何塞、大衛．塔特爾一樣，可以填補空白，還可以將我帶到不曾去過的地方，給我不曾有過的感受。

薩格港有一條細長而清幽的死巷，我的朋友喬爾和妮可的家就在那邊，等到完全看不見太陽、夜幕全面降臨，我會帶著蕾根走上這條路。牠會尋找鹿的蹤影，有時會追著一、兩頭鹿跑上十到十五秒，然後回到我身邊。我會尋找大熊座、小熊座以及我編不出名字的其他星座。我會像前文說的那樣停下來，像前文說的那樣凝視。我也會像前文說的那樣閉上眼睛，閉得緊緊的，彷彿雙眼關門大吉，永遠不會恢復營業。

這樣做的時候，我會升空。不像蕾根——不是只有幾呎。我會上升、上升、上升。我會御風而上，直奔宇宙。深切的讚賞會推動我前進，我會品味那紛然雜陳的體驗，興奮的時候比失望多，是目前這樣的心境讓我可以進入這個空間。想要攀附在高處、遠離低處的決心讓我得以升空。我搖搖晃晃，深信這寶貴的一天的每個階段都有大美，這信念帶著我高飛，從近處的黎明飛到遠方的薄暮。在這一陣陣情感的勁風之中，我不必仰望星辰，因為我在星辰間翱翔。

你該瞧瞧我飛行的英姿。

謝詞

要列舉的對象實在太多、太多。但仍然要列：

艾琳諾・伯克特（Elinor Burkett）、凱利・勞爾曼（Kerry Lauerman）、珍妮佛・史坦豪爾（Jennifer Steinhauer）、昂諾・瓊斯（Honor Jones）、莫琳・多德（Maureen Dowd）、亞麗珊卓・史坦利（Alessandra Stanley）、蓋兒・柯林斯（Gail Collins）、翠煦・霍爾（Trish Hall）、湯姆・德凱（Tom de Kay）、莎拉・羅森堡（Sarah Rosenberg）、卡珊卓・哈文（Cassandra Harvin）、瑪麗蘇・魯奇（Marysue Rucci）、安妮・柯恩布拉特（Anne Kornblut）、丹・辛約耳（Dan Senor）、坎貝爾・布朗（Campbell Brown）、布雷特・史帝芬（Bret Stephens）、吉姆・魯騰貝格（Jim Rutenberg）、翁婷・卡拉帝（Ondine Karady）、芭芭拉・萊恩（Barbara Laing）、薇薇安・托伊（Vivian Toy）、莉艾兒・席嘉（Liriel Higa）、安娜・馬克斯（Anna Marks）、麥克・瓦萊里奧（Mike Valerio）、李・強森・高柏（Lee Jason Goldberg）：這些年來你們對我都很親熱。感謝你們跟我做朋友，我很榮幸。

喬爾・克萊因（Joel Klein）與妮可・塞利格曼（Nicole Seligman）：「感恩」與「榮幸」不足以表達我的謝意。沒有你們，我寫不出這本書。在我的思緒裡，我們總是在美國飯店（the American），烤盤滋滋響，先烤白肉，再烤紅肉。

感謝所有接受採訪、並允許我寫在這本書裡的每個人，但有兩位一定要特別挑出來介紹。魯拉妮・班尼克醫生（Dr. Rudrani Banik），妳對我實在慷慨，妳不曉得當時我有多需要這一份慷慨。多麗・潘斯・桑德奎斯特（Dorrie Pence Sundquist），能在將近四十年前遇到妳是我的福氣；能在這些年來與妳相知相惜，是我的殊榮。

也要感謝艾瑞克・強森（Eric Johnson）、伊萊莎・葛蕾絲・馬丁（Eliza Grace Martin）協助我做研究，提供諮詢與歡笑。

有超過四分之一個世紀，《紐約時報》給了我大好機會，感謝那裡的所有同仁。杜克大學給了我最溫暖的新家，我對那裡的人有十二萬分的感謝與喜愛。

在嗜讀者出版社（Avid Reader Press），每位同仁都極度專業，相處愉快，尤其是班・羅南（Ben Loehnen），他的耐心、優雅、健全的編輯判斷一再提振我的士氣，以一個跌跌撞撞迎向（一延再延的）截稿日的作者來說，最高的士氣莫過於此。

還有雅曼達・（賓奇）・厄本（Amanda (Binky) Urban）：我珍惜你——珍惜我們跟蕾根一起漫步，走過偶爾看得到鹿的路線。

最後，感謝我的父親老法蘭克，謝謝他在我深深懷念的那個時代教導我的一切。感謝我們一家老老小小的親族，天天示範最美滿的家庭是什麼樣子。最重要的是，謝謝我的哥哥、弟弟、妹妹與他們的另一半：馬克與麗莎、哈利與希薇雅、愛黛兒與丹。我們真是好隊友。你們是我的叨天之幸。

Eurasian Publishing Group
圓神出版事業機構
用心與你對話．網野無限寬廣
圓神出版社
Eurasian Press
www.booklife.com.tw
reader@mail.eurasian.com.tw

天際系列 014

失去的喜悅：矇朧黑暗中所見的人生美好

THE BEAUTY OF DUSK: On Vision Lost and Found

作　　者／法蘭克．布魯尼Frank Bruni
譯　　者／謝佳真
發 行 人／簡志忠
出 版 者／圓神出版社有限公司
地　　址／臺北市南京東路四段50號6樓之1
電　　話／（02）2579-6600．2579-8800．2570-3939
傳　　真／（02）2579-0338．2577-3220．2570-3636
副 社 長／陳秋月
主　　編／賴真真
責任編輯／吳靜怡
校　　對／吳靜怡．沈蕙婷
美術編輯／林雅錚
行銷企畫／陳禹伶．林雅雯
印務統籌／劉鳳剛．高榮祥
監　　印／高榮祥
排　　版／陳采淇
經 銷 商／叩應股份有限公司
郵撥帳號／ 18707239
法律顧問／圓神出版事業機構法律顧問　蕭雄淋律師
印　　刷／國碩印前科技股份有限公司
2023年10月 初版

定價 410元　　ISBN 978-986-133-895-8

聽說死亡如宵小，會在夜裡降臨。不像死亡那麼破壞秩序的事也是。這場病便是趁著我呼呼大睡之際，前來竊取我的視覺，起碼偷走了一大部分。我鑽進被窩時看見的世界是一個樣子，一覺醒來，卻成了另一個樣子。

——《失去的喜悅：朦朧黑暗中所見的人生美好》

國家圖書館出版品預行編目資料

失去的喜悅：朦朧黑暗中所見的人生美好／法蘭克・布魯尼（Frank Bruni）著；謝佳真 譯.
-- 初版. -- 臺北市：圓神出版社有限公司，2023.10
336 面；14.8×20.8公分. --（天際系列；14）
譯自：The beauty of dusk : on vision lost and found
ISBN 978-986-133-895-8（平裝）

1. CST：布魯尼（Bruni, Frank.） 2. CST：傳記

785.28　　　　112013533